Iris Zukowski

Jugendgewalt und Medien-Effekt

RUHLAND

Iris Zukowski

Jugendgewalt und Medieneffekt

Was uns heute unterhält,
kann uns morgen töten

Ruhland Verlag

Bibliografische Information der Deutschen Nationalbibliothek

Die Deutsche Nationalbibliothek verzeichnet diese Publikation in der Deutschen Nationalbibliografie; detaillierte bibliografische Daten sind im Internet über http://dnb.d-nb.de abrufbar.

Das Werk einschließlich aller seiner Teile ist urheberrechtlich geschützt. Jede Verwertung außerhalb der engen Grenzen des Urheberrechtsgesetzes ist ohne Zustimmung des Verlages unzulässig und strafbar. Das gilt insbesondere für Vervielfältigungen, Übersetzungen, Mikroverfilmungen und die Einspeicherung und Verarbeitung in elektronischen Systemen.

Alle Namen von Personen und Familien in Fallbeispielen sind geändert.

ISBN 978-3-88509-177-6
Iris Zukowski, Jugendgewalt und Medieneffekt
Copyright © Ruhland Verlag, Frankfurt, 2023
Was uns heute unterhält, kann uns morgen töten.
Umschlagbild: © beoxy design
Alle Rechte vorbehalten.

www.ruhland-verlag.de

Inhalt

Vorwort ... 7

Einleitung ... 11

Das Phänomen „Jugendgewalt" ... 18

Medienzeitalter ... 31

Lernen am Modell ... 41

Der Beginn der Jugendgewalt ... 47
   Interview mit Ali (21) ... 52

Mediennutzung und Gewaltangebote ... 70

Wirkungsforschung
und neuronale Plastizität ... 77

Die Funktion der Spiegelneuronen ... 86
   Exkurs Psychopathen: ... 90

Das Gehirn ... 93

Informationsverarbeitende
Prozesse im Gehirn ... 101

Affekte ... 113
   Interview mit Moritz (15), Kevin (13)
   und Marvin (14) ... 118

Mindprogramming am Bildschirm ... 133

Neurobiologie der jungen Hirnfunktionen ... 140

Wirkebenen des Mindprogramming-Effekts ... 151
   Sozialisation ... 151
   Unterschwellige Wahrnehmung,
   Aufmerksamkeit und Assoziationen ... 155

Gewaltprogramme 161
Bildschirmlernen 165
Datenspeicherung im Gehirn
– Unbewusste Programme 167

Internetpornographie und Jugendschutz 170

Gewaltanleitungen 194

Bilder und Mindprogramming 204
Exkurs: Computerspiele 212

Amoklauf 217

Resümee 227

Zukunft 234

Realität oder Fiktion? Leben in der Matrix 241

Literatur 253

Vorwort

Am 11. März 2023 wird die zwölfjährige Luise von einer dreizehnjährigen und einer zwölfjährigen Klassenkameradin durch 75 Messerstiche ermordet.[1] Luise, die bei der Dreizehnjährigen übernachtet hatte, konnte nicht ahnen, dass dieses Treffen kein Freundschaftsakt war, sondern mit grausamer Absicht geplant war. Bevor sich Luise wieder auf den Heimweg machen wollte, gehen die Mädchen gemeinsam mit der Zwölfjährigen in ein nahegelegenes Waldstück. Dort fallen sie über Luise her und versuchen sie mit einer Plastiktüte zu ersticken. Als das misslingt, wird Luise von der Dreizehnjährigen festgehalten, während die Zwölfjährige mit einem Messer immer wieder auf das wehrlose Mädchen einsticht. Schwerverletzt werfen sie Luise eine Böschung hinunter, wo sie am Blutverlust verstirbt. Nach der Tat ruft die Ältere der beiden Luises Eltern an, um Bescheid zu geben, dass sich die Freundin nun auf den Heimweg mache. Beide Täterinnen hatten im Internet recherchiert, dass sie straffrei bleiben, wenn der brutale Mord entdeckt wird. Als Motiv für die verstörende Tat wird Mobbing angegeben; die Mädchen wollten sich rächen, weil Luise sich Erwachsenen anvertraut hatte. Der Fall erschüttert nicht nur Deutschland, sondern ganz Europa.

Ein Verbrechen wie dieses ist schon lange kein Einzelfall mehr, überall auf der Welt ereignet sich extreme Gewalt durch Kinder. Diese Gewalt ist ein Neuzeitphänomen, das uns vor viele Fragen stellt: Was sind die Ursachen, wenn Kinder Konflikte, mit roher Gewalt lösen? Was versetzt Kinder in die Lage, ein anderes Kind mitgefühllos zu quälen oder gar zu töten?

---

[1] Die Chronik des Falles Luise: So lief die unglaubliche Tat in Freudenberg ab, FOCUS online, 22.04.2023

Im Januar 2023 ermordet ein Vierzehnjähriger in Wunstorf den gleichaltrigen Jan. N.[2] Seine Leiche wird geknebelt und gefesselt und mit Steinen bedeckt auf einem Brachgelände gefunden, er wurde durch Schläge mit Steinbrocken getötet. Die Jungen kannten sich seit der Grundschule. Das arglose Opfer wurde ebenfalls unter einem Vorwand in die tödliche Falle gelockt. Die Staatsanwaltschaft spricht von Heimtücke und einer geplanten Tat. Mobbing soll vorausgegangen sein.

Wut, Rachegedanken, Eifersucht oder Rivalitäten zwischen Kindern gab es schon immer. Es ist aber gar nicht lange her, da wurden frustrierte Kinder mit negativen Gefühlen nicht gleich zu Mördern. Früher waren es tatsächlich Einzelfälle, wenn Kinder extreme und bösartige Gewalt ausübten. Heute sind wir täglich mit roher Jugendgewalt konfrontiert, bis hin zu tödlichen Vergewaltigungen, die nun sogar Kinder begehen.

Am Morgen des 4. April 2023 wird in einer Kinder- und Jugendhilfeeinrichtung in Wunsiedel ein zehnjähriges Mädchen tot in ihrem Bett aufgefunden. Das Kind ist am Unterleib unbekleidet, Kleidungsstücke sind zerrissen. Als Tatverdächtige gelten zwei Elfjährige und ein Sechzehnjähriger, die ebenfalls in der Einrichtung leben.

Die Ursachen allein im Elternhaus oder in der Erziehung zu suchen, reicht schon lange nicht mehr aus. Erfahren Kinder eine autoritäre, gewaltvolle Erziehung, fördert es zwar ihre Bereitschaft, Gewalt als legitimes Mittel anzusehen, um Ziele zu erreichen oder sich stark und überlegen zu fühlen; es erklärt aber nicht, warum Kinder mörderische Fantasien entwickeln und in der Lage sind, ein anderes Kind trotz Schmerzensschreien, verzweifelter Gegenwehr und blutender Verletzungen bar jeden Mitgefühls zu töten, als wäre es lediglich ein Objekt. Was hat die angeborenen moralischen Grenzen

---

(2) 14-Jähriger in Wunstorf getötet: Tat wohl „über Monate vorbereitet", t-online.de, 15.04.2023

bei vielen Kindern derart verschoben und ihre natürliche Fähigkeit zum Mitgefühl so weit abgestumpft, dass wir nicht mehr von Einzelfällen sprechen können?

Wir wollen oder wir sollen es nicht bemerken. Was sich in den letzten Jahrzehnten verändert hat, ist die Omnipräsenz von Gewalt in den Medien. Gewaltdarstellungen und Internetpornografie sind nicht nur rund um die Uhr verfügbar, sie sind zum unbemerkten Sozialisationsagenten unserer Kinder geworden. Die Kinder von heute haben detaillierte Vorstellungen davon, wie getötet wird. Täglich können sie am Bildschirm beobachten, wie Menschen ermordet werden; sie sind an Blut und Schmerzensschreie von leidenden Opfern in Großaufnahme gewöhnt. Wie können wir nur glauben, dass diese Flut von Darstellungen, die vom Gehirn genauso verarbeitet werden wie reale Erfahrungen, keine Wirkung auf das Sozial- oder Konfliktverhalten von Kindern und Jugendlichen haben?

Die erste Materialsammlung zu diesem Buch entstand Ende der Neunziger Jahre im Rahmen einer Forschungsarbeit. Damals untersuchte ich, wie unser Gehirn Eindrücke aus Film und Fernsehen verarbeitet, denn interessanterweise unterscheidet es nicht zwischen Fiktion und Realität. Entscheidend für die Verankerung von Eindrücken ist die emotionale Reaktion, die ausgelöst wird.

Auch wenn unser Bewusstsein der Realität mehr Wichtigkeit, Bedeutung und Wahrheit zumisst als Fiktion, Traum und Fantasie, werden sie dennoch von unserem Gehirn auf die gleiche Art und Weise verarbeitet wie real Erlebtes. Für die informationsverarbeitenden Prozesse des Gehirns ist es völlig irrelevant, ob wir etwas in der Realität oder auf dem Bildschirm wahrnehmen.

Wenn der Realitätsgehalt von Eindrücken für das Verarbeitungsgeschehen ohne Bedeutung ist, aber jeder Eindruck, der Emotionen auslöst, für den Biocomputer in unserem Kopf bedeutungsvoll ist, welche Wirkung haben dann Filme voller Gewalt auf unsere Psyche, unser Leben und das Denken, Handeln und Fühlen unserer Kinder? Im Medienzeitalter geht die Mehrheit leider immer noch davon aus, dass Filme, Computerspiele und Pornographie relativ wirkungslos bleiben würden, weil sie nicht real sind. Doch die Wahrheit ist, dass die Eindrücke von den Bildschirmen an den Nervenzellen des Gehirns zu den gleichen Reaktionen führen wie reale Eindrücke. Realität und Fiktion verschmelzen in der Biochemie des Gehirns und damit auch in unserem Geist.

Das Gehirn arbeitet wie ein Supercomputer, jedoch nach bestimmten biochemischen Vorgaben, die unser Denken, Handeln und Fühlen lenken. Der Mensch ist so gesehen eine gigantische, neuronale Informationsstruktur, die sich aus dem genetischen Erbe der Menschheit, den persönlichen und den kollektiven Erfahrungen und nun auch aus den Medienerfahrungen speist. Emotionale Filmszenen, Computerspielanimationen und Pornographie hinterlassen auf der neuronalen Festplatte des Gehirns die gleichen biochemischen Spuren wie reale Erlebnisse, und zwar umso stärker, je jünger der Konsument ist. Das hat weitreichende Konsequenzen für unser soziales und gesellschaftliches Leben. Die mediale Omnipräsenz von Gewalt spiegelt sich in der neuzeitlichen Jugendgewalt wider. Vor dem Hintergrund der Erkenntnisse der modernen Hirnforschung und der Neuropsychologie werde ich aufzeigen, wie sich Gewaltdarstellungen als neuronale Programme im Gehirn etablieren und das Verhalten von Heranwachsenden wie bei einem Mindprogramming-Effekt unbemerkt steuern können.

Einleitung

Der amerikanische Trendforscher Gerald Celente prophezeit für die westlichen Staaten eine düstere Zukunft. Seinen Analysen zufolge werden in der Zukunft marodierende Jugendgangs die Ballungsgebiete der Großstädte beherrschen, das Gesetz der Straße und das Recht des Stärkeren werden zur bedrückenden Alltagsrealität unserer modernen Gesellschaft. Hinsichtlich der Entwicklung jugendlicher Gewalttaten rund um den Globus scheint Celentes Einschätzung begründet.

Im März 2023 geht eine Gewaltattacke auf eine 13-Jährige in Heide viral. Das wehrlose Opfer wird von einer Gruppe strafunmündiger Mädchen gedemütigt und gequält. Mit ihren Handys filmen sie, wie sie dem weinenden Kind immer wieder reihum ins Gesicht schlagen und ihm befehlen, ihnen in die Augen zu schauen. Sie überschütten das Mädchen mit Cola, verbrennen es mit Zigaretten und verkleben die langen Haare mit Kaugummi.

Die Rohheit der Täterinnen und die Verzweiflung des Opfers in dem polizeilich bestätigten Video schmerzen. Taten wie diese bleiben in der Regel ungesühnt und unverarbeitet. Das Opfer bleibt traumatisiert zurück, während sich die jungen Täter mit der Tat und dem Machtgewinn brüsten.

In Heide hat der Kinderschützer und Gewaltpräventionscoach Carsten Stahl zwischen Täterinnen und Opfer vermittelt. Seine Methoden sind nicht unumstritten, denn statt sozialpädagogischem Gesäusel, wählt er klare und auch harte Worte, um die jungen Gewalttäter zu erreichen. Wir brauchen heute Heerscharen von kompetenten, starken und geradlinigen Streetworkern im Stile eines Carsten Stahls, um dieser Form der Gruppen-Jugendgewalt begegnen zu können.

Gewaltprävention im eigentlichen Sinne ist es dennoch nicht, denn die Maßnahmen setzen dort an, wo Gewalt bereits geschieht.

Ein falscher Blick, die Verweigerung einer Zigarette oder von ein paar Cent können heute einem Zufallsopfer das Leben kosten. Nie zuvor gab es diese Form enthemmter Gewalt bei Kindern und Jugendlichen, die weder vor Öffentlichkeit noch vor einer möglichen Bestrafung zurückweicht.

Anfang der Achtzigerjahre nimmt das Phänomen Jugendgewalt in den USA seinen Anfang. Wenige Jahre später hält es Einzug in Europa und verbreitet sich in den letzten dreißig Jahren rasant um den gesamten Erdball. Ein Ende dieser Entwicklung ist nicht in Sicht. Wir müssen uns fragen, was sind die tieferen Ursachen für die Jugendgewalt in unserer Gesellschaft?

Bislang wurden die Ursachen dem sozialen Umfeld der Täter zugeschrieben, dem Elternhaus oder den fehlenden Perspektiven in den sozialen Randgruppen. Der Migrationshintergrund vieler junger Straftäter wird in der öffentlichen und politischen Diskussion meist ebenso ausgeblendet wie die desozialisierende Wirkung von fiktionaler Gewalt und Pornografie, die täglich in die Kinderzimmer gelangen.

Nachdem die Gewaltpräventionsmaßnahmen an Schulen wie Anti-Aggressionstrainings und Konfliktschlichterkurse sowie Überwachungskameras an öffentlichen Plätzen nicht zum Rückgang der Gewalt geführt haben, werden auch Medien-Kunde und Social-Media-Sprechstunden für Eltern keine Veränderung bewirken, denn sie sind keine Ursachenbehandlung.

Die Kriminalstatistik von 2022 dokumentiert einen drastischen Anstieg von Gewalttaten. In der Altersgruppe von 0 bis 14 Jahren stieg die Fallzahl um 35,5 % zum Vorjahr, bei den Vierzehn- bis Achtzehnjährigen um 22,1 %. Die Zahl der Vergewaltigungen stieg um 20,1 %. Seit 2019 werden jährlich circa 700 Gruppenvergewaltigungen gemeldet. Von wirksamer „Gewaltprävention" kann somit keine Rede sein.[3]

Was hat sich in unserer Gesellschaft verändert, dass sich junge Gewalttäter weder von einer Überwachungskamera noch von einer möglichen Bestrafung abschrecken lassen? Was hat die emotionale Verrohung und den offensichtlichen Verlust von natürlichen moralischen Hemmschwellen bei Jugendlichen ausgelöst, die eiskalt hilflose Menschen erschießen können?

Im Mai 2023 läuft ein Vierzehnjähriger an einer Belgrader Schule Amok. Er erschießt sieben Kinder, einen Wachmann und eine Lehrerin und richtet ein Blutbad an. Der junge Täter wird als unauffällig und in sich gekehrt beschrieben. Niemand hätte ihm eine solche Tat zugetraut, die er offenbar monatelang detailliert geplant hatte. Die Polizei findet auf seinem Schreibtisch Skizzen und Zeichnungen, die wie aus einem Horrorfilm oder Computerspiel aussehen.[4]

Nach Abschluss meines Studiums ging ich im Rahmen einer wissenschaftlichen Arbeit der Frage nach, welche geistigen Programme gewaltbereite Kinder und Jugendliche lenken, wenn sie völlig mitgefühlslos eine schwere Gewalttat begehen. Ich führte zahlreiche Gespräche mit gewalttätigen Heranwachsenden zwischen 12 und 21 Jahren. Die Interviews deckten auf, in welcher inneren und äußeren Welt diese Kinder leben, welche Verletzungen sich auf ihren jungen Seelen einbrennen konnten und welche Werte und Vorbilder ihr Leben bestimmen. Was damals noch als ein Phänomen der sozialen Randgruppen erschien, ist heute bedrückende Realität vieler Heranwachsenden aus allen sozialen Schichten.

Wir nennen es „Jugendgewalt" und glauben, sie gehö-

(3) Polizeiliche Kriminalstatistik 2022 | Bundesregierung
(4) Amoklauf in Schule: Siebtklässler erschießt neun Menschen, darunter acht Kinder, Tag 24 vom 03.05.2023, 23,05,2023

re zur Jugend. Täglich berichten die Medien über diese Gewalttaten, und wir akzeptierten sie bereits als normal.

Doch die Jugendgewalt in unserer Welt ist keineswegs normal! Wir sind durch die täglichen Berichterstattungen lediglich daran gewöhnt.

Wenn wir die menschliche Psyche und das Verarbeitungsgeschehen unseres Gehirns betrachten, sind Überwachungskameras wirkungslos. Gewaltprävention muss da ansetzen, wo Gewalt beginnt: In der Vorstellungswelt junger, potenzieller Täter.

Seit Jahren sind wir mit der Symptombehandlung beschäftigt, die erst greift, wenn es zu spät ist. Die Ursachen von Jugendgewalt werden nicht oder nur oberflächlich hinterfragt. Vom Gaslighting des Systems irritiert, glauben wir den ausgewählten Experten, die in den Medien von Einzelfällen, problematischen Elternhäusern oder psychischen Störungen der jungen Täter sprechen.

Soziale Missstände, Gewalt in der Familie, Migrationshintergrund oder fehlende Perspektiven leisten einen entscheidenden Beitrag zur Gewaltbereitschaft, sie sind der Nährboden, auf dem die mediale Gewaltsaat besonders gut gedeiht. Die Gewaltentwicklung, die wir heute erleben, geht jedoch vor allem einher mit der Omnipräsenz von destruktiven Bildschirmvorbildern. Auch verantwortungsvolle Eltern können ihre Kinder nicht davor schützen, dass ein junges, empfängliches Gehirn diese Eindrücke tief und prägend speichert.

Filmhelden, die mit Gewalt ihre Ziele erreichen, bestimmen mittlerweile die tägliche mediale Erlebniswelt von Heranwachsenden. Ob im Fernsehen oder am Computer, Gewalt ist in allen erdenklichen Formen präsent. Rund um die Uhr ist harte Pornografie im Internet auch für Kinder frei verfügbar, anonym, kostenlos und ohne wirksame Zugangskontrolle. Das erzeugt Wirkung in jungen Hirnstrukturen, insbesondere bei vernachlässigten oder zutiefst frustrierten Kindern. Das Gehirn verankert die beobachteten, aggressiven oder gewalttätigen Handlungsmuster und kann sie als Reaktionsmöglichkeit abrufen, wenn negative Gefühle wie Wut oder Rachegelüste erlebt werden.

Wenn sich etwas ändern soll, ist es höchste Zeit, die Symptomebene zu verlassen und sich der unbequemen Wahrheit zu stellen, dass Kinder am Bildschirm verrohren. Der Mensch hat gute und schlechte Anlagen. Wir entscheiden, welche Seite wir nähren. Um den jugendlichen Gewalt-Virus einzudämmen, wäre der erste und wichtigste Schritt, Kinder vor fiktionaler Gewalt und Pornografie zu schützen. Wir brauchen keine Kontrolle, um Gewalt zu verhindern. Wir brauchen eine Politik und Medienlandschaft, die danach strebt, für unsere Kinder eine soziale und liebevolle Umwelt mit positiven, mitfühlenden Vorbildern entstehen zu lassen. Wie Eltern ihre Kinder erziehen, können wir nicht beeinflussen. Was für Kinder im Fernsehen oder Internet zugänglich ist, kann jedoch sehr wohl beeinflusst und verändert werden.

Ich frage mich seit Jahren, warum die bedeutsamen Erkenntnisse der Hirnforschung zur neuronalen Plastizität des Gehirns nicht in die Mediendiskussion eingehen. Das Wissen um die informationsverarbeitenden Prozesse im menschlichen Gehirn wird in Bereichen ignoriert, die im Medienzeitalter von großer Relevanz für die kindliche Entwicklung sind. Die Hirnforschung hat aufgedeckt, wie sich die neuronale Struktur des Gehirns – und damit unser Denken, Handeln und Fühlen – im Wechselspiel mit den Umwelterfahrungen automatisch selbst erschafft, auch am Bildschirm. Die Erkenntnisse, die uns helfen zu erkennen, dass wir unsere Kinder vor falschen Vorbildern schützen müssen, werden jedoch überwiegend für die Entwicklung von Künstlicher Intelligenz genutzt. Diese wird als dem menschlichen Geist überlegen dargestellt, obwohl sie eine Kopie der Fähigkeit unseres Gehirns ist.

Könnte in naher Zukunft als eine neue Symptombehandlungsmaßnahme vielleicht sogar die Implantierung eines KI-Neurolinks[5] in unser Gehirn angeregt werden, um Gewalt zu verhindern, während Medien- und Pornoindustrie weiterhin desozialisierende Vorbildprogramme voller Gewalt in die unentwickelten Hirnstrukturen unserer Kinder senden? Die Künstlichen Intelligenz ist so weit entwickelt, dass sie die Prozesse des Gehirns in Sprache übersetzen und zunehmend Gedanken lesen kann.[6] Ein Neurolink könnte ein Signal senden, um eine gewalttätige Handlung zu blockieren. Doch ist es nicht vielmehr unsere moralische Pflicht, Kinder vor der Verrohung durch Pornografie und fiktionale Gewalt zu schützen, sobald wir den Medien-Effekt erkennen?

Wir werden Kinder nicht vor dem Medien-Effekt schützen, indem wir uns auf Medien-Erziehung verlassen. Wirkungsvoll schützen können wir sie nur, indem wir beginnen, die Medienangebote, die für Kinder zugänglich sind, in Frage zu stellen und zu verändern.

Realität und Fiktion verschmelzen in der Biochemie des Gehirns. Beeindruckende Filmszenen und Computeranimationen hinterlassen auf der neuronalen Festplatte die gleichen biochemischen Spuren wie reale Erlebnisse, und zwar umso stärker, je jünger der Konsument ist. Fiktive Eindrücke führen an den Nervenzellen des Gehirns zu den gleichen Reaktionen wie reale Eindrücke. Das Gehirn unterscheidet bei der Verarbeitung von Reizen nicht zwischen Fiktion und Realität.

(5) Neuralink: Everything to Know About Elon Musk's Brain Chip - YouTube, 14.04.2023

(6) Semantische Rekonstruktion kontinuierlicher Sprache aus nicht-invasiven Gehirnaufzeichnungen | Natur Neurowissenschaften (nature.com), 18.04.2023

Vor dem Hintergrund dieser Erkenntnisse der modernen Hirnforschung und der Neuropsychologie beschreibe ich in diesem Buch, wie sich mediale Gewalt in Form von unbewussten, neuronalen Programmen im Gehirn etablieren und das Verhalten von gewaltbereiten Kindern und Jugendlichen steuern kann.

Wenn wir die medialen Vorbilder verändern, die unsere Kinder am Bildschirm beobachten, könnten wir das Sozialverhalten vieler Kinder positiv beeinflussen.

Das Phänomen „Jugendgewalt"

Fast alle Regeln, die früher bei Heranwachsenden für körperliche Auseinandersetzungen galten, scheinen aufgelöst. Geschützte Körperzonen gibt es nicht mehr. Schläge, Tritte und Waffen werden rücksichtslos eingesetzt, und selbst auf den Kopf eines wehrlos am Boden liegenden Opfers wird noch eingetreten.

Früher regulierten natürliche Hemmschwellen das Konfliktgeschehen, man hielt sich an bestimmte unausgesprochene Regeln. Wer am Boden lag, galt als besiegt. Man ließ von ihm ab, der Kampf war damit beendet. Heute ist die innere Hemmung, einem Unterlegenen schwere oder gar tödliche Verletzungen zuzufügen, bei Jugendlichen nahezu ausgelöscht. Die Schwere der Verletzungen und das Leid des Opfers lösen bei der Mehrheit junger Gewalttäter keinerlei Regung oder Mitgefühl mehr aus. Selbst der Tod des Gegners wird in Kauf genommen.

Nie zuvor hat es unter Jugendlichen eine derart erschreckende Enthemmung gegeben. Wir nennen es Jugendgewalt, doch was verbirgt sich dahinter? Ist sie ein Irrtum der Evolution, ein Zufall oder schlichtweg das Resultat unserer modernen Gesellschaft, und wenn ja, warum? Wir gehen davon aus, dass soziale Missstände, Gewalt in den Familien, Migrationshintergrund oder fehlende Perspektiven der jungen Täter dafür verantwortlich sind, dass sie gewalttätig und sogar zu Mördern werden. Auf diese so genannte Randgruppenproblematik zielt die Mehrheit der staatlich verordneten Präventionsmaßnahmen ab. Doch sichtbare Erfolge bleiben aus. Stattdessen weitet sich das Phänomen Jugendgewalt auf alle sozialen Schichten aus.

Die weniger Privilegierten prügeln und stechen aufeinander ein, während der Gymnasiast mit einer Schnellfeuerwaffe im Kampfanzug Amok läuft und gleich dutzendfach tötet. In Schulen und Kindergärten ist aggressives Verhalten für Kinder und Jugendliche zu einer alltäglichen Konfliktlöse- und Zielerreichungsstrategie geworden. Natürliche moralische Hemmschwellen oder Mitgefühl für das Leid des Opfers haben ihre regulierende Kraft verloren.

Wir haben es versäumt, das Wissen der Hirnforschung auf unser tägliches Unterhaltungsprogramm anzuwenden. Wir blicken auf soziale und ökonomische Missstände unserer Gesellschaft, übersehen aber die Wirkung, die mediale Gewalt auf jene Prozesse im Gehirn hat, die unser Mitgefühl und unsere moralischen Hemmschwellen regulieren.

Es geht nicht darum, dass Jugendliche ihre pubertären Konflikte mit Gewalt lösen, es geht darum, wie sie es tun, wie entmenschlicht und unverhältnismäßig sie Gewalt einsetzen. Ein falscher Blick allein kann heute schon für einen Heranwachsenden ein ausreichender Grund sein, um ein Messer zu zücken und zuzustechen.

In der Pubertät sind Jugendliche durch die hormonellen Wechselbäder empfindlich und neigen zu Überreaktionen. Das war schon immer so. Jungen schlagen über die Stränge und wollen ihre Kräfte messen, während Mädchen in Melancholie versinken und schön und beliebt sein wollen. Das sind die psychischen Begleiterscheinungen der hormonellen Umstellung und des natürlichen sexuellen Reifeprozesses. Nicht natürlich sind die Brutalität und die Rücksichtslosigkeit, mit der Pubertierende im 21. Jahrhundert ihre Konflikte lösen und Kräfte messen und ihre aufkeimende Sexualität auszuleben versuchen. Der Einsatz roher Gewalt ist für Kinder des Medienzeitalters normal geworden.

In Niedersachsen verliert der 25-Jährige Daniel S. im März 2013 sein Leben, weil er versucht, einen Streit zu schlichten.[7] Daniel ist mit Freunden in einem gemieteten Bus auf einer Diskotour. Die freien Plätze werden an fünf Unbekannte vergeben. Auf dem Rückweg bricht ein Streit aus. Die fünf Mitfahrer rufen mit ihren Handys weitere Jugendliche zur Verstärkung. Am Halteplatz steigt Daniel aus dem Bus, um alle Beteiligten zu beruhigen und eine Auseinandersetzung zu verhindern. Cihan A. (20) schleudert Daniel mit einem Tritt gegen den Bus. Er prallt mit dem Kopf auf den Asphalt und bleibt regungslos liegen. Chian lässt aber nicht ab, sondern tritt weiter mit roher Gewalt auf das regungslos am Boden liegende Opfer ein. Einige Tage später verstirbt Daniel an den schweren Kopfverletzungen.

Der Polizeisprecher bezeichnet die Tat als Einzelfall, der eine selten dagewesene Qualität von Brutalität zeige. Doch Fälle wie dieser sind schon lange keine Einzelfälle mehr, sie geschehen täglich – rund um den Erdball.

Im Oktober 2012 wird der 20-Jährige Jonny K. auf dem Alexanderplatz in Berlin Opfer einer brutalen Prügelattacke.[8] Eine Gruppe junger Männer tritt und schlägt ohne Grund auf das zufällig ausgewählte Opfer ein. Jonny K. stirbt an den schweren Hirnblutungen im Krankenhaus. Die sechs Täter zwischen 19 und 24 Jahren werden wegen Körperverletzung mit Todesfolge angeklagt. Alle weisen jede Verantwortung für den Tod von Jonny K. weit von sich. Der Prozess zieht sich über mehrere Monate hin, doch Schuldgefühle, Scham oder Reue zeigen die Täter nicht. Nach der Verurteilung und dem Verbüßen von Bewährungsstrafen verhöhnen sie das Todesopfer und die trauernden Hinterbliebenen in den sozialen Netzwerken – sie stellen ihr Verbrechen als Heldentat und Jonny als Looser dar.

(7) http://www.sueddeutsche.de/panorama/pruegelattacke-nach-schlichtungsversuch-einfach-totgetreten-1.1624707 (08.11.2017)
(8) https://de.wikipedia.org/wiki/Todesfall_Jonny_K. (11.11.2017)

Jeden Tag werden in Deutschland 200 Bürger Opfer einer Prügelattacke in U-Bahnhöfen und auf der Straße. Mehr als die Hälfte der Tatverdächtigen sind Jugendliche.[9]

In Norddeutschland sticht im Juli 2011 ein 15-Jähriger auf seinen Vater ein, Dutzende Male, bis dieser im Hausflur tödlich zusammenbricht. Nachbarn sagen, der Junge habe seinen Vater regelrecht geschlachtet. Die Pressebilder zeigen ein über und über mit Blut verschmiertes Treppenhaus.

Im März des Jahres 2013 wird ein 22-Jähriger Heizungsmonteur vom Landshuter Landgericht zu lebenslanger Haft wegen des Doppelmordes an den Eltern seiner Ex-Verlobten verurteilt.

Der junge Mann hatte begonnen, ein Haus für sich und seine Verlobte zu bauen. Als die Beziehung zerbricht, sieht er die Schuld bei den Eltern des Mädchens. Im März 2012 dringt der damals 21-Jährige in das Elternhaus seiner Ex-Freundin ein, bewaffnet sich mit einem Messer und ersticht den 60-Jährigen Vater. Die Leiche schafft er in den Keller. Als die 54-Jährige Mutter eintrifft, sticht er über 30 Mal auf ihren Kopf und ihr Gesicht ein. Dann schleppt er die nahezu leblose Frau in den Partykeller und schlägt mit Axt, Schürhaken und Wetzstahl auf sie ein, bis sie stirbt. Die heimkehrende Ex-Verlobte zwingt er, bei der Beseitigung der Leichen zu helfen, andernfalls, so droht er, gebe es eine dritte Leiche. Die Eltern werden gemeinsam im Blumenbeet am Haus verscharrt. Seine Wut und seine Enttäuschung hat der junge Mann in tödlicher Horrofilm-Manier vergolten.

Im Februar 2013 steigt die 19-Jährige Elly S. zu einem Freund (23) ins Auto. Als sie ihm während der Fahrt droht, seine Drogengeschäfte anzuzeigen, schlägt ihr der junge Mann ins Gesicht, erwürgt sie und wirft ihre Leiche in einen Baggersee.

---

(9) https://www.youtube.com/watch?v=QKEwAyp7mms (08.11.2017)

Wir fassen diese erschütternden Gewalttaten junger Menschen unter dem Begriff „Jugendgewalt" zusammen, was uns suggeriert, dass sie irgendwie zur Jugend dazugehörten. Doch ist das wirklich so? Blenden wir nicht aus, dass sich mit der immer intensiver gewordenen Mediennutzung das Phänomen Jugendgewalt überhaupt erst entwickelt hat?

Wir haben uns an Amokläufe, Morde und Sexualstraftaten von Jugendlichen gewöhnt und die gängige Ursachenzuschreibung akzeptiert und verinnerlicht. Viele der von Jugendlichen begangenen Gewalttaten sind Abbilder von verstörenden Filmszenen, Internetangeboten und Computerspielen, doch das bemerken wir nicht. Unser Blick ist auf soziale Missstände, Gewalt in den Familien, Migrationshintergrund oder fehlende Perspektiven der jungen Täter gerichtet; die Berichterstattung der Medien hat uns fest im Griff. Wir glauben, was Nachrichten und Expertenrunden vermitteln, und hinterfragen die Deutungsmuster nicht.

Die Medienindustrie hat kein Interesse daran, sich selbst in Verruf zu bringen, und so wird weiter über soziale Missstände und die Problematik von Randgruppen diskutiert. Dass täglich grausame Gewaltdarstellungen auf Knopfdruck in die Gehirne von Kindern und Jugendlichen gelangen, bleibt in unserem gesellschaftlichen Bewusstsein ausgeblendet. Dabei ist es mehr als offensichtlich, dass sich mit dem Einzug des Privatfernsehens und der permanenten Unterhaltung das Sozial- und Konfliktverhalten von Heranwachsenden verändert hat.

Die tägliche und selbstverständliche Mediennutzung ist für Kinder und Jugendliche zur Hauptfreizeitaktivität geworden. In Deutschland schauen Kinder mehr als drei Stunden täglich fern, hinzu kommen Internetangebote und Computerspiele, die das Fernsehen als Hauptfreizeitaktivität zunehmend ablösen.

Das Magazin *Geo Wissen* berichtet 2008 über eine

unveröffentlichte Studie des Münchner Schulpsychologen Werner Hopf. Über einen Zeitraum von zwei Jahren wurde der Konsum von Mediengewalt und das Verhalten von 653 Schülern beobachtet und ausgewertet. Die Studie ergab, dass PC-Spiele noch vor der Gewalt in Film und Fernsehen die Hauptursache für Jugenddelikte wie Prügeleien, Vandalismus, Mobbing und Automatenaufbrüche sind. Brutale Computerspiele stellen demnach den größten Risikofaktor für jugendliche Gewalt dar. Zu demselben Ergebnis kommt auch der amerikanische Agressionsforscher Craig A. Anderson in seiner Studie.[10]

Studienergebnisse wie diese gelangen kaum in den Blick der Öffentlichkeit oder ins Zentrum der politischen Diskussion. Jugendgewalt wird politisch fast nie mit dem Gewaltangebot der Medien in Verbindung gebracht. Die Gewaltproblematik wird mit Überwachung und Bestrafung bekämpft, und erschreckende Taten werden als Einzelfälle abgetan.

In den USA strebt die Waffenlobby ernsthaft an, Schulkinder an der Waffe auszubilden, um sich vor Amokläufern und Gewalttätern schützen zu können. Eine solche Gruppe ist die „North Florida Survival Group" mit 200 Milizen.[11] Sie bildet bereits Neunjährige an der Kalaschnikow aus. „Lerne, wie du jede Katastrophe überleben kannst" verspricht die Gruppe, die eine von den unzähligen, unerkannt operierenden Privatarmeen in den USA ist.

Alle Versuche aber, mit Waffengewalt, Überwachungstechnologie und Strafrechtverschärfungen gegen die Gewalt vorzugehen, die täglich aufs Neue in die Gehirne von Kindern und Jugendlichen ausgesät wird, bleiben wirkungslos. Filme und Fernsehen, brutale Computer-

---

(10) Craig A. Anderson et al. (2003) *The influence of media violence on youth*. In: Psychological Science in the Public Interest, Volume 4, Issue 3, S.81-110.

(11) http://www.spiegel.de/panorama/gesellschaft/waffenrecht-in-den-usa-uebung-der-miliz-north-florida-survival-group-a-885349.html, 10.04.2017.

spielanimationen und Porno sind mehr als nur Zeitvertreib. Die Inhalte brennen sich in die Hirnstrukturen ein und liefern jungen und frustrierten Zuschauern entmenschlichte Vorbilder, die sie nachahmen, um Konflikte zu lösen oder sich stark zu fühlen.

Da das menschliche Gehirn keine eigenständige Intelligenz besitzt, sondern lediglich über eine Logik verfügt, die sich an unseren Emotionen orientiert, kann der Biocomputer auf unseren Schultern nicht unterscheiden zwischen den Daten aus der Scheinwelt der Bildschirme und den Daten, die wir im realen Leben aufnehmen. Das Gehirn operiert im Automatikbetrieb und nutzt alle gespeicherten Erfahrungsdaten, unabhängig davon, ob sie fiktional oder real erworben wurden. Wie wir denken oder fühlen und wie wir handeln, all das schöpft unser Gehirn aus Daten, die völlig unbewusst und automatisch von unserer geistigen Festplatte zur Verfügung gestellt werden.

Die geistigen Programme, die uns lenken, stammen nicht nur aus unseren Erfahrungen in der Realität, sie entwickeln sich auch beim Konsum von eindringlichen Filmen und Animationen, die Gefühle auslösen. Wir können bewusst nicht beeinflussen, welche unbewusst abgerufenen Inhalte unser Verhalten lenken. Täglich konsumierte Mediengewalt wird von jungen und empfänglichen Konsumenten in unser reales Leben übertragen, ungeachtet der gesellschaftlichen Konsequenzen.

Anti-Aggressionstrainings, Konfliktschlichtungskurse, Freizeit- und Bildungsangebote und die Überwachung von öffentlichen Plätzen können die Gewalt nicht verhindern, die tagtäglich in unsere Kinder- und Wohnzimmer gesendet und dort im Gehirn verankert wird. Solange mit der Flut von Mediengewalt Öl ins Feuer der neuronalen Gewaltenthemmung gegossen wird, sind alle bisherigen Präventionsmaßnahmen zur Jugendgewaltbekämpfung sinnlos.

2015 wurden an Hamburger Schulen 167 Fälle von schwerer Körperverletzung gegen Mitschüler gemeldet, 68 Fälle an Grundschulen. Sexualdelikte, Raub, Erpressung und schwere Körperverletzung sind Alltag an deutschen Schulen. Erschreckend ist der rasante Anstieg von sexuellen Gewalttaten die heute bereits Grundschüler begehen.[12]

Jugendliche Straftaten gegen die sexuelle Selbstbestimmung sind 2015 im Vergleich zum Vorjahr um 7.80% gestiegen.[13] Aus dem *Jahresbericht Jugenddelinquenz und Jugendgefährdung in Niedersachsen 2015* geht hervor, dass von Jugendlichen verübte Straftaten im Vergleich zum Vorjahr um 2.85% und die Zahl der Tatverdächtigen um 5.12% gestiegen sind. Die Zunahme minderjähriger, nichtdeutscher Tatverdächtiger ist zum Vorjahr um 38.48% gestiegen.[14]

Ein Blick in die Statistiken der letzten Jahre zeigt zunächst einen Rückgang der Jugendgewalt. Allerdings sind folgende Entwicklungen zu berücksichtigen: dder Bevölkerungsanteil Jugendlicher unterliegt einem Wandel, seit den Neunzigern verzeichnen wir einen deutlichen Rückgang von Heranwachsenden an der Gesamtbevölkerung; Aussagen über das Dunkelfeld der Jugendkriminalität können nicht getroffen werden; das Freizeitverhalten verändert sich – ein Jugendlicher vor dem Bildschirm hat weniger Möglichkeiten, straffällig zu werden, als ein Jugendlicher, der mit seiner Clique unterwegs ist; die Aufklärungsquote unterliegt Veränderungen; die organisierte Kriminalität von Jugendgangs, wie es sie in den Anfangsjahren der Jugendge-

---

(12) https://www.gew-hamburg.de/themen/schule/die-gewalt-an-schulen-steigt-und-der-senat-verschleiert-es
(13) Hrsg. Landeskriminalamt Niedersachsen, Dezernat 32, Am Waterlooplatz 11, 30169 Hannover: Jahresbericht Jugenddelinquenz und Jugendgefährdung in Niedersachsen 2015
(14) Landeskriminalamt Niedersachsen, Zentralstelle Jugendsachen, www.lka.polizei-nds.de

walt gab, ist von der Bildfläche verschwunden; Gewalt ist zunehmend geächtet; es wird verstärkt in Maßnahmen zur Gewaltprävention investiert. Alle Faktoren zusammen scheinen zu einem Rückgang zu führen. In den Medien kommen üblicherweise Stimmen zu Wort, die äußern, dass für eine Dramatisierung der Jugendkriminalität keinen Anlass bestehe oder es keinen empirischen Beleg für eine zunehmende Brutalisierung gebe.[15][16]

Doch das Wesen der Jugendgewalt hat sich tiefgreifend verändert; bei gewalttätigen Auseinandersetzungen wird auch der Tod des Opfers ungerührt in Kauf genommen. Die Hemmschwelle, brutalste Gewalt einzusetzen, ist gesunken. Vor allem die Zahl der Straftaten gegen die sexuelle Selbstbestimmung wächst bei Kindern und Jugendlichen im Medienzeitalter rasant an – und dafür gibt es Gründe.[17]

Abschließende Klarheit lässt sich in die Auswertung der Statistiken nicht bringen. Auffallend ist jedoch die Veränderung von Jugendgewalt – einhergehend mit der Mediennutzung. Überall auf der Welt, wo Fernsehen und Internet zur Hauptfreizeitaktivität von Heranwachsenden geworden sind, häufen sich brutale und entmenschlichte Gewalttaten von Kindern und Jugendlichen.

Im ostfranzösischen Besancon dringt im Dezember 2010 ein 17-Jähriger mit zwei Schwertern bewaffnet in eine Vorschule ein.[18] Er nimmt 19 Kinder im Alter von

---

(15) https://kops.uni-konstanz.de/bitstream/handle/123456789/3360/12907.pdf?sequence=1
(16) http://www.bpb.de/politik/innenpolitik/gangsterlaeufer/203562/zahlen-und-fakten?p=all
(17) http://www.planet-wissen.de/gesellschaft/psychologie/jugendgewalt_in_deutschland/index.html#Wachsende_Gewaltbereitschaft
(18) http://www.faz.net/aktuell/gesellschaft/besancon-geiselnahme-in-kindergarten-unblutig-beendet-11084168.html. 07.11.2017

vier bis sechs Jahren sowie die Lehrerin als Geisel. Für seine Tat kann er keine Gründe nennen. Vorbilder hätte er sicher nennen können, wenn man ihn gefragt hätte.

Es erweist sich als sinnlos, bei der Suche nach den Ursachen von Jugendgewalt die Motive der Täter zu hinterfragen oder das soziale Umfeld zu analysieren. Die meisten Täter können ihre Motive nicht benennen, und die Mehrzahl hat in irgendeiner Form familiäre oder schulische Probleme, ist frustriert und aggressiv. Das ist aber kein ausschließliches Randgruppenproblem.

Frustrierte Menschen sind generell gewaltbereiter als zufriedene. Das ist zu allen Zeiten so. Doch im Gegensatz zu jenen Zeiten, als wir noch nicht permanent den Medien ausgesetzt waren, kompensieren heute viele junge Menschen ihre Frustrationen wie selbstverständlich mit roher Gewalt. Zu neuen Erkenntnissen gelangen wir also erst, wenn wir untersuchen, was junge Gewalttäter psychisch in die Lage versetzt, rohe Gewalt völlig enthemmt und ohne Mitgefühl einzusetzen.

Der Mensch ist von Natur aus ein mitfühlendes Wesen, doch junge Gewalttäter zeigen keine natürlichen Reaktionen hinsichtlich ihrer Taten. Sie empfinden in der Regel kein Mitgefühl für das Leid des Opfers und zeigen bei ihrer Verhaftung nur selten Scham oder Reue.

Die Unverhältnismäßigkeit, mit der Gewalt ausgeübt wird, macht betroffen. Doch wirkungsvolle Gewalt-Präventionsmaßnahmen werden wir erst entwickeln, wenn wir die Ursachen dieser Gewaltenthemmung anerkennen und angehen. In der Vergangenheit wurde Jugendgewalt mehrheitlich Heranwachsenden mit Migrationshintergrund aus den sozialen Brennpunkten zugeschrieben. Interessanterweise findet sich in dieser Gruppe aber nicht nur die höchste Gewaltrate, sondern auch die stärkste Mediennutzung.

Mittlerweile sind immer häufiger auch Heranwachsende auffällig, die weder einer sozialen Randgruppe angehören, noch einen Migrationshintergrund haben. Der Gewaltvirus der Medien breitet sich unabhängig vom Sozialstatus aus, einhergehend mit der Intensität der Mediennutzung. Kinder und Jugendliche mit einem höheren Bildungsniveau nutzen verstärkt Internetangebote und Computerspiele. Im Zuge dieser Entwicklung werden nun auch Kinder aus geordneten und gut situierten Familienverhältnissen gewalttätig und verhaltensauffällig.

Auf einer Schulreise im Sommer 2010 vergewaltigen zwei 19-Jährige Lübecker Gymnasiasten ein 15-Jähriges Mädchen und filmen die Tat mit ihren Handys.[19] Die ungewöhnlich jungen Vergewaltiger stammen aus guten Familienverhältnissen, haben Zukunftsperspektiven, sind sozial integriert und haben keine Vorstrafen. Sie passen nicht in das gängige Täterprofil – die bisherige Ursachenzuschreibung hat ausgedient.

Steht das Klischee des gewalttätigen Jugendlichen mit Migrationshintergrund als Erklärung für die Öffentlichkeit nicht zur Verfügung, berichten die Medien über nicht näher spezifizierte psychische Störungen oder eine Verletzung der Aufsichtspflicht. Erklärungen, die im Grunde keine sind, denn sie erklären nicht, wie es zu der unverhältnismäßigen Brutalität und Hemmungslosigkeit kommt, mit der Gewalt eingesetzt wird.

Jeder, der rohe Gewalt ausübt, hat eine verzerrte Wahrnehmung und in diesem Sinne eine psychische Störung. Die untypischen Täterprofile weisen vielmehr darauf hin, dass das Phänomen Jugendgewalt heute eine neue Dimension erreicht hat – unabhängig von Sozialstatus und Bildung.

Der alarmierende Anstieg von Sexualstraftaten, die Minderjährige und sogar Grundschüler begehen, ist ein weiteres Indiz dafür, welche Wirkung die Mediennut-

---

(19) https://www.welt.de/vermischtes/article7598640/ Luebecker-Gymnasiasten-aus-U-Haft-entlassen.html (10.11.2017)

zung auf das Gehirn von Kindern und Jugendlichen hat. In Deutschland kann seit einigen Jahren jedes Kind rund um die Uhr und kostenfrei harte Pornographie im Internet und auf dem Smartphone konsumieren.

Jugendgewalt ist ein Produkt des Medienzeitalters. Sie wird sich nicht von allein erledigen und kann mit den bisherigen Präventionsmaßnahmen nicht eingedämmt werden. Daher gilt:

> Solange wir zulassen, dass sich unsere Kinder täglich mit Gewalt und Pornographie unterhalten, wird sich die Welle der Jugendgewalt weiter wie ein Virus über den gesamten Erdball ausbreiten. Dabei sind heute Mädchen und Frauen mehr denn je gefährdet, Opfer sexueller Gewalt zu werden.

Der „Gewalt-Virus" entfaltete zuerst seine Wirkung in den sozialen Randgruppen, hier kommen verschiedene Faktoren verstärkend zusammen: Soziale Benachteiligung, Ausgrenzung und häusliche Gewalt sind ein fruchtbarer Nährboden für die Saat brutaler Vorbilder.

Doch nun ist eine Zeit angebrochen, in der vor unseren Augen sichtbar wird, dass jedes Kindergehirn die optimalen biochemischen Voraussetzungen für die Verankerung gewalttätiger Handlungsvorbilder bietet. Die Saat der medialen Gewalt trägt inzwischen – ganz unabhängig von Sozialstatus und Bildung – hässliche Früchte in unser Leben. Erst, wenn wir dort ansetzen, wo Gewalt beginnt – und das ist im Kopf der potentiellen, jungen Täter – können wir wirkungsvolle Präventionsmaßnahmen entwickeln.

Bevor ein Jugendlicher gewalttätig wird, hat er eine Vorstellung von Gewalt und entsprechende Phantasien. Das kaltblütige Massaker, das Anders Breivik am 22. Juli 2011 auf der norwegischen Ferieninsel Utöya begeht, ist ein Paradebeispiel für die Verwirklichung von Gewaltphantasien: Ein seriös wirkender 32-Jähriger Mann im Polizeipullover fährt mit einem Boot zur Jugendferieninsel Utöya und gibt vor, wegen eines Bombenanschlags in Oslo nach dem Rechten sehen zu wollen. Tatsächlich befinden sich in seinem Gepäck ein Schnellfeuergewehr und Munition. Er feuert neunzig Minuten lang wahllos auf fliehende und weinende Jugendliche. Einige winkt er zu sich heran und erschießt sie aus nächster Nähe.

Insgesamt tötet Anders B. Breivik an diesem Tag 77 Menschen – bis er von einer Spezialeinheit überwältigt wird. Eine entsetzliche und zunächst unerklärliche Tat, die Welt ist im Schockzustand. Breivik ist zwar kein jugendlicher Amokläufer, aber er setzt nach eigenen Angaben einen jahrelang vorbereiteten Anschlag um.

Die Idee zu diesem Massaker keimt bereits in seiner Jugend in ihm. Der schockierende Massenmord geht als wahnsinniger, politisch motivierter Doppelanschlag in unsere Geschichte ein, doch Andres Breivik gibt auch zu Protokoll, dass er seit seinem 15. Lebensjahr mit Begeisterung das brutale Computerspiel *Warcraft* spielt, das er als das beste Vorbereitungstraining für sein Massaker auf der Ferieninsel Utöya beschreibt. Dieser wichtige Aspekt seiner Entwicklung zum Massenmörder bleibt in der öffentlichen und politischen Diskussion seiner Tat jedoch weitestgehend ausgeblendet.

Medienzeitalter

Wir leben im Informationszeitalter. Ob im Sportstudio, im Wartezimmer des Arztes, in der Kneipe oder in einer U-Bahn – überall stieren uns Bildschirme entgegen. Medien nehmen eine zentrale Rolle in unserem Leben ein, sie sind für uns selbstverständlich geworden. Sie bestimmen nicht nur unseren Berufsalltag, unser Freizeitverhalten und unsere Interessen, sie bestimmen auch, was wir von der Welt sehen und was wir über sie zu wissen glauben.

Heute erreicht man mit Fernsehen und Internet nahezu jeden Menschen. Der Bürger ist in Deutschland gesetzlich verpflichtet, eine monatliche Fernseh- und Rundfunkgebühr zu entrichten, auch wenn der Haushalt über gar kein Radio oder Fernsehgerät verfügt. Wir zahlen staatlich verordnet dafür, dass man uns mit Unterhaltungsprogrammen und Informationen geistig gleichgeschalt, indem wir Programme sehen, deren Inhalt letztlich nicht der Verbraucher bestimmt, sondern der Staat.

Kann eine solche Quelle von Unterhaltung und Information unabhängig und neutral sein? Ist sie nicht viel mehr den verschiedenen Machtinteressen verpflichtet?

Die Arbeitsgemeinschaft Fernsehforschung (AGF) ermittelte 2011, dass die Deutschen täglich 220 Minuten fernsehen, die Amerikaner mehr als 240 Stunden. Computer und Internet werden von 79% der Deutschen täglich genutzt, bei den 14- bis 29-Jährigen sind es 98% und bei den über 65-Jährigen 41%.[20]

Mit der Vermittlung von Unterhaltung und Informa-

(20) Umfrage des Hightech-Verbandes BITKOM: https://www.pressebox.de/pressemitteilung/bitkom-bundesverband-informationswirtschaft-telekommunikation-und-neue-medien-ev/

tion wird sehr viel Geld verdient – und deshalb bestimmen vor allem finanzielle Interessen das Angebot. Die Medienindustrie ist zu einem gigantischen Wirtschaftszweig geworden. Den Machern geht es nicht darum, für gute Unterhaltung zu sorgen oder ein objektives Bild der Welt zu vermitteln, es geht in der Branche wie überall (meistens) darum, möglichst hohe Umsätze zu erzielen. Dies gilt sogar für etwas eigentlich Neutrales wie die Nachrichten.

Sendeprofil und Berichterstattung werden rund um den Erdball von marktwirtschaftlichen und politischen Interessen bestimmt. Nur wenige Sender heben sich von dieser Entwicklung ab. Aber gerade die jungen Zuschauer zappen sich bevorzugt durch die privaten Kanäle, die durch Werbeeinnahmen finanziert werden. Die Sendeanstalten sind bemüht, möglichst viele Zuschauer zu festen Zeiten am Bildschirm zu fesseln, um sichere Werbeeinnahmen zu erzielen. Gesendet wird, was hohe Einschaltquoten verspricht.

Die Branche setzt auf die EMOTIONALISIERUNGSSTRATEGIE. Wird der Zuschauer emotional erreicht, ist seine Aufmerksamkeit dem Sender sicher. Er bleibt dann gebannt vor dem Bildschirm sitzen – und das bringt die gewünschten Einnahmen.

In Fernsehen und Internet wird nahezu jede Greueltat und jede Abscheulichkeit präsentiert. Hinter den Produktionskulissen von Nachrichten, Talkshows, Informationssendungen und Castingshows werden die Beiträge so aufbereitet, dass sie beim Empfänger möglichst starke Gefühle auslösen. Emotionen bedeuten Aufmerksamkeit – und die Aufmerksamkeit des Zuschauers bringt das Geld. So werden wir über alle Maßen schockiert, erschreckt, amüsiert oder erregt.

Als ich während meines Studiums für einen TV-Sender

Internetnutzung-auf-Platz-2-der-populaersten-Aktivitaeten-von-Teenagern/boxid/425658. 07.11.2017.

arbeitete, erlebte ich mit, wie die Welt im Fernsehen neu erschaffen wird. Ich war jung und naiv – und schockiert. Es war weder beabsichtigt noch erwünscht, ein Abbild der Realität oder seriöse Informationen zu vermitteln – man wollte hohe Einschaltquoten. Und so forderte man uns auf, Gäste in der Sendung bloß zu stellen, Skandale zu provozieren und Reportagen zu liefern, die Emotionen erzeugten und öffentliche Aufmerksamkeit einbrachten. Mit Realität, Objektivität oder der Vermittlung von Fakten hatte das wenig zu tun.

Damit Berichte die gewünschte, emotionale Wirkung entfalten, werden sie mit Kommentaren, dramatischer Musik und schnellen Schnitten versehen. Aus fast jeder Sachinformation lässt sich so eine gefühlsmäßige Botschaft erzeugen. Und der Zuschauer am Bildschirm bekommt davon nichts mit.

Wir nehmen die dokumentarisch anmutenden Filmaufnahmen und die zusammengeschnittenen Expertenkommentare als realistisches Abbild der Welt wahr.

Inzwischen scheint jedes Mittel recht, um unsere Aufmerksamkeit zu fesseln. Die öffentlich-rechtlichen Sendeanstalten beugen sich ebenfalls dem Trash-Trend und liefern zur besten Sendezeit für die ganze Familie schändliche Gräueltaten als Unterhaltung. Im deutschen Krimiklassiker *Tatort* wird inzwischen in Actionmanier am Sonntagabend blutige Kost geboten. In einer einzigen Tatortfolge im März 2014 sterben 19 Menschen.

Der Einzug des Privatfernsehens hat unsere Fernsehlandschaft nachhaltig verändert. Die privaten Sendeanstalten zielen mit ihren Angeboten vor allem auf die jüngere Zuschauergruppe der 14- bis 49-Jährigen ab. Nach 23 Uhr werden am Wochenende auf nahezu allen privaten Kanälen Action, Comedy, Sex, Crime und Horror geboten – eindrucksvoll unterhält man uns vor den immer größer gewordenen heimischen Bildschirmen mit

Gewalt, Sex und Verbrechen in Nahaufnahme und HD Qualität.

In Gewaltszenen wird die Verletzung des Körpers in aller Deutlichkeit gezeigt – die psychischen Folgen einer Gewalttat werden aber weitestgehend ausgeblendet.

Für Medienmacher haben gewaltsame Ereignisse mit schweren körperlichen und materiellen Folgen den höchsten Nachrichtenwert. Aber es fällt inmitten der medialen Reizüberflutung den wenigsten Zuschauern auf, dass die Ausstrahlung brutaler Gewaltszenen ständig zunimmt.

Das hat Methode – Schrecken und Grauen berühren uns, wir werden aufmerksam und schauen hin. Den Sendern bringt das den gewünschten Ertrag. Aber beim Zuschauer und Leser entsteht ganz nebenbei auch der Eindruck, in einer grausamen und gefährlichen Welt zu leben.

Positive Meldungen werden kaum veröffentlicht. Man geht davon aus, dass sie weniger Aufmerksamkeit erzeugen und deshalb weniger Geld einbringen. Unbemerkt und völlig unbewusst verzerrt sich das Bild, das der Zuschauer von der Welt hat – und zwar nachweislich negativ.[21] Menschen mit einem intensiveren Medienkonsum nehmen ihre Umwelt negativer wahr und fühlen sich deutlich unsicherer und bedrohter als Menschen mit zurückhaltendem Medienkonsum.

Gewalt ist tägliche Fernsehkost, sie wird in fast allen Formaten und auf allen Kanälen gezeigt – mit einer neutralen Botschaft belegt. Gewalt wird weder negativ noch positiv propagiert. Sie geschieht einfach – und das ist fatal.

---

(21) Yvonne Kottner, Theorien der Medienwirkung Kultivierungsthese und Habitualisierungsthese. http://www.ifak-kindermedien.de/ifak/startseite/medienwissenschaft/5%20medienkritik_medienwirkung/theorien_der_medienwirkung/Theorien%20der%20Medienwirkung%20-%20Kultivierungsthese%20und%20Habitualisierungsthese. (07.11.2017)

Konsequenzen für Gewaltopfer bleiben fast immer ausgespart. Im Mittelpunkt der Darstellung steht der Gewaltakt, nicht seine Folgen. Der Jurist Heinrich Schmitz schreibt dazu:

> Unsere Medien vermitteln die elementaren Prinzipien des Rechtsstaats so gut wie gar nicht. Sie lieben aber die Berichterstattung über Mord, Totschlag, Vergewaltigung und Kindesmissbrauch. Das scheint das Volk zu lieben. Grausame Verbrechen bringen Quote. Reale Fälle sind da natürlich noch prickelnder als die allgegenwärtige Krimiunterhaltung. Je brutaler um so quotenträchtiger. Wenn es Fotos oder Videos aus Überwachungskameras oder aus dem Netz gibt, werden die gerne immer wieder gezeigt und damit die Wut angeheizt.[22]

Mit dem Zeigen der Bilder wird aber nicht in erster Linie Wut angeheizt – es werden Vorbilder für Gewalttaten ausgestrahlt und Ängste vor Gewalttaten geschürt.

Auf jede Ausstrahlung eines Mitschnitts der Überwachungskamera folgen Nachahmungstaten. Dass der Zuschauer auf diese Bilder reagiert, kann man ihm nicht zum Vorwurf machen. Das menschliche Gehirn reagiert (natürlicherweise und den „animalischen" Anlagen seines Reptiliengehirns gemäß. Verwerflich ist es dagegen, diese „animalischen" Anlagen gezielt anzustacheln, Vorbilder auszustrahlen und in die Prozesse des Gehirns zu implantieren, die dann auf Nachahmung drängen.

Medien-Vorbilder werden ständig ausgestrahlt, sie animieren zur Nachahmung und erzeugen Angst. Häufig aber wird der manipulierte Zuschauer in die Verant-

---

(22) Heinrich Schmitz: Menschenhatz. In: DIE KOLUMNISTEN. 11. März 2017. https://diekolumnisten.de/2017/03/11/menschenhatz/. (14.04.2017)

wortung genommen – eine Ablenkung von der (manipulativen) Macht der Medien-Industrie! Tatsächlich aber wird der Zuschauer beständig verführt, ein Nachahmer zu werden und zu sein.

Ob Horror-Clowns, U-Bahn-Schubser oder Amokläufe, auf besonders Aufsehen erregende Medienberichte folgen NACHAHMUNGSTATEN. So geschehen 44% der Amokläufe innerhalb von zehn Tagen nach einer durch die Medien kundgetanen gleichartigen Tat. Täter, Opfer und Ausführung ähneln sich in allen Fällen deutlich.[23]

Das Phänomen der Nachahmung ist auch im Hinblick Selbstmorde zu beobachten, über die ausführlich berichtet wird – der sogenannte „Werther-Effekt".

Eine deutsch-amerikanische Studie belegt, dass die Hälfte aller Amokläufe von Nachahmungstätern begannen wird – durch Medienberichte angeregt![24] Und eben diesen gleichen Effekt erzielen auch Ausstrahlungen von Mittschnitten aus Überwachungskameras.

Ein Beispiel ist der Fall des Berliner U-Bahn Schubsers, der im Oktober 2016 das zufällige Opfer, eine Studentin, mit einem brutalen Tritt in den Rücken die Treppe im U-Bahnhof Neukölln herunterstößt.[25] Wenige Wochen später ereignet sich eine ähnliche und brutale Attacke in Hamburg; ähnliche Fälle werden auch aus anderen Städten gemeldet.[26]

---

(23) http://sciencev1.orf.at/science/news/51366 (08.11.2017)
(24) https://www.heise.de/tp/features/Amoktaten-haben-Vorbildcharakter-3425189.html (30.10.2017)
(25) http://www.focus.de/panorama/videos/polizei-veroeffentlicht-video-mann-tritt-frau-die-treppe-runter-erkennen-sie-im-video-den-berliner-u-bahn-brutalo_id_6313745.html (08.11.2017)
(26) https://www.waz.de/panorama/39-jaehriger-tritt-frau-in-hamburg-brutal-in-den-ruecken-id209032505.html?page=2 (09.11.2017)

Der Kriminologe Frank J. Robertz erklärt:

> Medienwirkungs-Studien belegen, dass Suizide und auch schwere Gewalttaten in der Folge intensiver medialer Berichterstattung über vorangegangene Ereignisse auftreten können. Wenn eine solche Häufung auftritt, ist das meist innerhalb der ersten zwei Wochen nach dem berichteten Ereignis der Fall. Insofern ist die aktuelle Häufung von Gewalttaten in Deutschland erschreckend, aber nicht außergewöhnlich.[27]

Prof. Armin Schmidtke von der Universität Würzburg fordert daher:

> Eine Aufsehen erregende und detaillierte Berichterstattung in den Medien fördert solche Imitationen und sollte unterbleiben.[28]

In den letzten Jahrzehnten haben wir uns jedoch an diese „aufsehenerregende" Form der Unterhaltung und Berichterstattung gewöhnt. Wir bemerken nicht, wie uns der tägliche Gewaltkonsum emotional abstumpfen lässt.

Eine der hässlichen Folgen ist der sogenannte Katastrophen-Tourismus, der uns vor Augen führt, wie stark Menschen durch Bildschirmgewohnheiten geprägt werden: Berichten die Medien über eine Massenkarambolage, einen Großbrand oder eine Naturkatastrophe, machen sich sogleich Horden von Schaulustigen auf den Weg, um mitzuverfolgen, wie Verletzte um ihr Leben kämpfen, geborgen werden oder eben sterben. Es geht nicht um menschliche Anteilnahme oder darum, Hilfe

---

(27) http://www.swp.de/ulm/nachrichten/politik/experte-zu-nachahmungstaten-bei-schweren-gewaltverbrechen-13361739.html (07.11.2017)

(28) http://sciencev1.orf.at/science/news/51366 (09.11.2017)

zu leisten, es geht darum, live dabei zu sein und mit dem Smartphone Fotos zu schießen, die man posten kann. Das Leid der *ganz realen* Opfer wird konsumiert – als würde man fernsehen.

Katastrophen haben einen Event-Charakter. Mitgefühl oder Anteilnahme spielen kaum noch eine Rolle, höchstens werden, wenn man gefragt wird, Worte der Bestürzung aufgesagt, weil man weiß, dass Mitgefühl oder Anteilnahme eigentlich erwartet werden.

Das Medienangebot hat unser Erleben der Welt konditioniert. Immer mehr Menschen verhalten sich auch im realen Leben wie der Zuschauer am Bildschirm. Es wird gestarrt und beobachtet, ohne jede Anteilnahme und körperlich passiv. Kaum jemand wird aktiv, wenn er Zeuge eines Unfalls oder einer Gewalttat wird, man hat sich daran gewöhnt, unbeteiligt zuzuschauen.

Die Gewohnheit, das Leid anderer am Bildschirm zu verfolgen, prägt unser Sozialverhalten. Die Mehrheit der Passanten schaut zu oder wendet sich gar ab, wenn jemand in der Öffentlichkeit Hilfe braucht, denn wir lernen beim Fernsehen, passiv zu beobachten, und da unser Gehirn bei der Datenverarbeitung nicht zwischen Fiktion und Realität unterscheidet, sind wir auch im realen Leben immer weniger in der Lage, zwischen Fiktion und Realität zu unterscheiden.

Wir können selbst die Wirkung nicht wahrnehmen, die hoch emotionalisierte Sendebeiträge und die Flut von Gewaltdarstellungen in unserem Gehirn entfalten, und glauben, die Kontrolle über unser Denken, Fühlen und Handeln zu haben – aber das stimmt nicht. Die emotionalen Erfahrungen am Bildschirm wirken tief in unser Denken, Fühlen und Handeln hinein.

Wissenschaftliche Studien aber, die nachweisen, dass Filmgewalt auf den Zuschauer eine nachteilige und nachhaltige Wirkung hat, führen ein Schattendasein und werden kaum veröffentlicht. High-Tech Aufnahmen der Computertomographie bilden jedoch ab und beweisen, dass jede Gewalttat, die ein Kind sieht, sein Gehirn verändert. Doch welcher Bürger weiß das?

Unsere Gesellschaft steckt in der Gewohnheitsfalle. Die tägliche Medienberieselung hat uns fest im Griff, und wir unterlassen es, die Sendeinhalte zu hinterfragen. Der Zuschauer giert nach immer stärkeren Reizen, und die Medienmacher schüren und bedienen dieses Verlangen, sowohl in den Unterhaltungsformaten als auch in den Nachrichten.

Medienberichte haben Wirkung und Macht. 2011 ließ die US-Regierung Bilder des getöteten Terroristen Osama Bin Laden auf allen Kanälen und damit rund um den Erdball senden, ungeachtet dessen, dass mit den blutigen Bildern eines politischen Mordes weder ein moralisches Vorbild geschaffen, noch eine Friedensmission erfüllt wird. Auch daran hat uns die tägliche Flut von Schreckensbildern gewöhnt; und moralische Empörung wird kaum laut. Mit der Verbreitung einer solchen Nachrichtensensation wird sehr viel Geld verdient und auch noch Imagepflege betrieben. Unbemerkt werden die Gefühle des Zuschauers politisch benutzt.

Was Kinder vor dem Fernseher von diesen Bildern und Berichten lernen, bedenken wir nicht. Der Gute tötet den Bösen vor den Augen der Öffentlichkeit – ohne faires Verfahren. Die Botschaft ist mehr als fragwürdig.

Was bewirken die täglich ausgestrahlten Gewaltbilder im Gehirn des Zuschauers? Vor allem, was bewirken sie bei Kindern und Jugendlichen? Es ist mehr als befremdlich, dass wir uns nach Feierabend mit Leid und Schrecken unterhalten. Vor einigen Jahren sah ich einen Cartoon, in dem die Besatzung eines UFO's unser Fernsehprogramm an Bord empfängt und sofort beschließt, die Erdatmosphäre wieder zu verlassen. Wer möchte auf einem Planeten landen, dessen Bewohner sich am Bildschirm mit dem Töten und dem Quälen ihrer Artgenossen unterhalten?

Wir leben auf diesem Planeten.

Bild 1: Extraterrestrischer Blick auf uns

Lernen am Modell

Der Mensch ist ein Gewohnheitstier, und so nehmen wir nicht mehr wahr, wie absonderlich das tägliche Unterhaltungsprogramm tatsächlich ist. Über Jahrzehnte haben wir uns an die Präsenz von Gewalt, Horror und Sex auf unseren Bildschirmen gewöhnt. Auf unsere Psyche wirken Fernsehen und Computerspiele wie ein Narkotikum. Unmerklich gelangen wir beim stundenlangem Konsum in einen tranceartigen Zustand. Die Hirnströme verlagern sich in einen Frequenzbereich von 8 bis 12 Hertz, die sogenannten Alphawellen. Diese treten in gelöster Grundhaltung auf und werden auch in der Meditation und in der Trance gemessen. In diesem Frequenzbereich stehen die Pforten zum Unterbewusstsein weit offen, und unsere SUGGESTIBILITÄT, unsere Beeinflussbarkeit, erhöht sich. Alle Informationen, die wir im Alphazustand aufnehmen, gelangen direkt ins Unterbewusstsein und werden dort, in Relation zu der emotionalen Intensität des Reizes, stabil verankert.

Im Alphazustand treten unser bewusstes Denken und die Vernunft in den Hintergrund, was die Schleusen für unbewusste Verankerungen von aufgenommenen Informationen noch weiter öffnet. Werden Alphawellen im Gehirn durch Meditation erzeugt, wirken sie regenerierend und heilsam. Sie fördern die Entspannung und ein tieferes Verständnis. Starren wir in diesem Frequenzbereich jedoch stundenlang auf einen Bildschirm, der an das Gehirn emotionale, eindrucksvolle und erregende Eindrücke übermittelt, erleidet unsere Psyche Schaden. Wir büßen im Alltag unsere Konzentrationsfähigkeit ein, und insbesondere bei Kindern können wirre Phantasien ausgelöst werden, die Tag und Nacht ihren Geist beschäftigen.

Kinder des Medienzeitalters zeigen entsprechende Symptome, Lehrer und Erzieher aber stehen dem Problem hilflos gegenüber. Sie beklagen bei Schulkindern ständige Unruhe, mangelnde Konzentrationsfähigkeit und motorische Defizite. Bei Kleinkindern diagnostizieren Ärzte zunehmend chronische Schlafstörungen.

Die Gesundheit unserer Kinder hat sich laut den Angaben der Kinderärzte in einer Forsa Studie[29] in den letzten zehn Jahre deutlich verschlechtert, immer häufiger werden bei Heranwachsenden Übergewicht, Rückenprobleme und Depressionen diagnostiziert. Besonders betroffen sind Grundschüler zwischen sechs und acht Jahren. In der Altersgruppe der Drei- bis Fünfjährigen zeigen sich vor allem motorische Defizite sowie Sprach- und Hörprobleme.

Die Ursachen für diese Entwicklung liegen statistisch betrachtet in ungesunder Ernährung (92%), mangelnder Bewegung (96%) und der intensiven Mediennutzung (98%). Eine fehlende Vorbildfunktion vieler Eltern stellt einen weiteren Risikofaktor dar (89%).[30] Neben den körperlichen Erkrankungen, die Übergewicht und Bewegungsmangel verursachen, werden erschreckend häufig auch psychische Probleme und Verhaltensauffälligkeiten diagnostiziert. Immer mehr Kinder brauchen psychologische Hilfe.

Der Berufsverband der Kinder- und Jugendärzte ist besorgt über den rapiden Anstieg von Entwicklungsdefiziten, die eindeutig durch die Mediennutzung verursacht werden.[31] Eltern stehen der Entwicklung ratlos gegenüber. Sie können die Mediennutzung nicht ver-

---

(29) https://www.welt.de/gesundheit/article13468579/Gesundheitszustand-der-Kinder-hat-sich-verschlechtert.html. (07.11.2017)
(30) https://www.dak.de/dak/download/pressemitteilung-forsa-kinderaerzte-2013-1318990.pdf. (07.11.2017)
(31) https://www.dak.de/dak/download/pressemitteilung-forsa-kinderaerzte-2013-1318990.pdf. (07.11.2017)

bieten, denn es würde den Nachwuchs zu Außenseitern machen. Erschwerend kommt hinzu, dass unsere Kinder eine begehrte Zielgruppe der Medienindustrie sind und es vielen Eltern durchaus gelegen kommt, wenn sich ihre Kinder still vor dem Bildschirm beschäftigten.

Bild 2: Simpsons

Schon in den frühen Morgenstunden werden, während die Mutter in Ruhe den Tag vorbereitet, Kleinkinder also mit Zeichentrickfilmen unterhalten, in denen die Figuren lustig aufeinander einschlagen und doch keinen Schaden nehmen. Kinder lernen aus diesen Beobachtungen am Bildschirm, die sie – körperlich ruhiggestellt – geistig aufsaugen.

Das Gehirn eines Kindes ist biochemisch aufs Lernen eingestellt, die jungen Hirnstrukturen sind noch in der Entwicklung begriffen. Kinder können nicht einschätzen, ob das, was sie sehen, nur im Film möglich oder wirklichkeitsnah ist. Kleinkinder nehmen unreflektiert und begeistert auf, was ihnen die bunte Film- und Fernsehwelt zu bieten hat. Sie verstehen nicht, dass ein Keulenschlag eine andere Wirkung auf eine Zeichentrickfigur hat als auf einen Hund oder gar einen Spielgefährten.

Bild 3: Früh übt sich ...

Das LERNEN AM MODELL, auch NACHAHMUNGS- oder BEOBACHTUNGSLERNEN genannt, ist die wichtigste Lernquelle von Kindern. Studien belegen, dass es keinen Unterschied für die Nachahmungstendenz des Kindes macht, ob es sich bei dem beobachteten Verhalten um ein Reales oder um das einer Filmfigur handelt.[32] Relevant für die Nachahmungstendenz des Beobachters sind die Stärke und das Ansehen der Figur. Ist ein Kind von dem Verhalten des Modells beeindruckt, so wird es zum Vorbild, und das Verhalten wird nachgeahmt.

Das Wissen um die Effekte des Beobachtungslernens hat unser Fernsehprogramm aber bis heute nicht beeinflusst – obwohl es bereits 1994 eine tödliche Nachahmungstat von schwedischen Kindern gab, die weltweites Aufsehen erregte: Drei sechsjährige Jungen töteten eine Fünfjährige, weil sie Szenen aus der damals sehr populären Zeichentrickserie *Ninja Turtles* nachahmen wollten. Die Serie wurde in vielen Ländern aus dem Programm genommen, und der Fall war damit erledigt.

Trotz des wissenschaftlichen Nachweises, dass das Lernen am Modell die Hauptlernquelle des Menschen ist, werden unsere Kinder täglich mit derben und gewaltsamen Trickfilmfiguren unterhalten. Unterstützt von einer passiven Haltung in der Politik, versäumen wir es, uns die zentrale Frage zu stellen: Wie viel mediale Gewalt ist für unsere Kinder verträglich?

Am 12. Februar 1993 wird in Großbritannien ein Kleinkind von zwei zehnjährigen Jungen getötet.[33] In einem Liverpooler Einkaufszentrum lässt eine junge Mutter ihren zweijährigen Sohn Jamie kurz allein. Jon Venables und Robert Thompson, die die Schule schwänzen, entdecken den Jungen, nehmen ihn an die

---

(32) Albert Bandura (1994), *Lernen am Modell*, Klett Verlag.
(33) https://de.wikipedia.org/wiki/Mord_an_James_Bulger (09.11.2017)

Hand und locken ihn aus dem Einkaufszentrum. Passanten sehen die beiden Jungen mit dem weinenden Kind an der Hand auf der Straße, doch niemand fragt nach. Mehrere Kilometer entfernt erreichen sie ein Bahngleis. Sie stopfen Batterien in den Mund des Kleinen, schütten Farbe über sein Gesicht und prügeln mit Eisenstangen und Backsteinen auf ihn ein, bis er stirbt. Dann legen sie Jamie auf das Bahngleis und beschweren seinen Kopf mit Schutt. Der vom Zug überrollte Körper wird erst Tage später entdeckt.

Welche Phantasien kreisen im Kopf eines 10-Jährigen, bevor er ein Kleinkind entführt, es grausam quält und schließlich tötet? Welches Leid haben diese Kinder selbst erfahren – und vor allem: welche *Vorbilder* setzten sie bei ihrer Tat um?

Wie in vielen vergleichbaren Fällen stammen die Täter aus schwierigen Familienverhältnissen, und die Ursache scheint damit geklärt. Was nicht in den Blick der Öffentlichkeit gerät, ist die Tatsache, dass insbesondere in den sozialen Brennpunkten der Fernseher oft rund um die Uhr läuft und gern als Babysitter eingesetzt wird.

Kinder, die gebannt auf den Bildschirm starren, toben nicht herum, sie schweigen, und so werden bereits die Allerkleinsten, die kaum laufen können, zur Entlastung der Eltern vor den Bildschirm gesetzt – und das in allen sozialen Schichten. Die Reizüberflutung unserer Zeit und der Stress, materiell mithalten und etwas aufbauen zu müssen, rauben vielen jungen Eltern die Geduld für ihren Nachwuchs.

Hat sich das Kind erst einmal an die schnellen, bunten Bilder gewöhnt, dann will es mehr und setzt die Eltern mit Gequengel unter Druck. Ein Teufelskreis entsteht. Auf der einen Seite die gestressten Eltern, die ihre Ruhe haben wollen – auf der anderen Seite das an den Bildschirm gewöhnte Kind, das mehr von diesen aufregenden Reizen fordert. Und während vor dem Fernseher

Stille einkehrt, wird das kindliche Gehirn von den starken und schnell wechselnden Reizen überflutet, ohne dass es die Inhalte versteht oder angemessen verarbeiten kann. Es sieht Morde, Überfälle, Vergewaltigungen, Schlägereien, Streitereien und Entführungen.

Die Bilder bleiben *mit* den Gefühlen, die sie auslösen, im Gehirn haften und beginnen ein unbewusstes Eigenleben zu führen. Die Folgen: Konzentrationsstörungen, Schlafstörungen und Angstträume. Nach einem langen Wochenende vor dem Bildschirm und mit Computerspielen sind Pädagogen und Lehrer am Beginn einer jeden Woche besonders gefordert. Hilflosigkeit macht sich breit, wenn Kindergarten- und Schulkinder montags außer Rand und Band sind, weil sie die aufgestaute Lebensenergie und die Bilder und Gefühle zu entladen versuchen, die sie nicht verarbeiten können.

Den Kindern des Medienzeitalters fehlt das aktive Spielen, wechselnde Reize in der realen Welt, soziale Kontakte und Interaktionen, um sich gesund und sozial entwickeln zu können. Wenn Kleinkinder stundenlang wie erstarrt vor dem Bildschirm sitzen, können sich weder motorische, noch soziale oder geistige Fähigkeiten optimal und dem Alter gemäß entwickeln. Das junge Gehirn wird bei der Mediennutzung mit Reizen bombardiert, die es nicht verarbeiten kann. Gleichzeitig fehlen aktive Umwelterfahrungen, die die eine alterstypische Entwicklung der Hirnstrukturen anregen.

In den modernen Wohlstandländern dieser Welt ist fast jedes Kinder-, Wohn- oder Schlafzimmer mit einem Fernsehgerät und einem Computer ausgestattet. Täglich lernen Kinder von den Bildschirmfiguren und ihrem Verhalten, unabhängig davon, ob es ein Trickfilm, ein Computerspiel oder eine realitätsnahe Filmdarstellung ist und unabhängig von ihrer Herkunft oder dem Sozialstatus der Eltern.

Der Beginn der Jugendgewalt

Das Phänomen Jugendgewalt wird zu Beginn der Achtzigerjahre in den USA geboren. In den Randbezirken der Großstädte, den sogenannten Ghettos, bilden sich die ersten Jugendgangs. Es ist die Zeit der Ghetto-Filme und des „Gangsta"-Raps. Der Film *The Warriors* von Walter Hill (1979) wird Kult. Er setzt mit blutig beeindruckenden Bildern den bewegenden Kampf von Jugendbanden in New York in Szene und trifft den Nerv von Jugendlichen auf der ganzen Welt. Der Film wird Kult und die Filmfiguren zu Vorbildern für all jene, die sich mit der Rolle des benachteiligten Ghetto-Helden identifizieren können.

Bild 4: Filmplakat *The warriors*

Im deutschen *Spiegel* erscheint ein Artikel, der den Film für die steigende Jugendgewalt in Deutschland verantwortlich macht. Die öffentliche Reaktion bleibt aus – die auslösende Wirkung von *The Warriors* wird unterschätzt.

In den Randgebieten deutscher Großstädte bilden sich wie in den USA ebenfalls Jugendbanden, die sich an den Vorbildern des amerikanischen Films orientieren. Die verschiedenen Gruppen rivalisieren miteinander, knacken Autos, gehen auf Raubzug, beschaffen sich Waffen und dealen mit Drogen. *Boys in the Hood* oder *The Warriors* sind bis Mitte der Neunzigerjahre Kult.

In dieser Zeit suche ich Kontakt zu Kindern und Jugendlichen, die im Hamburger Stadtteil Kirchdorf-Süd leben, einer an der Autobahn gelegenen Betonwüste mit riesigen Hochhäusern. Ich bitte die Jungen zwischen 12 und 21 Jahren, mir von ihren Filmvorlieben und dem Leben in ihrem Stadtteil zu erzählen.

Die Ghetto-Filme der amerikanischen Traumfabrik geben ihnen Orientierung und dienen ihnen als Identifikationsquelle. Meine Gesprächspartner wähnen sich in der gleichen Wirklichkeit wie die Filmhelden. Auch in Kirchdorf-Süd sind die Gangmitglieder bewaffnet. Sie nennen sich „Ghetto Boys", zücken Messer, verüben Raubüberfälle und erpressen Schwächere. Mit den Gangs aus anderen Stadtteilen, den „Streetboys" oder den „Sparks", ist man verfeindet.

Stolz zeigen die Jungen mir ihre Waffen, und sie betonen, dass man es hier schwer habe, wenn man zu keiner Gang gehöre. Als Gangmitglied, so sagen sie, genieße man Ansehen und habe im Viertel Einfluss. Die Jüngeren bewunderten die Älteren und eiferten ihnen nach. Einhellig vertreten sie die Ansicht, dass man entweder Täter oder Opfer sei und dass Gewalt stark mache. Dutzende Male schauen sie sich *The Warriors* an – und so wird aus der Vision eines amerikanischen Films ihre soziale Wirklichkeit.

Die amerikanischen Ghettofilme treffen den Nerv dieser benachteiligten Jugendlichen. Die coolen und starken Helden bieten ihnen inmitten der Betonwüste am Stadtrand positive Identifikationsmöglichkeiten. Schlüpft man in die Rolle des Ghetto-Gangstas, ist man nicht länger ein sozial benachteiligter Jugendlicher mit Migrationshintergrund, sondern ein Starker, der von Anderen respektiert wird. Man gewinnt Bedeutung, Ansehen und Macht – und kann nun die vermeintliche gesellschaftliche Ausgrenzung mit der Rolle des Ghetto-Helden kompensieren. Heroisch stilisiert und mit anstachelndem Sprechgesang untermalt vermittelten die Ghetto-Filme ein neues Lebensgefühl.

Pubertierende, die nicht mit Bildung oder Wohlstand glänzen können, finden sich in den Darstellungen wieder und lernen, wie sie sich mit dem Einsatz von Gewalt, Macht und Geld endlich Ansehen verschaffen können.

Das Lernen am Modell der coolen Filmhelden zeigt in den Neunzigerjahren nicht nur in Deutschland und den USA durchschlagende Wirkung – Jugendgewalt wird in den hässlichen Hochhaussiedlungen an den Stadträndern rund um den Globus zum Mittel, Macht und Ansehen zu erlangen.

Die Zugehörigkeit zu einer Jugendbande stärkt die Mitglieder und verschafft ihnen ein Gemeinschafts- und Zugehörigkeitsgefühl. Doch der Blick auf ihre Lebenswelt verzerrt sich dabei. Man schaut nun durch die Brille der Filmidole auf das eigene Leben, und die Gesellschaft erscheint dabei noch feindlicher und bestärkt die „Ghetto-Boys" in ihrer Überzeugung, dass es ihnen nur durch den Einsatz von Gewalt und unter dem „Gesetz der Straße" möglich sei, ihr Überleben zu sichern und sich Respekt zu verschaffen.

Überall auf der Welt ereignen sich in dieser Zeit die gleichen Szenen in den Randgebieten der Großstädte. Die Ghettofilme erschaffen eine brutale Jugendbewegung in den Randgruppen, geboren aus der amerikanischen Filmindustrie. Die Grenze zwischen Realität und Fiktion ist aufgelöst – die Gewalt der Ghetto-Filme hält Einzug in die Wirklichkeit.

Realität und Fiktion vermischen sich, auch im öffentlichen Bewusstsein. Bis Mitte der Neunzigerjahre hält diese Entwicklung an. Was zunächst wie eine Randerscheinung unserer Wohlstandsgesellschaft erscheint, wächst in den folgenden Jahren unter dem Namen Jugendgewalt zu einer Walze globalen Ausmaßes heran.

Heute ist die Gewalt der Heranwachsenden nicht mehr auf benachteiligte Jugendliche beschränkt. Die Jugendbanden der Anfangsjahre sind von der Bildfläche verschwunden, ebenso wie die Ghetto-Filme. Ein Zufall? Mittlerweile bestimmen tödliche Prügelattacken, Morde wie aus Horrorfilmen, Vergewaltigungen und Amokläufe die Schlagzeilen. Mit dem Wandel des Programmangebots, dem Einzug von Computerspielen und der im Internet täglich frei verfügbaren Pornographie hat sich auch die Jugendgewalt verändert. Waren es früher Ghetto-Filme mit coolen Randgruppenhelden, sind es heute brutale Computerspiele und Internetpornographie, die Kinder und Jugendliche in den Bann ziehen.

Damit einhergehend haben sich auch das Erscheinungsbild und das Ausmaß der Jugendgewalt verändert. Jugendliche Gewalt begegnet uns überall und in allen sozialen Schichten. Ob auf dem Schulhof, dem Bahnhof, vor einer Diskothek oder auf der Straße, der kleinste Konflikt kann in eine tödliche Messer- oder Prügelattacke münden. Das Ausmaß, in dem Jugendliche Gewalt einsetzen, um ihren Aggressionen freien Lauf zu lassen, nimmt immer bedrohlichere Formen an. Den Höhepunkt dieser Entwicklung markieren die sogenannten AMOKLÄUFE.

Norwegen erlebt im Sommer 2011 einen Amoklauf im XXL-Format. Überlebende berichten, dass Breivik keinerlei Emotionen gegenüber dem Leid der Opfer zeigte, sondern bei jedem Treffer Freudenschreie ausstieß.

Wir müssen uns fragen, wie und vor allem warum ein gebildeter, offenbar gut erzogener MittelstandsEuropäer psychisch in die Lage sein kann, ungerührt und mitgefühllos eine solche Tat zu begehen. Uns allen sind Szenen, wie sie sich auf der norwegischen Ferieninsel abspielten, bekannt. Wir kennen sie aus Filmen und Computeranimationen. Andres Breivik hat mit seiner absurden Tat das virtuelle Tötungsszenario seines bevorzugten Computerspiels zum Leben erweckt.[34]

---

(34) http://www.pcgames.de/Killerspiele-Thema-158840/News/Breivik-Prozess-Habe-mit-Modern-Warfare-2-das-Toeten-trainiert-878913/(07.11.2017): Der Massenmörder Anders Behring Breivik gab zu Protokoll, seine Tötungshandlungen mit dem Ego Shooter Call of Duty: Modern Warfare 2 regelrecht „trainiert" zu haben. Auch habe er zeitweise bis

Brutale Computerspiele verändern bei mehrstündigem, täglichem Spielen nachweislich die Hirnstrukturen des Spielers.[35] Der Effekt verstärkt sich, je jünger der Konsument ist. Interessanterweise sind junge Amokläufer in der Regel auch intensive Spieler von Gewaltspielen. Immer, wenn über Amoklauf berichtet wird, werden auf dem Computer der jungen Täter auch Gewaltspiele gefunden.[36] Frustrationen, Fanatismus, schlechte Noten, Konflikte mit Lehrern oder die Außenseiterrolle des Täters sind emotionale Impulsquellen für einen Amoklauf, doch erst die Gewaltspiele am Computer pflanzen in das junge, verwirrte Gehirn die Phantasie zum Niedermetzeln von „Feinden" – sie sind das entscheidende Vorbild, das Tötungsphantasien in einem Ausmaß erzeugt, das uns heute mit unfassbaren Amokläufen konfrontiert. Ohne derartige Vorbilder gäbe es diese Amokläufe von Jugendlichen nicht.

Es ist ein Irrweg, wenn wir uns bei der Ursachenfor-

---

zu 16 Stunden am Tag mit dem Online-Rollenspiel World of Warcraft verbracht.
Gerade das erwähnte Modern Warfare 2 sorgte hierzulande für die wohl heftigsten Kontroversen rund um das Thema ‚virtuelle Gewalt' in jüngerer Vergangenheit - auch unter Gamern selbst. Grund war der Level ‚No Russian', in welcher der Spieler auf einem Flughafen ein Massaker anrichten konnte, indem er auf wehrlose Zivilisten schoss. In der deutschen Fassung des Spiels war dies allerdings so nicht möglich.
(35) *Bestätigt: Gewalt in Videospielen verändert die Hirnaktivität*, 30. Nov. 2011, Wissenschaft aktuell, Hirnforschung: Bericht über die Studie von Wang et al., die die Forscher auf der Jahrestagung der „Radiological Society of North America" in Chicago vorstellten.
(36) https://www.cicero.de/wirtschaft/amoklauf-de-maiziere-killerspiele-doppelmoral-der-bundesregierung. (07.11.2017)
Die Bundesregierung fördert die Computerspielindustrie mit viel Geld. Es gibt kaum Studien über die Wirkung von Killerspielen. Die bekannten und gern zitierten Studien und die „Jugend- Experten" verharmlosen allerdings deren Wirkung.

schung auf die psychischen Störungen der Täter konzentrieren.

Amokläufer haben immer psychische oder soziale Probleme, die sie mit ihrer Verzweiflungstat zu kompensieren versuchen, und mit dieser Feststellung senken wir das Risiko solcher Taten auch nicht. Erst wenn wir verstehen, wie sich durch Bildschirmvorbilder Tötungsphantasien entwickeln und wie diese einen frustrierten und gewaltbereiten Jugendlichen in den geheimnisvollen Tiefen seiner Hirnstrukturen in die Lage versetzen, emotionslos ein blutiges Massaker zu verwirklichen, können wir uns vor Jugendgewalt und Amokläufen schützen.

Neben dem Lernen am Modell sind es vor allem die unbewussten und automatisierten informationsverarbeitenden Prozesse im jungen Gehirn, die dafür verantwortlich sind, dass sich Gewaltenthemmung in diesem Ausmaß entwickeln kann. Der Konsum von Gewalt am Bildschirm erzeugt eine Wirkung in den Hirnstrukturen, vor allem bei Jugendlichen. Jede Gewalthandlung, die ein Kind sieht, verändert sein Gehirn.

Mit dem Einsatz der Computertomographie, die Einblicke in das Gehirn ermöglicht, können wir heute nachweisen, dass Gewaltdarstellungen und Pornographie das Gehirn der jungen Empfänger langfristig und tiefgreifend verändern. Es ist an der Zeit, die wissenschaftlichen Erkenntnisse zu nutzen und diese Unterhaltungsangebote zu überdenken. Wenn wir nichts verändern, werden Gewaltbereitschaft und -enthemmung in unserer Gesellschaft unter dem ökonomischen und sozialen Druck unserer Zeit weiter ansteigen.

Interview mit Ali (21)

Ali (21) ist Mitglied einer der bekanntesten und am straffesten organisierten Hamburger Jugendgangs der Neunzigerjahre. Fast hundert Jugendliche zählen zu den sogenannten „Wilhelmsburger Türken Boys". Ali ist – anders als die kindlichen Gewalttäter, mit denen ich sprach – in der Lage, sein Verhalten zu reflektieren, er betrachtet das Leben auch auf der Grundlage von moralischen Werten, die er außerhalb der Gang und neben den Filmvorbildern erworben hat.

Ali wächst in einem Elternhaus auf, in dem er Anerkennung und Liebe erfährt und als ältester Sohn einer arabischstämmigen Familie eine besondere Rolle einnimmt. Er trägt Verantwortung für seine jüngeren Brüder und erscheint deutlich älter und vernünftig; sein Auftreten ist besonnen, freundlich und zugewandt.

Dennoch folgt auch Ali den vermeintlichen „Gesetz der Straße" – im Affekt verwandelt er sich in eine ferngesteuerte und rücksichtslose Kampfmaschine.

Ali, was fällt Dir zum Thema Gewalt auf der Straße ein?

Ja, am Samstag, da wurde ein Albaner erschossen, auf der Reeperbahn. Warum, das weiß keiner, keine Ahnung, das waren mehrere Nationalitäten, und da war alles abgesperrt, na ja, auf jeden Fall wurde er abgeknallt. Man kriegt das schon häufig mit, dass irgendwelche Leute jetzt jemanden abschießen und nicht mal mit dem reden und so.

Hat sich die Gewaltbereitschaft auf der Straße verändert?

Ja, auf jeden Fall. Wenn du bedenkst, was vor zwanzig Jahren war, das war ja alles nicht so. Vor zwanzig Jahren, da haben sich die Leute geprügelt, und einer hat gewonnen, und das wars, weißt du? Da sind sie nachher nicht noch mal losgegangen, um sich zu rächen. Da war alles vernünftiger. Die haben das so richtig geregelt, so auf ganz normale Art und Weise. Aber hier? Jeder, der so eine scheiß Knarre hat, fühlt sich stark.

Haben denn viele eine Waffe?

Ja – Das ist leicht, sowas von leicht zu bekommen. Da bezahlst du tausend Mark und dann hast du eine Knarre.

Die Filmidole aus den amerikanischen Ghetto- und Action-Filmen, die Mitglieder von Jugendgangs immer wieder begeistert anschauen, werden zu Vorbildern, die die Norm dessen bestimmen, was die Jugendlichen als normal und legitim empfinden. Man beschafft sich Waffen, zeigt sie stolz herum und erlangt damit Macht und Ansehen.

Ein Teenager kann eine scharfe Waffe in der Tasche haben?

Ja, genau. Zum Beispiel Silvester 1996, das war so. Wir sind losgegangen, mein Bruder und ich – wir haben die schon gesehen, ein paar Leute, an der Tankstelle. Wir haben da nach dem Weg gefragt ... Wir gehen wieder zum Wagen, da steigt so einer aus und guckt uns so an, ein Türke – und dann geht das so: „Du Dreck, was machst Du hier unter meinen Augen?" Ich schwöre dir, solche Leute, so richtiges Gesindel – so nach dem Motto, wir wollen jetzt eine ordentliche Schlägerei machen! Wir fahren weiter, zur Party, steigen aus, stellen uns hinten an – und was da? Die sind auch da und holen ihre Knarren raus und halten die so vor sich, so „Ich-bin-der-Gefährliche!" und so.

Ohne Grund, nur so?

Ja, gleich von Anfang an, so hier auf Bang-Bang – schießmäßig, aber niemanden bedroht oder so – nur, um auf die Kacke zu hauen.

Seid ihr deshalb immer in der Gruppe unterwegs?

Ja, genau – Das siehst du dann auch, als wir reingegangen sind, der eine guckte schon irgendwie so. Ich dachte nur, „Wenn du nicht lachen willst, was suchst du dann hier?" – Und der eine da, dann siehst du Leute, die trinken, ey, die trinken – Ich meine, wenn trinken, dann soll man sich normal besaufen, aber nicht die Flasche an den Mund nehmen, bis sie leer ist.

Und gab es noch Ärger?
Ja. Ich bin dann weggegangen, und ich habe gesagt, hier riecht es nach Ärger. Und schon nach zwei Minuten war die erste Schlägerei. Insgesamt waren da wohl sechs oder sieben Schlägereien, das alles an einem Silvesterabend.

Gehen dann die Gruppen aus den Stadtteilen aufeinander los?
Ja, genau, die aus Altona gegen die aus Steilshoop, und umgekehrt.

Warum haben denn die Altonaer etwas gegen die aus Steilshoop?
Das fing 1988 an, da waren ja die WTB[37] oder in Kirchdorf Süd die Ghetto Kids und wie die alle heißen. Auf jeden Fall – WTB-1 war ja die ältere Generation, die vor uns war – WTB-2 waren wir. Und immer, wenn wir uns getroffen haben, waren wir so vierzig, fünfzig Mann, das war immer so und wir sind viele auch besuchen gegangen, hier und da, haben viel Scheiße gebaut – wir haben uns irgendwie so einen Ruf erlangt – es fanden sich unter uns übrigens auch sehr fiese Leute.

Wie?
Echte Psychopathen! Nur Bock auf Messerstechen und Trouble. Also ich kenne einen, der war ein Gnom, aber sein Messer war gefürchtet. Niemand hatte Angst vor ihm, aber alle hatten Angst vor seinem Messer. Wenn du ihn geschlagen hast, dann hast du ihn weggehauen, aber dann sagt er: „Du kriegst mein Messer, du kriegst mein Messer!"
Drei, vier Monate, und dann lauert er dir auf, so ein richtiger Psycho. Und wer das mitbekommt, der überlegt

---
(37) Wilhemsburger Türken Boys

sich: Mensch, warum soll ich mir so einen Ärger einhandeln? – und lässt es dann. Und wie gesagt, deshalb so ein Ruf. Und die sind nach Altona gegangen, und auf jeden Fall war da ein gewisser Respekt da, verstehst du?

Und deswegen – also man riecht schon, wer was ist. Zum Beispiel in dem einem Stadtteil, da wohnt mein Cousin, und wenn da jetzt Schlägereien sind, dann sagen wir: „Da gehen wir nicht hin", weißt du? Wir gehen da nicht hin, da ist mein Cousin. Wenn mein Cousin vorne steht, dann kann ich ihn doch nicht schlagen?! Und er kann mich auch nicht schlagen?! Was soll das? Nachher kriegt er was ab, oder so.

Wieso kommt es denn zu solchen Schlägereien?

Ja, es ist ja so, das ist ein Machtkampf.

Wird das verabredet?

Ja, da wird eine richtige Verabredung gemacht, manchmal auch eine Blitzaktion gestartet. Wir treffen uns dann und spontan wird das gemacht. „Jetzt gehen wir hin." Entweder wir kriegen aufs Maul oder die kriegen aufs Maul.

Und wie wird so eine Gang gegründet, wer kommt da rein?

Ganz am Anfang, da waren es fünf Leute oder so, die haben das geregelt, mit Aufnahme und auch ein bisschen Probetest und so.

Welche Probetests?

Das weiß ich nicht genau. Also ich bin einfach rein, ohne dass ich irgendwas gemacht habe. Das war bei mir so, ich hab´ mich mit einem Kollegen gestritten, und der war einer von diesen fünf, aber ich habe mich nicht unterkriegen lassen, und ich habe auch normale Freunde in der Schule und so gehabt, die auch dazu gehörten, und dann meinten die so: „Mensch, der ist in Ordnung." Dann haben die gesagt, dass ich mal dazu kommen soll, und dann habe ich alle Jungen kennengelernt, und seitdem bin ich mit ihnen unterwegs. Das war ganz früh, so als ich so zwölf, dreizehn war.

So jung?
Ja, lieber früher, anstatt später, weißt du? Lieber alles so ein bisschen früher kennenlernen. Das ist glaube ich besser, als wenn du mit Achtzehn in die Gang reinkommst oder so ... Ich sage immer, wenn ich nachher heirate, dann muss ich die Nase voll haben von allem. Ich muss dann noch die ganze Zeit mit meiner Frau zusammen sein, mit der will ich doch alt werden, und das heißt, meine Interessen gelten dann nur ihr.

Und wenn man zu keiner Gang gehört?
Dann ist man automatisch ausgegrenzt. Ich sage mal, bei den Türkenboys, das waren alle Ausländer. Wenn man jetzt Deutscher ist, ist man richtiger Außenseiter. Okay, Klassenkameraden oder so, das waren noch Freunde von uns, aber am Ende waren die Interessen alle der Gruppe gewidmet, weißt du? Mit der Gruppe wird was unternommen, mit denen macht man was, hier und da und so.

Das gibt euch Sicherheit?
Genau, Sicherheit. Es gibt zwar auch welche bei uns, die können mit zwei fertig werden – aber darum geht es nicht. Unsere Interessen sind alle eins, verstehst du? Da haben alle die gleiche Vorstellung, was sie machen, und alle sind sich einig. Da brauchen wir nicht lange drüber reden und so, wir machen das, und dann gehen wir. Guck mal, wenn ich jetzt zum Beispiel dort hingehe, und ich gehe in einer Gruppe, und ich will den Einen da speziell haben – ich kann da reingehen, und wenn mich jemand angreift, weiß ich ganz genau, ich habe Rückendeckung. Automatisch hast du dann ein sicheres Gefühl, du kannst

mehr erreichen. Zum Beispiel jetzt, wenn du da reingehst, in eine Menge, und du willst den einen Typen unbedingt haben, dann lassen die das nicht zu, aber wenn die sehen, da sind auch andere von deiner Gruppe, dann tragen die beiden das unter sich aus – und wer gewinnt, der gewinnt – und dann ist Schluss. Das ist auch meistens so.

Ist das so?

Das kommt darauf an, wer das ist. Es kommt immer auf den Konflikt an, warum das alles passiert ist. Zum Beispiel: „Warum guckt der mich so an?" Das kann dann so geregelt werden. Aber, wenn es irgendwas mit Ehre ist oder so – oder wenn irgendjemand zwanzigmal verprügelt worden ist – das können wir dann nicht verzeihen, dann nehmen wir Rache. Es kommt immer auf den Konflikt an.

Junge Männer in der Pubertät suchen nach Anerkennung und Zugehörigkeit. Sie wollen stark sein, ihre Kontrahenten besiegen und sich als Mann fühlen. Die einschießenden Sexualhormone verändern nicht nur den Körper, sie nehmen auch Einfluss auf das Denken, Fühlen und Handeln der Jugendlichen.

Die Pubertät verunsichert. Ein Heranwachsender ist kein Kind mehr, aber auch noch kein Mann. Er sucht nach einer Identität, die ihn stärkt. Die Identität eines Gangmitglieds bedeutet Ansehen und gibt ein Gemeinschaftsgefühl. In der Gruppe fühlt man sich stark, teilt gemeinsame Ansichten und Interessen.

Männer lieben Rudel-Aktivitäten, ob beim Fußball, am Stammtisch oder in einer Gang; und in der Pubertät ist das Bedürfnis nach Zugehörigkeit und Gruppen-Aktivitäten besonders ausgeprägt. Der Vergleich mit anderen kann Minderwertigkeitsgefühle verstärken – insbesondere bei ungeliebten und benachteiligten Kindern. Junge Männer versuchen, dies mit übertriebenem Imponiergehabe, Rivalitäten, Mutproben und Machtkämpfen auszugleichen.

Die intensiven Hormonschübe machen launisch und reizbar, und die hohe Konzentration des einschießenden Testosterons wird zum Treibstoff, männliche Stärke zu zeigen und sich beweisen zu wollen. Der kleinste Konflikt oder die banalste Beleidigung kann zum Auslöser eines gemeinsamen Kampfes gegen den „Feind" werden. Das vernünftige Denken wird ausgeschaltet – mit rücksichtslosem Einsatz von Gewalt wird der eigene Status aufgebaut: die Wunsch-Identität des Starken. Die körperliche Kraft tritt in den Vordergrund, Waffen werden zu Statussymbolen mit hohem Identifikationswert.

Was bedeutete die Ehre der Gruppe?

Also solche Sprüche halt, guck mal, so: „Die Hurensöhne von WTB!" und so, solche Sprüche halt – der soll nicht alle beschimpfen, weil: nicht alle haben ihm etwas getan, sondern vielleicht nur der eine von uns oder vielleicht mehrere, aber nicht alle! Und natürlich fühlen wir uns dann verletzt. Und jeder von uns ist ja auch stolz und fühlt sich in seiner Ehre attackiert.

Schaukelt sich das nicht immer weiter hoch?

Ja, hochschaukeln tut sich das. Aber ein Kollege, der wurde von einer Gang, ich weiß jetzt nicht, wie die heißen, so ganz groß aufgebaut – Verschiedene Nationalitäten und so, weißt du, alles dabei, Türken, Araber, Jugoslawen, Deutsche, Farbige, Afghanen, Iraner und so. – Und die haben drei, vier Leute von uns erwischt und mit einem Baseballschläger draufgehauen und dann mit Tränengas gebadet, die waren völlig fertig. – Wir sind dann mit vierhundert Mann hin.

Wie kommen denn so viele zusammen?

Ich weiß nicht, von überall. Da kamen welche von Harburg – wenn du in Harburg arbeitest, dann kennst du den und den – und der kennt wieder den und den. Und alle sind dann hin, aber dann hat uns die Polizei kurz davor abgefangen.

Haben die einen Tipp bekommen?
Nein, wir sind mit der S-Bahn gefahren. Wir haben alles gehabt – Messer, Waffen, echt alles – die wollten da ein Massaker anrichten. Und das war unfair für mich. Wenn ich jetzt kämpfe und ich kriege was aufs Maul, dann ist das okay, wenn das von einem ist, aber wenn da auch Messer drin sind oder sonstwas, dann ist das unfair.

Wir haben uns dann nochmal getroffen – die haben gesehen, dass wir keinen Scherz gemacht haben und so – und dann sind wir nur mit zehn Mann hingegangen und so – und die haben trotzdem einen Affen geschoben, die haben echt Muffen gehabt und so. Also, wenn sich das dann erst mal beruhigt hat, dann ist auch gut. Dann heißt es nur noch: „Ja, die haben das und das gesagt, und die haben das und das gesagt." Aber mehr ist dann auch nicht.

Das scheint wie ein Lauffeuer zu sein?
Ja, das geht ganz schnell. Wenn dem einen was passiert ist, spätestens am nächsten Tag hast du das schon in der Wohnung. Ich habe zwei Brüder, die hören dann etwas und so. – Ich habe ja auch früher sehr viel Sport gemacht, in der Woche so 36 Stunden Sport.

Treiben alle bei euch in der Gruppe Sport?
Ja, ich habe mit dem Hakan angefangen. Und dann hatte ich Aushilfsjobs und so. Und von da an hatte ich dann nicht mehr so viel Zeit. Er hat aber trotzdem weitergemacht, und ein paar andere Leute auch. Also, wenn du mit Hakan spazieren gehst, dann ist es, als würdest du mit einem Pitbull spazieren gehen ... Den habe ich mal kämpfen sehen, das ist wie im Fernsehen. Kennst du Jean-Claude van Damme? Hakan ist wie van Damme, so

nach dem Motto – der nimmt sein Bein hoch, und dann gibts Zack – Pamm – Pamm – Pamm!

Der hat bestimmt ein van Damme Poster an der Wand.?
Ja, das haben sehr viele, aber jetzt mögen die das gar nicht mehr so.

Was ist jetzt angesagt?
So Action Filme, so richtig Action – wie *Braveheart*. Also das muss auch alles einen Sinn haben, eine richtige Handlung – Ja, da ist so alles drin. Der hat das, was wir Südländer lieben, wir stehen ja sehr zu unserem Land – wo ich hier auch manchmal höre: „Ach, Scheiß-Deutschland" – das sagen selbst die Deutschen.
Nee, das passiert bei uns eigentlich ganz wenig, sowas. Das macht man nicht, weil – das ist dein Land und das kann man nicht ändern. Das ist Schicksal. Jeder soll zu seinem Land stehen, denke ich mir mal, und jeder muss stolz sein auf sein Land, und wie gesagt, dieser Film, der handelt auch so von Schottland und den Engländern – und dann dieser Konflikt – das spielt irgendwann im Mittelalter.

Der hat auch sehr brutale Szenen, oder?
Perfekt! Du siehst ihn da mit einem Vorschlaghammer und so, also echt perfekt – Einmal, doch einmal haben sie weggeblendet, wo der den Bauch aufgeschnitten wurde.

Emotionen kochen hoch, wenn sich pubertierende Jugendliche in ihrem Stolz oder ihrer Ehre verletzt fühlen – für Südländer haben diese einen noch höheren Wert als für Deutsche. Ali erzählt mir von Hass, der zum Treibstoff für rücksichtslose, fast schon entmenschlichte Gewaltattacken wird.
Der *Mindprogramming-Effekt*, den die brutalen Film- oder Computerspielszenen im jungen Gehirn erzeugen,

entfaltet im Rausch übersteigerter Gefühle seine volle Wirkung. In der Konfliktsituation schaltet das Gehirn in den Affekt – moralisches Empfinden, handlungssteuernde Vernunft und Mitgefühl für den Gegner sind dann ausschaltet. Der Gewalttäter agiert wie im Autopilot neuronal gespeicherter Reaktions- und Handlungs-Programme. Das Gehirn des Jugendlichen ruft ein vom Bewusstsein unkontrollierbares, gewaltsames Handlungsprogramm ab, das sein Verhalten ungebremst steuert. Mitgefühl spielt keine Rolle – ebenso wenig wie der eigene Schmerz. Im Wahn übersteigerter Hassgefühle entlädt sich die Gewaltattacke – wie von Sinnen:

Hast du auch Erfahrungen als Opfer von Gewalt?
Ja, klar! Ich bin doch nicht der Stärkste hier.

Was ist dir passiert?
Das war in Harburg. Ich habe mal Ärger gehabt, mit einem Farbigen – den hatte ich mal verdrescht gehabt und so. War kein Problem, ich glaube, das war schon zwei Jahre her. Und da war ich in Harburg, ich habe dort gearbeitet, und da kommt er eines Tages an und fragt nach mir. Ich war grade zur Pause. – Wir hatten uns nach dem Fight schon mal wo gesehen gehabt, da war alles in Ordnung, wir hatten nicht gesprochen und so. Am nächsten Tag ist er noch mal gekommen, und dann war ich da. Und ich merkte schon, der guckt mich irgendwie so böse an. „Ist der blöde, oder was?", dachte ich. Ich sage nur: „Was ist los, Ben?" Sagt er: „Ja – ähm – komm mal raus!"

Ich wusste, das riecht nach Ärger – Ja, o.k., ich bin mit ihm dann da rausgegangen. Dann sehe ich da so zwei stehen, und da ist bei mir sofort der Groschen gefallen. Ich sage nochmal: „Was ist los, Ben? Was hast du auf dem Herzen?" Er sagt zu mir: „Ja, komm mal mit raus!" Ich sage so: „Wo willst du denn hin mit mir?" „Ja, ich will mit dir reden." „Dann wollen die anderen beiden wohl auch

mit mir reden?" „Nein, nein, ich will allein mit dir reden."
Ich sage: „Warum schickst die dann nicht nach Hause?
Und er holt plötzlich eine scharfe Knarre raus und hält
sie mir an den Kopf! – Dann sagt er zu mir: „Los, komm
mit raus!" – Auf jeden Fall, so an meinem Kopf hat er die
Knarre gehabt. „Komm mit raus" und so.

Und ich dachte, auf jeden Fall nicht zu weit gehen, das
ist nicht gut, und ich sage zu ihm: „Wir kennen uns, du
hast eine Waffe auf mich, so kannst du mich auf jeden
Fall weghauen." Und dann weiter so: „Wenn du mit mir
Streit haben willst, ich habe hier um einundzwanzig Uhr
Feierabend", sage ich, „komm her! Aber, wenn du Mumm
hast und den Arsch dazu, dann komm allein her und lass
deine Bodyguards zu Hause!"

„Nein, Du kommst jetzt!" und so. Ich sage: „Pack die
Knarre weg, dann komme ich mit dir mit!" Ja, er die
Knarre weggenommen, und ich ihm gleich ein Ding
gezogen – Musste ich machen, ich hatte ja keine andere Wahl! Ich habe mir gesagt, zumindest kriegt er von
mir ein Ding – Und ich will da so boxen, und die ganzen
Ständer vom Laden fallen um, und auf einmal merke ich
nur noch: „Mensch ist das kalt"

Die anderen haben schnell meine Hand festgehalten
und dann auf mich eingeschlagen, und ich habe um
mich geschlagen und gerufen: „Ruf mal die Polizei!" Bis
die dann die Polizei gerufen haben – und meine Chefin:
„Geh schnell nach oben und komm nicht wieder hier runter! Hau ab!"

Da bin ich irgendwie weg und so – und schnell nach
oben gegangen und bin nicht mehr runtergegangen. Einerseits war es vielleicht vernünftig, aber andererseits
habe ich auch meinen Stolz, weißt du? Irgendwie war ich
unzufrieden, weißt du? Und dann waren die weg, und
dann hatte ich hier so ein blaues Auge und so, und wie
sagt man dazu? Prellungen!

Hast du ihn danach nochmal getroffen?

Ich habe ihn am Hauptbahnhof gesehen, mein Bruder und ich. Ich schwöre, ohne zu übertreiben, der hat gewinselt! Der so: „Du Ali, du weißt ganz genau." Und mein Bruder so: „Was hast du denn mit meinem Bruder gemacht, du Wichser!"

Und mein Bruder, der ist auch so 1,90, und dann wirkt der daneben ja noch kleiner. Und der sagt: „Ich werde alles für dich tun!" Und ich habe erstmal meinen eigenen Bruder nicht erkannt. Ich dachte: „Mit wem steht er denn da?" – und gucke, und dann sehe ich den Ben und meinen Bruder. Hingegangen und sage: „Komm mal mit Ben!" Und er: „Nein, ich schwöre dir, das war nicht meine Schuld! Das war die Schuld von den anderen!" „Du stirbst jetzt, Ben, du kriegst jetzt von mir so derb auf die Fresse, dass du nicht mehr aus dem Mund kackst, komm mal mit!"

Und ich schiebe ihn und so, und er will nicht – und ich nehme ihn so, und dann sind die Zivis auf uns aufmerksam geworden, und da haben wir dann gesagt: „Ali, lass es sein, das bringt kein Glück."

Denn, guck mal, ich kann auch sehr fies sein. Ich habe ja auch ein paar Wörter gesagt, etwas über seine Hautfarbe und so – ich habe ihn richtig fertiggemacht, ich kann ein richtiges Schwein sein, weißt du, ich kann ein richtiges Schwein sein – und ich weiß auch ganz genau, was einem Menschen weh tut. Was ihn so richtig trifft, und ich habe dann da Wörter abgelassen, aber ich bereue das immer nachher.

Weil, mein Onkel sagt immer zu mir: „Wenn dein Bruder böse wird, da brauchen wir keine Angst zu haben – aber wenn du böse wirst, dann muss man vorsichtig sein." Das haben die immer zu mir gesagt, wo ich so zwölf war. Er sagte, böse ist noch gut – du bist richtig giftig.

Weil, wie ich den mal verprügelt habe, den Ben, wie ich den so geschlagen habe – kann ich selber gar nicht so richtig glauben – „Du hast mir doch deine Beine hoch und runter gegeben", meinte er zu mir. Das war ja noch in der Zeit, wo ich halt viel den Sport gemacht habe, wo ich ihn das erste Mal so auf die Fresse gegeben habe und so – Da habe ich Pamm – Zack – ihn geschlagen und so. Einmal, zweimal Kinn getroffen, Kopf so – weißt du, er geht hoch und wieder runter, weißt du?

Und dann, glaube ich, habe ich ihn voll erwischt – und dann ging er zu Boden – er ist nicht mehr aufgestanden – aber vor Wut und Hass habe ich ihn dann nochmal hochgenommen und mit meinem Fuß die ganze Zeit draufgetreten.

Oh nein! Wirklich?

Ja, echt. Und wie gesagt, nach diesen zwei Jahren, das hat er wohl nicht vergessen gehabt, hat er wohl Rache nehmen wollen, mit zwei anderen Leuten. Und wir sind dann abends auch wieder losgegangen, haben ihn aber nicht getroffen – war wohl auch besser so – ich war voll sauer, weißt du? Das kommt wohl auch daher, dass ich noch nie davor geschlagen wurde. Und auch so, dieses Innere, weißt du? Das macht mich voll kaputt – bestimmt habe ich eine Woche lang nicht richtig geschlafen. Weil, das hat mich voll kaputt gemacht, weißt du? Und wenn ich den Typen in dieser Woche gesehen hätte, den hätt' ich umgebracht.

Das fiese war, er hat mich ja nicht allein geschlagen – hätte er das, dann wäre das ja noch o.k. Aber so? Wenn drei auf mich losgehen, und ich mit bloßen Händen? Da hätte ich nichts machen können. Ja, das war eigentlich meine extremste Erfahrung.

Nicht schön.

Tja, aber ich sage mal so: „Was nicht tötet, das härtet ab!"

Wie siehst du die derzeitige Entwicklung, wo führt sie hin?

Ja, ich weiß nicht. Ich sage mal, die Generation, die jetzt kommt, die ist immer schon einen Schritt vor uns. Weißt du, was ich meine? Guck mal, jetzt haben wir langsam schon eine Generation. Also, wenn jemand zu dir kommt und dich niedermacht, dann solltest du deine Schnauze halten und weitergehen, verstehst du? Guck ihn nicht an, und sag gar nichts. Okay, dich kann er vielleicht nicht erwischen, aber dann eben deine Familie. Also lass dir das gefallen und er lässt dafür deine Familie in Ruhe.

Wie beurteilst du den Umgang mit Gewalt?

Also Gewalt wird es bestimmt immer geben, egal in welchem Jahrhundert wir sind oder so – aber man kann es bestimmt ein bisschen drosseln. Und mit der falschen Politik wird das erst recht nichts, weißt du?

Ich sage mal, Deutschland hat echt eine falsche Politik. Erst mal die Gesetze, die sind sowas von lasch, da lacht man doch drüber! Die müssen viel härter durchgreifen. Und die Polizei hier, die muss sich erst mal Respekt verschaffen, verstehst du? Guck mal, hier in Deutschland ein Polizist – der ist hier ja wie eine Marionette, verstehst du?

Glaub mir, wenn du bei uns spazieren gehst, und du begegnest einem Polizisten, da scheißen sich die Leute in die Hose – so nach dem Motto „Hoffentlich guckt er mich nicht an und spricht nicht mit mir!" Weil, die haben Respekt, die wissen, mit denen ist nicht zu spaßen. Bei uns steht im Revier „Gott kennt Gnade, wir nicht!" Ja, echt! Du lachst, aber das ist das Ding.

Aber hier kommst du an bei dem Polizisten: „Ach, was willst du denn, du Wichser?", und machst Geschrei hier und da. Ich meine, okay – hier ist es so, aber wohin die Demokratie so langsam führt – das ist ja schon fast Chaos für mich. Oder nicht?

Weil, guck mal, nur, weil ich Respekt vor dem Polizisten habe, muss das doch nicht sein, dass das ein Unrechtsstaat ist! Ich meine, wenn man das mal so sieht, ich bringe jemanden um und mir passiert nichts?! Aber betrüge ich den Papa Staat, dann kriege ich drei Jahre oder so Knast! Ja, der Vater Staat sagt doch: „Mach, was du willst, aber komm uns bloß nicht in die Quere! Aber, wenn Papa Staat merkt, dass ein Bürger ihn verarscht, dann geht er viel härter ran als bei einem Kinderschänder! Verstehst du? Und das ist die falsche Politik für mich!

Und die Polizei, bevor die Gesetze verschärft werden, muss erst mal die Polizei Respekt kriegen, weißt du? Also, das heißt nicht, dass ich zittern muss, wenn die Polizei hier vorbeigeht, aber ich weiß: „Aha, die haben ein Auge auf mich!"

Wie stellst du dir denn dein zukünftiges Leben vor, Ali?

Ja, wie sagt man, immer schön flüssig sein und so und dann gut leben – also, ich hätte dann gern so ein kleines Haus, vielleicht so in den Bergen oder so, weißt du, auf dem Land, aber mit Fernseher und Video. Ja, Fernseher und Video, das möchte ich schon und ein paar Kinder, und mit meiner Frau so keine Sorgen und so, glücklich und zufrieden, weißt Du, vielleicht in Arabien.

Danke für das Gespräch, Ali und alles Gute!

Das Ansehen der Gang, das Zugehörigkeits- und Gemeinschaftsgefühl haben einen besonderen Stellenwert für Ali und seine Freunde. Ehre, Stolz und auch Hass sind der Treibstoff, der für sie den Einsatz roher Gewalt legitimiert. Das Ansehen als Gang-Mitglied entschädigt für die gesellschaftliche Benachteiligung, als deren Opfer sich der Jugendliche mit Migrationshintergrund sieht. Die Zugehörigkeit zur Gang verschafft die gewünschte Anerkennung und eine Identität, die als wertvoll erfahren wird.

In Hinblick auf die kulturelle und soziale Prägung junger Männer mit Migrationshintergrund ist das durchaus verständlich – ihr Weltbild wird stärker von patriarchalischen Hierarchien und Wertvorstellungen getragen. Der Älteste bestimmt, der Stärkste hat das Sagen. Ghetto- und Action-Filme folgen diesem Muster und verstärken das Weltverständnis der Heranwachsenden in den Randgebieten.

Das eigentlich gute Verlangen der Jugend nach Vorbildern, Idealen und Zielen wird von den Medienangeboten mit destruktiven und gewaltsamen Vorbildern gespeist und in falsche Bahnen gelenkt; materielle Werte und Statussymbole rücken in den Vordergrund – doch sie sind im Grunde völlig wertlos. Die Medien zeigen Vorbilder und Helden, die lediglich zerstören.

Beim tausendfachen Konsum von Gewalt stumpfen die Sinne ab, und der Zuschauer empfindet kein Mitleid mehr, keine moralischen Zweifel. Der Gegner muss besiegt werden, um Genugtuung zu empfinden.

Mit Sieg und skrupelloser Zerstörung des Unterlegenen erlangt man Respekt, Macht und Ansehen und entlädt aufgestaute Aggression und Frustration.

In amerikanischen Staatsgefängnissen werden jene Insassen, die in den Neunzigerjahren geboren wurden, als „90s Babys"[38] bezeichnet. Sie gelten als besonders aggressiv und völlig unkontrollierbar; sie setzen skrupellos Gewalt ein, gegen andere Häftlinge und gegen Aufseher. Das Recht des Stärkeren ist die einzige Regel, der sie folgen. Moralisches Empfinden, Respekt anderen gegenüber oder einen Ehrenkodex gibt es bei ihnen nicht.

Es ist die *erste* Generation, die der Rund-um-die-Uhr-Medienberieselung ausgesetzt war. Diese „90s Babys" der Haftanstalten sind die benachteiligten Kinder der Randgruppen, die – seelisch verletzt, ungeliebt und oft in irgendeiner Form vaterlos – vor dem Bildschirm mit niemals leidenden Trickfilm-Figuren und starken Action-Helden aufgewachsen sind. Diese Vorbilder, in vielen

---

(38) Dt.: Kinder der Neunzigerjahre

Haushalten als Babysitter eingesetzt, zeigen ihnen von klein auf, wie man mit brutaler Gewalt zu Macht, Ansehen und materiellen Gütern gelangt.

Beim Konsum von fiktionaler Gewalt wird das Recht des Stärkeren immer wieder auf die kindliche Festplatte gespielt und prägt das Weltbild. Das „Gesetz der Straße" wird zur Realität, es bestimmt den Alltag und die Gruppenaktivitäten.

Cem Gülay, Sohn türkischer Einwanderer und ehemaliges Mitglied einer Gang, sagt dazu:

> In diesen Kreisen kommt es nur noch darauf an, sich zu behaupten. Das neue Feindbild ist der bürgerliche Deutsche. Vor allem ausländische Jugendliche suchen die Gang, weil sie dort ein Zugehörigkeitsgefühl finden, das sie in der deutschen Gesellschaft nicht finden. Diese Jugendlichen sind zu jeder Gewalttat bereit. Sie fürchten weder den Tod noch das Gefängnis. Hauptsache, sie sind nicht wieder die Schwachen, die Opfer, wie sie es unter den Deutschen immer sind.[39]

---

(39) https://www.welt.de/welt_print/regionales/hamburg/article8367735/Nach-allen-Regeln-der-Gewalt.html (20.05.2017)

Mediennutzung und Gewaltangebote

In den Neunzigerjahren wurde für das Fernsehen der Zukunft eine Reduzierung der Gewaltdarstellungen prognostiziert. Eingetreten ist das Gegenteil. Eine Studie aus dem Jahr 2005 mit dem Titel *Gewalt zwischen Fakten & Fiktionen*[40] belegt, dass das Fernsehen realitätsnahe, faktische Gewalt häufiger zeigt als realitätsferne. Eine Forschergruppe untersuchte die zehn wichtigsten deutschen TV-Programme (ARD, ZDF, RTL, PRO 7, SAT 1, RTL 2, VOX, KABEL 1, KIKA, SUPER RTL). Es wurden 1.162 Stunden Fernsehen und 4.698 Programmtrailer ausgewertet. In jeder siebten Fernsehminute wurde ein Gewaltakt gezeigt; insgesamt wurden 8.832 Gewaltakte gezählt.

Bis heute hat sich das Gewaltangebot in den Medien kontinuierlich erhöht. Es gibt mehr Sender denn je, und Gewaltdarstellungen sind fester Bestandteil der Fernsehunterhaltung und der Computerspielwelt. Millionen Haushalte rund um den Globus empfangen täglich realitätsnahe Gewalt. Bis zum 18. Lebensjahr haben Kinder im deutschen Fernsehen im Durchschnitt 40.000 Morde und rund 200.000 Gewaltakte gesehen. Die höhere Verfügbarkeit des Fernsehens durch Kabelanschluss oder Satelliten hat diese Zahlen vervielfacht. Hinzu kommen Internetnutzung und Computerspiele, die bei Kindern und Jugendlichen das Fernsehen als Hauptfreizeitaktivität nahezu abgelöst haben.

Seit 2010 nutzen so gut wie alle 14- bis 19-Jährigen in Deutschland das Internet, sie verbringen damit durchschnittlich zwei Stunden am Tag. Zwischen dem 12. und

---

(40) Grimm, Petra u.a. *Gewalt zwischen Fakten und Fiktionen: eine Untersuchung von Gewaltdarstellungen im Fernsehen unter besonderer Berücksichtigung ihres Realitäts- bzw. Fiktionalitätsgrades*, Vistas, Berlin 2005

19. Lebensjahr sind neun von zehn Jugendlichen täglich online.[41] Mit 43,3 Millionen Internetnutzern pro Woche ist Deutschland der größte Onlinemarkt Europas, und Heranwachsende und junge Erwachsene sind deutlich länger online als andere Altersgruppen.

Ab dem 12. Lebensjahr haben hierzulande Kinder mehrheitlich einen eigenen Computer, ab dem 14. Lebensjahr sind die meisten Jugendlichen täglich online und ab dem 16. Lebensjahr nutzen sie in der Regel einen eigenen Internetzugang. Mädchen nutzen bevorzugt soziale Netzwerke, gefolgt von Informations-Suchdiensten. Sie nutzen das Internet vor allem zur Unterhaltung. Bei den Jungen dagegen sind die so genannten „Ego-Shooter-Spiele" besonders beliebt, die darauf abzielen, dass der Spieler möglichst viele virtuelle Feinde vernichtet. Sie werden allein oder in virtuellen Gruppen gespielt und haben einen hohen Suchtfaktor.

Nicht nur die beeindruckenden und realitätsnahen Animationen am Monitor bannen den Spieler, auch das Erfolgserlebnis, durch das virtuelle Töten des Feindes in der Spiel-Hierarchie aufzusteigen, erhöht den Reiz. Die Altersfreigabe für Gewaltspiele ist in Deutschland auf 18 Jahre festgesetzt, was jüngere Nutzer aber mühelos zu umgehen wissen – und durch Mitschüler, Freunde oder Geschwister gelangen die Spiele auch in die Hände von deutlich jüngeren Spielern. 83% der Jugendlichen haben Freunde, die brutale und besonders gewalthaltige Computerspiele spielen; 59% der Jugendlichen spielen selbst Gewaltspiele.[42] Die Altersbeschränkung ist dabei laut einer Studie der Frankfurter Universität in der Regel wirkungslos. Gut 60% der Jugendlichen unter 16 Jahren spielen der Studie zufolge mehr als vier Stunden am Tag

---

(41) Bundeszentrale für gesundheitliche Aufklärung
(42) https://de.statista.com/statistik/daten/studie/168158/umfrage/nutzung-von-gewaltspielen-durch-jugendliche/ (07.11.2017)

am Computer; 40% der 13- bis 15-Jährigen gaben ein Lieblingsspiel an, das für ihr Alter nicht freigegeben ist.[43]

Eine vom Technik-Verband Bitkom in Auftrag gegebenen Studie ergab, dass deutsche Kinder im Durchschnitt täglich 104 Minuten mit Computerspielen verbringen.[44] In der Gruppe der Neuntklässler sind in Deutschland nach einer Studie des Kriminologischen Forschungsinstituts Niedersachsen circa 14.000 nach medizinischen Kriterien süchtig nach Computerspielen. Die Studie zeigte auch, dass Jugendliche heute an Schultagen im Schnitt 130 Minuten für Computerspiele aufwenden. 2005 lag der Durchschnittswert noch bei 91 Minuten.

Fast jeder sechste Junge spielt am Tag sogar länger als viereinhalb Stunden; Mädchen spielen deutlich weniger, doch auch ihre Spielzeiten sind stark gestiegen.

Online-Rollenspielen wie *World of Warcraft* (Deutsch: „Welt der Kriegskunst") wird dabei ein besonderes Suchtpotential zugeschrieben.[45]

Die Internetsucht bei Jugendlichen liegt in Deutschland laut einer europäischen Studie der Universität

---

(43) http://www.focus.de/digital/games/game-studie_aid_62614.html (07.11.2017)

(44) http://www.computerbild.de/artikel/cbs-News-PC-Bitkom-Studie-Jugendliche-zocken-104-Minuten-pro-Tag-10214274.html (07.11.2017)
„93 Prozent aller deutschen Jugendlichen zwischen zehn und 18 Jahren geben sich laut Umfrage regelmäßig dem virtuellen Vergnügen hin. Die durchschnittliche Spieldauer steige mit zunehmendem Alter und liege bei Jungs deutlich höher als bei Mädchen. Im Alter zwischen 10 und 18 Jahren zocken männliche Jugendliche demnach durchschnittlich schon satte 122 Minuten pro Tag, während der weibliche Teil der jugendlichen Bevölkerung sich mit gemäßigten 82 Minuten zufriedengibt. Die Hälfte aller zehn- bis 18-Jährigen besitzt der Studie zufolge eine eigene Konsole, 79 Prozent ein Smartphone."

(45) https://www.heise.de/newsticker/meldung/Studie-Mehr-als-14-000-Neuntklaessler-sind-computerspielsuechtig-206828.html (07.11.2017)

Mainz (UMC-Mainz) zusammen mit verschiedenen Hochschulen und Forschungsinstituten aus ganz Europa bei knapp einem Prozent.[46] Auch eine Studie der Bundesregierung zeigt, dass etwa 250.000 der 14- bis 24-Jährigen hierzulande an Onlinesucht leiden.[47]

Der Hannoveraner Kriminologe Christian Pfeifer zeigt in seiner Studie, dass in der Gruppe der 15-Jährigen bereits 15.000 Kinder süchtig sind; weitere 18.000 werden als gefährdet eingestuft. Die Menge der Kinder, die als exzessive Spieler gelten, ist noch um einiges größer. Diese Kinder spielen täglich etwa fünf Stunden. In der Schule haben sie kaum Erfolg, mit ihren Eltern verstehen Sie sich nicht, und Freunde haben sie oft nur digital.[48]

Der norwegische Attentäter Anders Breivik gab vor Gericht an, seine Taten im Vorfeld mit Infinity Wards Ego Shooter Modern Warfare 2 „trainiert" zu haben.[49] Er schrieb in einen Tagebucheintrag Anfang 2011 über das vergleichbare Spiel *Warfare*: „Ich habe gerade das Computerspiel *Modern Warfare 2* gekauft. Wahrscheinlich der beste militärische Simulator, den es gibt."

In der erstaunlich real anmutenden Computersimulation schlüpft der Spieler in die Rolle eines militärischen Märtyrers, der auf seiner politisch motivierten Mission in feindliche Lager eindringt und reihenweise Soldaten erschießt.

Breivik orientiert sich an den Strategien des Spiels. Um von seinem Hauptziel abzulenken, zündet er im Osloer Regierungsviertel eine Autobombe, dann bricht er zur Ferieninsel Utoya auf. Anders Breivik hat sich, wie er

---

(46) http://www.t-online.de/gesundheit/krankheiten-symptome/id_72316350/internetsucht-bei-jugendlichen-erschreckende-studien.html (07.11.2017)
(47) ebenda
(48) http://www.sueddeutsche.de/digital/world-of-warcraft-suechtig-nach-monstern-1.83488 (07.11.2017)
(49) http://www.pcgames.de/Killerspiele-Thema-158840/News/Breivik-Prozess-Habe-mit-Modern-Warfare-2-das-Toeten-trainiert-878913/ (07.11.2017)

selbst sagt, auf seine Tat mit diesem Spiel vorbereitet. Bereits als Teenager phantasiert er sich am Joystick in das unfassbare Massaker hinein. Nach 16 Jahren Training am Computer mit *World of Warcraft* und *Warfare 2*, ist er schließlich mental in der Lage, eine Ferieninsel zu stürmen und dutzende, hilflose Teenager ungerührt hinzurichten. Realität und Fiktion sind im Gehirn des Attentäters verschmolzen. Andres Breivik agiert in einem hochgradig schockierenden Blutbad emotionslos wie am Joystick vor dem Monitor.

Der britische Serienmörder Ian Brady bringt zusammen mit seiner Komplizin in den Sechzigerjahren fünf Kinder um, nachdem er sie sexuell missbraucht und gefoltert hat. Schon als Kind nennen ihn die Nachbarn „Dracula", weil er ständig Horrorfilme schaut. Er soll auch ein großer Hitler-Anhänger sein. Schon hier kann man den Einfluss von grausamen Film- und Bildmaterial auf grausame Taten schließen.[50]

Wir leben in einer Zeit, in der psychisch gestörte Extremisten überall auf der Welt bereit sind, für ihre fanatischen Überzeugungen andere anzugreifen und zu töten. Wie kann es aber unsere Gesellschaft verantworten, dass Fernsehen, Internet und Computerspiele täglich Anleitungen und Vorbilder für Anschläge, Amokläufe und Morde bieten? Sogenannte Ego-Shooter-Spiele sind weit mehr als eine Inspirationsquelle – sie haben eine Tiefenwirkung in den Hirnstrukturen des Spielers und entwickeln in dem dafür empfänglichen Gehirn eine gefährliche Eigendynamik.

Gewaltspiele stumpfen die Nervenzellverbände des Frontalhirns ab, je intensiver der Konsum, desto mehr schalten sie die inneren Hemmschwellen aus, selbst gewalttätig zu werden. Amokläufer agieren bei ihrer Tat wie die Helden ihrer Computerspiele. Den Opfern gegen-

(50) https://www.welt.de/vermischtes/article164616178/Die-Kinder-bettelten-um-ihr-Leben-und-riefen-nach-ihren-Muettern.html. 18.05.2017

über empfinden sie kein Mitgefühl, stattdessen bejubeln sie ihre tödlichen Treffer.

Der 20-Jährige James Holmes, der am 20. Juli 2012 in Aurora, Colorado, als Joker verkleidet einen Kinosaal betritt und in der Mitternachtspremiere des Batman Films *The Dark Knight Rises* 14 Menschen tötet und 59 schwer verletzt, zeigt bei seiner Tat keinerlei emotionale Beteiligung – das Leid, das er verursacht, lässt ihn vollkommen kalt[51]. Mitgefühl und Hemmschwellen sind bei diesen Tätern komplett ausgelöscht. Durch den regelmäßigen Konsum von Gewaltspielen entwickelt das Gehirn im Alleingang neuronale Programme; diese verknüpfen das Töten von Feinden biochemisch mit positiven Gefühlen und einem euphorischen Erfolgserleben – moralische Hemmschwellen dagegen sterben beim Spieler unmerklich ab.

Täglich spielen Millionen Kinder rund um den Erdball diese Spiele. Kaum jemand aber bedenkt dabei, dass junge Gehirne formbar sind. Nicht jedes Kind erlebt Unterdrückung oder Ausgrenzung und sinnt heimlich auf Rache, aber jedes Kind ist empfänglich für Helden, die Macht und Stärke verkörpern – und zwar umso stärker, je weniger Bedeutung und Liebe es in seinem eigenen Leben erfährt.

Bild 5: Kinder spielen Killerspiele für Erwachsene

Was unseren Kindern zum Zeitvertreib und zur Unterhaltung angeboten wird, ist eine tickende Zeitbombe im neuronalen Netzwerk der jungen Hirnstrukturen, die jederzeit gezündet werden kann. Konflikte, Fanatismus, Aggression,

(51) http://www.sueddeutsche.de/panorama/amoklauf-bei-premiere-von-the-dark-knight-rises-der-reale-horror-1.1418575, 04.05.2017

Frustration und soziale Benachteiligung sind das Feuer für die Zündschnur. Betrachten wir, was realitätsnahe Gewaltdarstellungen in den Hirnstrukturen bewirken, bekommen wir eine Vorstellung davon, was gerade Gewaltspiele bei jungen und psychisch labilen Menschen mit fanatischen Überzeugungen bewirken können. Staatlich verordnete Altersvorgaben, die unsere Kinder schützen sollen, bleiben dabei weitestgehend wirkungslos, ebenso wie die trügerische Altersbeschränkung für Internetpornographie. Jedes Kind, das einen Computer bedienen kann, kann Pornoseiten öffnen und sich alles bis hin zu grausamster Pornographie anschauen.

Eine wirkungsvolle Präventionsmaßnahme, die uns vor sexueller Gewalt und Jugendgewalt schützen kann, ist die Reduzierung der täglich ausgestrahlten Gewalt und die Durchsetzung geltender Jugendschutzbestimmungen auf die frei verfügbare Internet-Pornographie, deren Verbreitung auf Hochtouren läuft, weil damit Milliarden verdient werden.

Die Konsequenzen der unterschwelligen Programmierung junger Hirnstrukturen auf Gewalt und Pornosex und ihrer Abstumpfung sind so ernst für unser soziales Miteinander und unsere Zukunft, dass es dringend notwendig ist, nun zu handeln. Bislang hat man die Förderung der Umsätze der Industrie politisch mehr beachtet und unterstützt als das Wohl des Bürgers und seiner Kinder. Ich hoffe sehr, dass sich das ändert.

Wirkungsforschung und neuronale Plastizität

Die Wirkungsforschung zur Pornographie ist erstaunlich dünn gesät, und es liegen wie bei der Erforschung der Wirkung von medialer Gewalt sehr widersprüchliche Ergebnisse vor. Einige Studien besagen, dass Medlengewalt unschädlich und eine Bereicherung für unser Leben sei, andere wiederum belegen, dass der Konsum von fiktionaler Gewalt beim Empfänger Aggressionen fördert.[52]

Die große Diskrepanz der Untersuchungsergebnisse lässt sich wahrscheinlich nur in Hinblick auf die Auftraggeber und die Untersuchungsmethoden erklären, denn die Wissenschaft, so sagt man, ist eine Hure – der Geldgeber bestimmt, was untersucht und gesehen wird.

Bereits 1995 konnten Allen und Emmers (et al.) mit ihren Studien einen Zusammenhang zwischen Pornographie-Konsum einerseits sowie sexueller Aggression und Gewalt gegen Frauen andererseits nachweisen.[53] Der Konsum von Pornographie fördert einen signifikanten Anstieg von Einstellungen, die sexuelle Gewalt gegen Frauen unterstützen, und führt bei Männern zu einer Steigerung der Vergewaltigungsbereitschaft sowie zur Trivialisierung einer Vergewaltigung bei Männern und Frauen gleichermaßen.

Eine Studie von Zillmann, Bryant und Check (1982-1985) zeigt ebenfalls, dass Versuchsteilnehmer gewalt-

---
(52) Herbert Selg (1986). *Pornographie. Psychologische Beiträge zur Wirkungsforschung.* Bern
(53) https://www.researchgate.net/publication/229639740_Exposure_to_Pornography_and_Acceptance_of_Rape_Myths (07.11.2017)

lose Formen sexuellen Missbrauchs von Kindern trivialisierten.[54][55]

Pornographie-Konsum ist insbesondere bei Risikopersonen keine Ersatzbefriedigung, wie man dies der Bevölkerung immer wieder zu vermitteln versucht, sondern ein Stimulus für die Ausübung von sexueller Gewalt. Obwohl Unbedenklichkeitsstudien zu Pornographie- und Gewaltkonsum mittlerweile durch Hirnscan-Untersuchungen widerlegt sind, gelangen Expertenstatements, die fiktionale Gewalt und Pornographie als wirkungslose Bereicherung für unser Leben darstellen, weiterhin in die Öffentlichkeit. Darüber hinaus zeigt eine Studie der University of Cambridge mithilfe des Hirnscans, dass Pornographie im Gehirn Prozesse hervorruft, die jenen von Suchtkranken ähneln.[56]

Der Bürger glaubt, was veröffentlicht wird. Er weiß oft nicht, dass wissenschaftliche Studien und objektiv erscheinende Statistiken eben nur solche Ergebnisse abbilden können, die in einem zuvor festgelegten Untersuchungsrahmen erzielt werden können. Letztlich bestimmt der Auftraggeber, in welche Richtung das Ergebnis einer Studie geht. Von Objektivität kann somit in den meisten Fällen keine Rede sein.

Täglich erleben wir diese Irritation. Lesen wir heute in der Zeitung, dass Kaffee schädlich sei, lesen wir am nächsten Tag von seiner Unschädlichkeit. Unbedenklichkeitsstudien zu Pornographie und Mediengewalt ergeben nur Sinn in Hinblick auf die wirtschaftlichen Interessen der Medienindustrie. Mit Gewalt und Pornographie wird Geld verdient – sehr viel Geld. Verständlicherweise ist man in der Branche daran interessiert,

---

(54) http://onlinelibrary.wiley.com/doi/10.1111/j.1460-2466.1982.tb02514.x/abstract (07.11.2017)

(55) http://onlinelibrary.wiley.com/doi/10.1111/j.1559-1816.1988.tb00027.x/abstract (07.11.2017)

(56) http://www.cam.ac.uk/research/news/brain-activity-in-sex-addiction-mirrors-that-of-drug-addiction (07.11.2017)

dass die gigantischen Umsätze erhalten bleiben. Wissenschaft dient leider nicht immer der Schaffung von Wissen, sie dient heute auch wesentlich den Interessen der Industrie. Studien, die von Industriekonzernen finanziert werden, bringen andere Ergebnisse als Studien von Umweltorganisationen. Selbst in der reinen Wissenschaft, die vorrangig dem Wissen-schaffen dienen soll, um Erkenntnisse zu erlangen und um unser Leben zu erleichtern und zu verbessern, wird mit zweierlei Maß gemessen.

Die Pioniere der modernen Hirnforschung hatten es schwer, ihre revolutionären Entdeckungen zu publizieren, die von den etablierten Vorstellungen des Gehirns abwichen. Eine der wesentlichen Grundannahmen der Hirnforschung war über viele Jahre die Hypothese von Ramon Cajal (1913), nach der neuronale Verbindungen im erwachsenen menschlichen Gehirn starr, begrenzt und unveränderbar seien.[57] In den Fünfzigerjahren herrschte die Meinung vor, dass alle grundlegenden Verbindungen in der Sehrinde, Hörrinde und dem somatosensorischen Kortex in den ersten Lebensjahren festgelegt würden und lebenslang bestehen blieben.

Neue Studien dagegen, die nahelegen und auch zeigen, dass auch das erwachsene Gehirn formbar ist und durch Erfahrungen beeinflusst wird, wurden in Fachkreisen unterdrückt, verschwiegen oder als unwissenschaftlich disqualifiziert und herabgesetzt. Die überraschenden neuen Erkenntnisse passten nicht in das etablierte Menschenbild; die Vertreter des alten Dogmas, das postulierte, dass sich die verschiedenen Hirnbereiche schon früh in ihrer Funktion unterscheiden und lebenslang beibehalten würden, hatten mehr Einfluss als die jungen Forscher. Man wollte die eigene Stellung wahren und die veraltete Vorstellung des Gehirns weiter lehren.

(57) Javier Defelipe (1988). *Cajal on the Cerebral Cortex: An Annotated Translation of the Complete Writings* (History of Neuroscience, Band 1), 1988 Oxford University Press

Wissenschaft dient auch dem Ego – sie wird zur Manipulation und zur Erhaltung von Macht und erstarrten Strukturen missbraucht. Erst mit der Entwicklung und dem Einsatz der Computertomographie wurde es möglich, die Veränderungen im Gehirn sichtbar zu machen und die lebenslange Formbarkeit der menschlichen Hirnstrukturen nachzuweisen. Der Weg dahin war für die Forscher jedoch steinig.

Michael Merzenich untersuchte 1971 an der University of California die Frage, ob sich auch das erwachsene Gehirn aufgrund von konkreten Erfahrungen neu organisieren kann.[58] Gemeinsam mit Jon Kaas führte er Experimente an Eulenaffen durch. Nachdem sie einen Nerv an der Hand eines Affen durchtrennt hatten, waren alle Gefühle vom Mittelfinger bis zum Daumen erloschen. Kein Signal dieses Teils der Hand erreichte den somatosensorischen Kortex im Gehirn des Affen. Nach der etablierten Meinung und dem damaligen Stand der Wissenschaft sollte dort, wo die Handlungsimpulse der durchtrennten Nerven im Hirn eintrafen, nun so etwas wie ein schwarzes Loch auffindbar sein. Doch die Erwartung wurde nicht erfüllt – und das Ergebnis war eine Sensation: Der Teil des Gehirns, der die Signale vom entsprechenden Nerv des Fingers erhalten hatte und sich nun still verhalten sollte, verarbeitete plötzlich Signale aus anderen Bereichen der Hand.

1983 fassten Merzenich und Kaas ihre Studienergebnisse wie folgt zusammen:

> Die Untersuchungsergebnisse stehen im völligen Gegensatz zu der Annahme, dass das sensorische System aus vielen kleinen, fest miteinander ver-

---

(58) Merzenich, M.M., Kaas, J.H., J.T. Wall, R.J. Nelson, M. Sur and D.J. Felleman (1983). *Progression of change following median nerve section in the cortical representation of the hand in areas 3b and 1 in adult owl and squirrel monkeys.* Neuroscience. 10 (Listed in the bibliography for Abstract 11:965): 639–665.

drahteten Maschinen bestünde.[59]

Ihre sensationelle Entdeckung widerlegte die These, das menschliche Gehirn sei nur in den ersten Lebensjahren formbar. Kass und Merzenich wurden aber nicht, wie erwartet, mit Lob und Auszeichnungen überschüttet – sie ernteten Kritik und Herabsetzung. Angesehene, wissenschaftliche Fachzeitschriften weigerten sich, ihre Studien zu publizieren.

Studien und Forschungsergebnisse, die ein vorherrschendes Dogma widerlegen, finden kaum Unterstützung in Fachkreisen und gelangen selten in die Öffentlichkeit. Wissenschaftskollegen, die Kaas und Merzenich darum baten, die Studien vor der Veröffentlichung in Magazinen zu begutachten, zeigten sich skeptisch und feindselig. Die entscheidende Entdeckung der Hirnforschung, dass auch das erwachsene Gehirn formbar ist und lebenslang aufgrund von Erfahrungen seine Strukturen verändert, erschien zunächst nur in kaum anerkannten populärwissenschaftlichen Fachzeitschriften.

Andere Forschungsarbeiten[60] ergaben, dass sich die physische Struktur des Gehirns umso stärker verändert, je intensiver ein Verhalten mit Gefühlen und dem sogenannten „Feuern von Nervenzellen" verbunden ist[61]. Man entdeckte die „neuronale Plastizität" des menschlichen Gehirns; diese ermöglicht es, dass sich unsere Hirnstrukturen lebenslang weiterentwickeln. Durch die

---

(59) ebenda.
(60) Michael Merzernich (2013), *Changing Brains - Applying Brain Plasticity to Advance and Recover Human Ability: Applying Brain Plasticity to Advance and Recover Human Ability*, Progress in Brain Research.
(61) Eine Nervenzelle kann in einer Sekunde bis zu 500 Mal *feuern*. Damit beschreibt man eine Weiterleitung von Aktionspotentialen. Dies geschieht umso häufiger, je stärker der Reiz ist. Wenn Schwellenpotentiale überschritten werden, entstehen Aktionspotentiale. Diese werden weitergeleitet und die Erregung auf andere Zellen übertragen.

Fähigkeit zur neuronalen Plastizität kann unser Gehirn aus Erfahrungen neuronale Schaltkreise aufbauen und seine physische Struktur lebenslang verändern. Lernvorgänge und Gedächtnis-Inhalte können neuronal abgebildet und stabil verankert werden, um fortan für geistige Verarbeitungsprozesse zur Verfügung zu stehen.

Für neuronale Strukturveränderungen im Gehirn ist die Stärke der synaptischen Übertragung bei der Reizverarbeitung ausschlaggebend. Jede Wahrnehmung aktiviert an den zuständigen Synapsen im Gehirn Neurotransmitter-Ausschüttungen. Eine Synapse kann entweder ruhen oder aktiv sein. Während ihrer Aktivierung wird der Nervenbotenstoff in den synaptischen Spalt freigesetzt, der die gefühlsmäßige Reaktion des Empfängers auf den Reiz biochemisch repräsentiert.

Eine synaptische Übertragung hat dann stattgefunden, wenn an einer anderen Nervenzelle eine Antwort hervorgerufen wird. Neuronale Kopplungen können je nach Intensität der Reizübertragung zu einer dauerhaften oder einer kurzzeitigen Verbindung der (aktivierten) Nervenzellen führen. Je nach Dauer der Kopplung spricht man entweder von einer KURZZEIT- oder LANGZEITPLASTIZITÄT.

Bild 6: Signalübertragung an den Synapsen

Bei der Kurzzeitplastizität hält die Übertragungsstärke nur einige Millisekunden bis höchstens eine Minute an. Hält die Stärke der Übertragung Minuten oder gar Stunden an, spricht man von einer Langzeitplastizität, die lebenslang bestehen bleibt.

Die Fähigkeit zur kortikalen Plastizität betrifft das gesamte Gehirn, weshalb Hirnfunktionen nach Unfällen, Traumatisierungen oder operativen Eingriffen von einer

Stelle zu einer anderen wandern und von anderen Hirnarealen übernommen werden können. Lange Zeit wusste man nicht, dass sich Hirnareale im Verlauf des Lebens verändern oder verlagern können. Doch das menschliche Gehirn passt sich ständig unseren neuen Erfahrungen an, und bei entsprechend starken Reizen baut es (lebenslang) neue neuronale Strukturen auf. Gitarren- oder Geigenspieler verfügen beispielsweise über weitaus größere Hirnareale, die ihre Hand repräsentieren, als andere Menschen.

Das Gleiche gilt für Sportler: werden Bereiche des Körpers regelmäßig trainiert, vergrößern sich auch die entsprechenden Areale im Gehirn. Alvaro Pascual-Leone (2001) konnte in Versuchen nachweisen, dass die kortikalen Areale der Finger bereits nach einem täglich zweistündigen Klaviertraining im Verlauf einer Woche deutlich an Größe zunehmen.[62] Werden geistige und körperliche Fähigkeiten und Fertigkeiten wenig genutzt, verringern sich im Gegenzug auch deren Repräsentanten im Gehirn. Die entsprechenden Areale schrumpfen oder entwickeln sich nur schwach ausgeprägt.

Das Gleiche geschieht bei Computerspielen: Werden Fähigkeiten und Fertigkeiten täglich am Computer trainiert, vergrößern sich die entsprechenden Hirnareale und verstärken ihre neuronalen Vernetzungen.

Da unser Gehirn nicht zwischen Fiktion und Realität unterscheidet, lernt es in der virtuellen Welt genauso wie im realen Leben. Es verändert auch unter dem Einfluss von virtuellen Erfahrungen seine neuronale Struktur. Wann immer Nervenzellen feuern und Nervenbotenstoffe an andere Synapsen abgeben, formieren sich im Gehirn entsprechende neuronale Strukturen und Netzwerke, unabhängig davon, ob es sich um eine fiktive, <u>imaginierte oder</u> um eine reale Erfahrung handelt.

(62) Narinder Kapur, Oliver Sacks, Alvaro Pascual-Leone und Vilayanur Ramachandran (2011), *The Paradoxical Brain*. Cambridge University Press.

Für die neuronale Verankerung ist die emotionale Reaktion entscheidend, die die Neurotransmitter-Ausschüttungen an den aktivierten Synapsen auslöst. Die emotionale Ladung des Reizes bestimmt somit, ob und wie stabil neuronale Kopplungen errichtet werden.

Der regelmäßige Konsum von Gewaltspielen bewirkt deutliche Veränderungen in den Hirnstrukturen, vor allem in jungen Gehirnen. Bereits nach einer Woche mäßigen Spielens eines Gewaltspieles zeigen sich Veränderungen in den Hirnregionen, die Emotionen und aggressives Verhalten kontrollieren.

Forscher vom Department of Radiology and Imaging Sciences an der Indiana University School of Medicine in Indianapolis berichten 2011 auf der Tagung der Radiological Society of North America in Chigaco: die Ergebnisse ihrer Forschung zeigen eindeutig, dass gewalttätige Videospiele einen langfristigen Effekt auf die Funktionsweise des Gehirns haben.[63] Yang Wang und sein Forscherteam teilten 22 junge Männer im Alter von 18 bis 29 Jahren in zwei Gruppen auf. Elf Probanden sollten sich über den Zeitraum von einer Woche zehn Stunden lang einem Gewaltspiel widmen, in der zweiten Woche das Spielen jedoch einstellen. Die zweite Gruppe spielte kein Gewaltspiel und diente als Kontrollgruppe. Alle Teilnehmer hatten zuvor kaum Zugang zu solchen Spielen.

Vor Beginn der Versuchswochen, nach der ersten Spielwoche und nach Abschluss der zweiten Woche beobachteten die Forscher die Hirnaktivität der jungen Männer mithilfe der Magnetresonanztomographie. Während des Hirnscans lösten die Versuchspersonen Aufgaben, bei denen sie sich entweder auf emotionale Begriffe, die Gewalt andeuteten, oder auf Zahlen konzentrieren mussten.

---

(63) https://www2.rsna.org/timssnet/Media/pressreleases/pr_target.cfm?id=570 (07.11.2017)

Nach einer Woche Videospiel zeigten die Probanden während des Emotionstests weniger Aktivität im Frontalhirn als zu Beginn der Studie und deutlich weniger als die nicht spielenden Teilnehmer. Während des Zahlentests war die Aktivität im *Gyrus Cinguli*[64] vermindert. Nach einer Woche Spielpause verringerten sich die Effekte wieder.

Das Studienergebnis war alarmierend: Nach nur zehn Stunden des Spielens im Verlauf einer Woche wiesen jene wichtigen Hirnregionen, die für die Kontrolle der Emotionen und des aggressiven Verhaltens zuständig sind, eine deutlich verringerte Aktivität auf.

Was geschieht in einem jungen Gehirn nach mehreren Monaten oder Jahren intensiven Spielens? Wie stark verringert sich die Aktivität des Frontalhirns bei Jugendlichen, die täglich mehrere Stunden spielen? Die Studienergebnisse von Yang Wang und seinem Forscherteam belegen, dass der Konsum von Gewaltspielen wichtige emotionale Hirnareale abstumpfen lässt – und zwar umso stärker, je intensiver gespielt wird.

Brutale Computerspiele haben somit nicht nur einen kurzzeitigen „Unterhaltungs"effekt, sie haben einen Langzeiteffekt auf jene Hirnfunktionen, die Aggressionen, Mitgefühl und unsere moralischen Hemmschwellen steuern.

---

(64) Hierbei handelt es sich um einen Teil des Gehirns, der funktionell zum limbischen System gehört – eine Struktur des Endhirns, oberhalb des Balkens, die die medial liegenden Teile der Hemisphären miteinander verbindet.

Die Funktion der Spiegelneuronen

Wenn fiktionale Gewalt, wie sie uns in Computerspielen und Filmen dauernd zur Unterhaltung angeboten wird, regelmäßig konsumiert wird, reduzieren die Areale des Frontalhirns, die für die Kontrolle des Verhaltens und unserer Emotionen zuständig sind, ihre Aktivität; das natürliche Empfinden des Nutzers verändert sich, und seine neuronale Fähigkeit, Aggressionen kontrollieren und Mitgefühl empfinden zu können, zieht sich unmerklich zurück.

Die Flut brutaler Reize am Monitor lässt die entsprechenden Nervenzellen abstumpfen und verschiebt den biochemischen Schwellenwert einer synaptischen Reaktion; dadurch sinkt die moralische Hemmschwelle, selbst gewalttätig zu werden.

Eine Schlüsselrolle in diesen Prozessen übernehmen die sogenannten SPIEGELNEURONEN, die wie ein biochemisches Resonanzsystem im Gehirn arbeiten; dieses befähigt uns, Gefühle anderer mit- und nachempfinden zu können. Diese Fähigkeit zur Empathie ermöglicht unserer Spezies, in einer sozialen Gemeinschaft zu leben, rücksichtsvoll miteinander umzugehen, uns um unsere Kinder, um Ältere oder Schwächere zu kümmern und mitfühlend auf Schmerz oder Leid anderer zu reagieren.

Sobald die Spiegelneuronen im Gehirn reagieren, werden die Empfindungen unseres Gegenübers für uns spürbar. Wenn wir sehen, wie sich jemand in den Finger schneidet, antworten wir innerlich automatisch mit einem „Autsch", weil wir den Schmerz imaginiert nachempfinden können. Wir lächeln zurück, wenn wir angelächelt werden, und gähnen mit, wenn unser Gegenüber gähnt. Wir spiegeln unwillkürlich die Reaktionen anderer wider.

Babys können schon wenige Tage nach der Geburt die Gefühle der Mutter widerspiegeln. Sobald das Neugeborene seine Mutter anschaut, nimmt es ihre Gefühle wahr und reagiert darauf. Es verändert seine Mimik, beginnt zu lachen oder zu weinen, es reagiert erstaunt oder neugierig. Das alles geschieht frei von jedwedem Denkprozess oder logischer Analyse. Es ist eine Mitgift der Natur, ein Teil der menschlichen Biologie, die es uns ermöglicht, in emotionale Resonanz mit unserer Umwelt und unseren Mitmenschen zu treten. Die Aktivität der Spiegelneuronen entwickelt sich trotz ihrer genetischen Anlage aber nicht von alleine. Wir brauchen ein Gegenüber, um diese besonderen Gehirnzellen zum Leben zu erwecken.

Erst durch den Austausch mit anderen wird die Entwicklung der Spiegelneuronen und ihre vollständige Vernetzung im Gehirn ausgelöst. Nur wenn das Neugeborene die Zuwendung einer Bezugsperson erfährt, dessen Emotionen es wahrnehmen kann, werden diese Zellverbände aktiv. Mit circa drei bis vier Jahren ist dieser erste Entwicklungsschritt abgeschlossen. Das Kleinkind versucht nun bereits, seine Eltern zu trösten, wenn sie traurig wirken, obwohl es intellektuell noch nicht verstehen kann, was gerade vor sich geht.

Die Spiegelneuronen arbeiten mit Lichtgeschwindigkeit. Sie werden dem BROCA AREAL zugeordnet, das der Sprachsteuerung dient. Giacomo Rizzolatti et al. entdeckten 2002 auch Spiegelneuronen in den BRODMAN-AREALEN, die mit der Wiedererkennung von Handlungen und deren Imitationen in Verbindung gebracht werden.[65] Diese action-recognition ist aktiv, wenn beispielsweise Kindergartenkinder die plötzlichen Gefühlsausbrüche ihrer Spielkameraden spontan übernehmen, obwohl sie selbst gar nicht betroffen sind.

Eine entscheidende Rolle für die Ausbildung der Spiegel-

---

(65) Giacomo Rizzolatti (2008). *Empathie und Spiegelneurone: Die biologische Basis des Mitgefühls.* Suhrkamp, edition unseld

neuronen-Aktivität spielen die emotional prägenden Erfahrungen der frühen Kindheit. Erlebt ein Kleinkind wiederholt, dass ein freundlicher Mensch plötzlich sehr verletzend wird, löst Freundlichkeit bei dem Betroffenen noch bis ins Erwachsenenalter Misstrauen aus. Spiegelneuronen ermöglichen die emotionale Resonanz mit anderen immer vor dem Hintergrund der eigenen, prägenden emotionalen Erfahrungen. Wird die Entwicklung der Spiegelneuronen unterdrückt oder durch negative Emotionen abgestumpft, kann ihre Fähigkeit verloren gehen.

Der Leitsatz der Forschung im Bereich menschlicher Nervenzellsysteme lautet:

> Use it – or lose it! (Nutze es – oder verliere es.)

Mit Hirnscans, die Hirnaktivität sichtbar machen, lässt sich heute experimentell aufzeigen, wie Spiegelneuronen in unserem Gehirn funktionieren. Wird eine Versuchsperson einem Hirnscan unterzogen, während einer zweiten Person leichte Schmerzen zugefügt werden, zeigt der Hirnscan der Versuchsperson deutliche Veränderungen: Obwohl die Versuchsperson selbst keine Schmerzen erleidet, werden in ihrem Gehirn durch die Beobachtung der Schmerzen des Gegenübers Teile der sogenannten Schmerzmatrix aktiviert. Man bezeichnet dieses emotionale Mitschwingen als Empathie oder *affektive Resonanz*. Die Spiegelneuronen reagieren auf das Leid des Gegenübers – und wir empfinden es mit.

In der Psychologie unterscheidet man kognitive von emotionaler Empathie. Wenn wir davon erfahren, dass ein anderer Mensch leidet, und dieses Leid als schlimm einschätzen, handelt es sich, wenn wir es nicht direkt mitfühlen können, um eine kognitive Perspektivenübernahme; diese kommt einem verständnisvollen, mitfühlenden Denken gleich.

Bei der affektiven Empathie dagegen handelt es sich

um eine spürbare emotionale Resonanz – sie lässt uns aktiv mitfühlen, weil in unserem Gehirn jene neuronalen Netzwerke aktiv werden, die auch eigenen Gefühlen zugrunde liegen. Bei dieser Form der Empathie kommt es zu messbaren, körperlichen Reaktionen, der *embodied cognition*. Erlebt unser Gegenüber beispielsweise eine Panikattacke, wird sie auch in unserem eigenen Nervensystem spürbar. Obwohl wir selbst nicht betroffenen sind, fühlen wir uns plötzlich selbst zittrig oder unwohl; ich habe das selbst unzählige Male in der Therapie mit Angstpatienten erlebt.

Jeder Mensch verfügt über eine individuelle Ausprägung seiner empathischen Veranlagung. Gemäß dem Leitsatz Use it – or lose it! kann sich die Aktivität der Spiegelneuronen lebenslang verändern und auch verloren gehen. Beim täglichen Konsum von Gewaltspielen, Gewaltdarstellungen und Pornographie stumpft die Spiegelneuronen-Aktivität im Empfängergehirn bewiesenermaßen ab. Im Hirnscan zeigen die entsprechenden Hirnareale eine deutlich verminderte Aktivität – oder reagieren gar nicht mehr.

Weil er frühzeitig und daher langfristig in die physiologische Entwicklung von Hirnstrukturen eingreift, ist bei Kindern der Abstumpfungseffekt, den Gewalt- oder Pornographie-Konsum an den Spiegelneuronen auslöst, um ein vielfaches intensiver als bei erwachsenen Konsumenten. Studien belegen auch, dass das Gehirn eines achtjährigen Kindes nur zu 22% genetisch geprägt ist – es sind vor allem Umwelterfahrungen, die das junge Gehirn prägen.

Konsumieren Heranwachsende regelmäßig Gewaltspiele oder Pornographie, verändert sich ihr Gehirn langfristig. Die Aktivität der Spiegelneuronen vermindert sich signifikant oder stumpft vollkommen ab, bis im schlimmsten Fall der Betroffene nicht mehr in der Lage ist, Mitgefühl zu empfinden.

Dem Menschen wurde die Fähigkeit in die Wiege gelegt, mit anderen mitzufühlen und deren Leid nachzuempfinden – eine wundervolle, genetische Anlage, die uns davor bewahren könnte, Grenzen zu überschreiten, Kriege zu führen und andere Menschen zu verletzen; sie ist die Basis einer sozialen Gesellschaft.

Es ist eine neurologische Tatsache, dass unser Mitgefühl durch destruktive Unterhaltungsprogramme zerstört wird. Machthungrige Menschen ohne Empathie und moralische Hemmungen haben uns in schreckliche Kriege geführt und viel Leid erzeugt. Heute weiß man, dass das Gehirn eines solchen *Psychopathen* und *Soziopathen*[66] keinerlei Spiegelneuronen-Aktivität aufweist.

Exkurs Psychopathen:

Bei circa 3-5% der Bevölkerung reagieren die Spiegelneuronen nicht auf das Leid anderer; Spiegelneuronen sind in den Gehirnen von *Psychopathen* und *Soziopathen* nicht aktiv.

Wissenschaftler vom psychiatrischen Institut des Londoner King's College haben nachgewiesen[67], dass Psychopathen in jenen Bereichen des Gehirns, die für das Verständnis von Emotionen zuständig sind, deutlich weniger *graue Hirnmasse*[68] haben als andere Menschen.

---

(66) Mit dem Begriff Soziopath bezeichnet man entweder eine psychopathische Person, die nur eingeschränkt oder gar nicht fähig ist, Mitgefühl zu empfinden und die Konsequenzen des eigenen Handelns abzuwägen, oder es handelt sich um eine zwar nicht psychopathische Person, die zur Empathie fähig ist, sich aber antisozial verhält.

(67) https://www.kcl.ac.uk/ioppn/news/records/2012/May/The-antisocial-brain.aspx (07.11.2017)

(68) Die sogenannte *graue Substanz* besteht aus Nerven- und Gliazellen, die weiße Substanz hingegen aus markhaltigen Nervenfasern. Die *graue Masse* enthält die informationsverarbei-

Zeigt man Psychopathen Bilder von Folteropfern, Verbrechen oder hungernden Kindern und beobachtet im Hirnscan ihre Hirnaktivität, bleiben die entsprechenden Areale inaktiv; die Personen zeigen keinerlei neuronale Reaktion auf das Leid anderer, und sie empfinden auch kein Mitgefühl.[69]

Als Auslöser für eine psychopathische Persönlichkeitsstruktur galten bislang widrige und lieblose Lebensumstände in den ersten Lebensjahren, die vor allem vom Psychopathen selbst gern so benannt werden. Neuere Studien legen hingegen eine genetische Disposition nahe. Dem Psychopathen gelingt zwar ansatzweise die kognitive Perspektivenübernahme seines Gegenübers – diese nutzt er aber, um andere besser manipulieren zu können. Daher kommt es zu keiner echten emotionalen Anteilnahme. Er fühlt nicht mit, und das Leid anderer lässt ihn innerlich kalt.

Dennoch sind Psychopathen selten die kaltblütigen Massenmörder, wie sie uns die Filmindustrie präsentiert. Sie sind eloquent, engagiert und fest in der Gesellschaft etabliert. Mit ihrem Charme oder ihrer sexuellen Anziehungskraft nehmen sie andere hemmungslos und gezielt für sich ein, um ihre Macht zu vergrößern. Psychopathen und Soziopathen lügen, betrügen und bereichern sich auf Kosten anderer – ohne schlechtes Gewissen.

Wenn sie enttarnt werden, weisen sie jede Schuld von sich und stellen sich als Opfer ihrer Geschichte, des Elternhauses oder der Umwelt dar. Sie gleichen in ihrem Verhalten Raubtieren, die sich ihre Umwelt Untertan

---

tenden Zentren, die weiße hingegen bildet die Vernetzung dieser Zentren.
(69) Zum Gehirn von Psychopathen siehe auch:
https://www.aerzteblatt.de/archiv/132442/Psychopathen-Charaktistische-Merkmale-des-Gehirns (07.11.2017) sowie:
https://www.ncbi.nlm.nih.gov/pubmed/22149911?dopt=Abstract (07.11.2017)

machen, und verfügen in der Regel über hohe Intelligenz und Anziehungskraft. Überdurchschnittlich häufig sind Psychopathen und Soziopathen in Positionen zu finden, die Durchsetzungskraft und Willen erfordern, da sie in der Lage sind, rücksichtslos und ohne Skrupel ihre Ziele zu verfolgen.

Hierfür täuschen sie gute Absichten vor – das Wohl anderer ist ihnen jedoch vollkommen egal. Weil sie genau wissen, was die Gesellschaft erwartet, geben sie sich nach außen hin vorbildlich und angepasst. Ihr eigentliches Bestreben jedoch zielt darauf ab, die eigenen Interessen durchzusetzen und die Umwelt zu dominieren.

Sie engagieren sich in der Politik, Wirtschaft und im Leistungssport, weil sie hier zu erheblicher Macht und Ansehen gelangen können. Da die Spiegelneuronen in ihrem Gehirn inaktiv sind, fällt es ihnen leicht, über die Gefühle anderer hinwegzugehen, sie zu verletzen oder auszutricksen – moralische Hemmschwellen kennen sie nicht. Um ihr Ansehen zu erhöhen, engagieren sie sich in Ämtern und Vereinen. Sie präsentieren sich selbst gerne als moralisch überlegen, sind aber in der Lage, Menschen psychisch und physisch zu quälen, zu belügen und zu betrügen.

Interessant ist:

> Im Gehirn von Menschen, die ausgiebig mediale Gewalt konsumieren, bleiben empathische Reaktionen genauso aus wie im Gehirn eines Psychopathen.

Das Gehirn

Jeder Gedanke und jede Handlung, jedes Wort und jede Emotion sind das Ergebnis neuronaler Prozesse, die im Wechselspiel der Biochemie unseres Gehirns automatisch ablaufen. Das menschliche Gehirn arbeitet wie ein biologischer Supercomputer, der selbstgesteuert alle geistigen und körperlichen Prozesse aktiviert und reguliert.

Unser Biocomputer speichert Wissen und bedeutungsvolle Erfahrungen und ruft sie automatisch wieder ab. Dies versetzt uns in die Lage, sofort handlungsfähig zu sein; in Lichtgeschwindigkeit verarbeitet das Gehirn alle eintreffenden Wahrnehmungen und interpretiert sie im Netzwerk seiner Strukturen und unserer Erfahrungen.

Wenn wir einen Raum betreten, wissen wir sofort, ob wir uns in einer Küche oder einem Büro befinden. Wir brauchen nicht nachzudenken, die Einzelteile zusammenzufügen und zu analysieren, das übernimmt unser Gehirn im Alleingang, ohne dass wir etwas davon bemerken. In Bruchteilen von Sekunden teilt das Gehirn dem Bewusstsein das Ergebnis seiner unbewussten Datenanalyse mit, und wir wissen sofort, wo wir sind und was gerade geschieht.

Bei jedem neu eintreffenden Reiz ruft das Gehirn sofort alle passenden Informationen von der geistigen Festplatte ab, ohne langwierige Denkprozesse. Das hat Vorteile und Nachteile, denn wir interpretieren unsere Welt und unsere Erlebnisse unbewusst immer vor dem Hintergrund unserer Vorerfahrungen.

Die Evolution brauchte mehr als 650 Millionen Jahre, um aus dem ersten, äußerst einfachen Nervensystem der Tierwelt das beeindruckend komplexe, sich selbst organisierende System des menschlichen Gehirns zu entwickeln. Die Evolutionstheorie geht davon aus, dass sich vor etwa drei Millionen Jahren aus den Affenahnen unsere Spezies entwickelt hat; in einer von der Evolution her betrachtet eigentlich viel zu kurzen Zeitspanne soll das Gehirn um ein Vielfaches gewachsen sein.

Die Gründe hierfür lassen sich wissenschaftlich nicht klären – denn der Affe der Urzeit war bestens an seine Umwelt angepasst. Eine Veränderung von Umweltbedingungen kann als Auslöser für den rasanten Entwicklungssprung zum menschlichen Gehirn ebenfalls ausgeschlossen werden.

In der Wissenschaft wird dieses Rätsel um den menschlichen Ursprung – das Fehlen einer Zwischenform in der Entwicklungsreihe vom menschenaffenähnlichen Vorfahren zum Menschen – als *missing link* bezeichnet. Die Entwicklung des menschlichen Gehirns lässt sich infolgedessen nicht erklären.

Wir haben uns an die gängige Evolutionstheorie gewöhnt und akzeptieren ihre Vorstellungen von der Hominisation[70] – es gibt keine plausible, alternative Erklärung. Trotz der offensichtlich großen Unterschiede zwischen Mensch und Affe beträgt die genetische Übereinstimmung fast 99%. Es gibt nur einen winzigen, genetischen Unterschied, der außerordentlich bedeutsam ist.

Dieser entscheidende Unterschied findet sich in der Entwicklung des Frontalhirns; dieses hat sich nur beim Menschen und beim Delphin in dieser Form entwickelt. Die Aktivitäten in den Arealen des Frontalhirns machen es möglich, uns selbst und unser Leben zu reflektieren, unsere Zukunft zu planen, vorausschauend zu denken und moralisch zu handeln.

Das Frontalhirn dient als eine Art inneres Kontroll-

---

(70) Während der Hominisation bzw. Anthropogenese bildeten sich die körperlichen Eigenschaften sowie geistigen Fähigkeiten des Menschen heraus: der aufrechte Gang, Gebiss, eine Verschiebung des Beginns der Geschlechtsreife, die Vergrößerung des Gehirns und die daraus folgenden Fähigkeiten, die Mensch und Menschenaffen voneinander unterscheiden.

zentrum, es korrigiert Fehler, bremst unangemessene Handlungsimpulse und nimmt Bewertungen vor. Menschen, die eine geringe Aktivität in den Arealen des Frontalhirns aufweisen, folgen ungehemmt ihren Affekten und Trieben, zeigen sich mitgefühllos und können andere skrupellos körperlich und seelisch verletzen.

Untersuchungen im Hirnscan ergeben, dass Psychopathen, Gewalttäter und gar „Vielseher"[71] in diesen Hirnarealen weniger oder gar keine Aktivität aufweisen.[72] Damit sich die Funktionen in den Arealen des Stirnhirns optimal entwickeln können, müssen sie gefördert und stimuliert werden – wie alle anderen menschlichen Fähigkeiten. Einseitige Reize oder widrige Umstände in den ersten Lebensjahren können die Entwicklung des Stirnlappens verzögern oder gar unterdrücken.

Das Frontalhirn, das auch als Sitz von Empathie und Spiritualität gilt, ist beim Menschen erst im Alter von 21 Jahren voll ausgereift und entwickelt. Aufgrund der langen Reifezeit dieser Hirnregion können Kinder und Jugendliche noch nicht im vollen Umfang vorausschauend denken oder vernünftig handeln – Handlungskontrolle und Vernunft entwickeln sich erst im Lauf der Jahre.

Auch soziale Kompetenzen, Kreativität, Intuition, Präkognition sowie ethische und moralische Wertvorstellungen gehören zu den Leistungen, die dem Frontalhirn zugeordnet werden.

Betrachtet man die lange Reifezeit des menschlichen Gehirns, liegt der Schluss nahe, dass die Evolution auf die Höherentwicklung menschlicher Hirnstrukturen und damit des Bewusstseins abzielt. Unsere Geschichte scheint dies zu bestätigen. In den letzten Jahrhunderten sind wir durch den Prozess der Zivilisation und der Industrialisie-

---

(71) Wolfgang Schweiger *(2007). Theorien der Mediennutzung: Eine Einführung.* Verlag für Sozialwissenschaften

(72) http://www.wissenschaft.de/leben-umwelt/psychologie/-/journal_content/56/12054/914497/Blick-ins-Psychopathen-Hirn/ (07.11.2017)

rung gegangen, nach einem „Leben auf der Scheibe" haben wir nicht nur den Erdball entdeckt – wir sind bis ins Universums und in die Welt der Quanten vorgedrungen.

Dieser Erkenntnisgewinn geht vor allem auf das Leistungsvermögen unseres Frontalhirns zurück. Wir haben Ideen und Phantasie, wir dichten, forschen, analysieren und imaginieren, wie sich unser Leben entwickeln und gestalten könnte. Wir fragen nach dem Sinn des Lebens und streben nach einer friedvollen, gerechten Welt. Kontinuierlich haben sich unsere moralischen und sozialen Werte weiterentwickelt, und immer mehr Menschen setzen sich heute für Weltfrieden, Naturschutz und die Schwächeren ein. Nach einer langen Zeitspanne der Verwissenschaftlichung geben wir nun auch der Spiritualität und dem Glauben wieder mehr Raum.

Wir versuchen, die Natur zu achten, und sind bemüht, unsere Kinder respektvoll zu erziehen. Das sind neue Impulse des kollektiven Bewusstseins, die sich mit der Präsenz von Umweltzerstörung, Naturkatastrophen und Terroranschlägen immer weiter verbreiten und entwickeln.

Der Mensch lernt aus seinen Erfahrungen, und so sind wir im Verlauf der menschlichen Evolution deutlich sozialer und gewaltfreier geworden. Wir unterhalten uns nicht mehr mit Gladiatorenkämpfen, sondern demonstrieren gegen Folter, Unterdrückung und Atomkraft. Eltern wollen heute, dass sich ihre Kinder frei entfalten können, und viele Menschen bemühen sich darum, ihrem Nachwuchs Werte zu vermitteln, die sie zu sozialem Miteinander und einem selbstbestimmten Leben befähigen.

Trotz all dieser Entwicklungsschritte und Bewusstseinssprünge zeigen sich Kinder und Jugendliche unserer Zeit jedoch gewaltbereiter denn je: Das Phänomen Jugendgewalt hat sich völlig gegensätzlich zu unserer sozialen Evolution entwickelt, es passt nicht in die soziale und hirnphysiologische Entwicklungsgeschichte unserer Spezies.

Es gibt keine rückläufige Evolution; was wir mit dem Phänomen Jugendgewalt erleben, ist kein natürlicher Prozess, es ist ein Produkt des Medienzeitalters. Kinder lernen aus den schonungslosen Unterhaltungsprogrammen. Mit jeder koppelnden Gewaltdarstellung, die es empfängt, verändert ein junges Gehirn seine neuronale Struktur. Durch die animalischen Anteile, die wir in unseren Genen tragen, gehören Kampfbereitschaft und Aggressionen ebenso zur menschlichen Natur wie Mitgefühl und Spiritualität. Beide Pole sind fest in unseren Hirnstrukturen verankert.

Gewaltdarstellungen sprechen uns daher an. Der Einsatz von Gewalt und die Bereitschaft zum Kampf ums Überleben sind unser evolutionäres Erbe aus der Vorzeit. Diese genetische Mitgift wird repräsentiert durch den stammesgeschichtlich ältesten Teil des menschlichen Gehirns: das sogenannte REPTILIENHIRN oder STAMMHIRN, ein Erbe unserer vermuteten Urahnen, der Reptilien.

Wie bei Reptilien lenkt der HIRNSTAMM auch beim Menschen die Stress- und Überlebensreaktionen. Kampfbereitschaft, Fluchtreaktion, Aggression und sexueller Trieb werden vom Reptilienhirn aktiviert, um das Überleben zu sichern. Wie in allen Hirnarealen erhöht sich auch das Aktionslevel des Hirnstamms, je öfter und intensiver er angesprochen wird. Fiktionale Gewalt und Pornographie sind Futter für das Reptilienhirn und führen zu einer erhöhten Aktivität in diesem Hirnbereich.

Was immer unser Gehirn regelmäßig aufnimmt führt zu einer Aktivierung und Verstärkung der neuronalen Vernetzungen in den davon angesprochenen Arealen. Die Schaltkreise unseres Gehirns passen sich unserer Lebensführung und den wiederkehrenden Reizen an. Ständig erweitert das Gehirn im Automatikbetrieb die neuronalen Programme und Strukturen, die uns in unserer eigenen, einzigartigen Art und Weise denken, fühlen und handeln lassen.

Neuronale Schaltkreise, die aufgrund von wiederkehrenden Erfahrungen häufig oder regelmäßig angesprochen werden, prägen sich dementsprechend stärker aus – dagegen verkümmern Bereiche, die nicht genutzt oder stimuliert werden. Die Vorgänge in unseren Hirnstrukturen folgen dem gleichen Prinzip wie der Muskelaufbau des Körpers: je intensiver wir einen Muskel trainieren, desto stärker prägt er sich aus.

Soziale Kompetenzen, körperliche und geistige Fähigkeiten und die daraus resultierenden neuronalen Vernetzungen im Gehirn erweitern und verändern sich mit jeder bedeutsamen Erfahrung – und das lebenslang. Neuronale Muster, die in der frühen Kindheit ausgebildet werden, dienen als Grundlage für alle weiteren Erfahrungsmöglichkeiten.

Diese Grundstrukturen sind lebenslange Determinanten für alle weiteren Entwicklungsmöglichkeiten. Wir können aufgrund prägender Kindheitserfahrungen zu mitfühlenden, warmherzigen und prosozialen Menschen werden, deren Frontalhirn äußerst aktiv ist – oder wir erleben entsprechende frühkindliche Erfahrungen und agieren daraufhin überwiegend im Reptilienhirnmodus, was uns triebhaft, kämpferisch, kaltherzig und unsozial werden lässt. Das menschliche Gehirn ist ein geniales, sich selbst organisierendes und sich ständig neu erschaffendes System, das im Automatikbetrieb unser Bewusstsein und unsere Gedanken erzeugt.

Jeder Mensch kann die Welt nur im Rahmen seiner neuronalen Möglichkeiten erfassen und verstehen. Das, was wir glauben, im Außen zu sehen, ist im Grunde nur der bewusste Spiegel dessen, was wir unbewusst bereits in uns tragen. Jede neue Erfahrung erweitert und bestätigt die vorhandene Struktur, da wir nur das wahrnehmen, was unser Gehirn in den bestehenden neuronalen Mustern verarbeiten kann.

In diesen Prozessen übernimmt unsere Aufmerksamkeit eine Schlüsselrolle: sie bestimmt, welche Reize wir bewusst wahrnehmen und welche nicht. Unbewusst richtet sich unsere Aufmerksamkeit immer auf das, was auf unserer neuronalen Festplatte bereits als bedeutungsvoll gespeichert und verankert wurde und somit anscheinend von Interesse und Wichtigkeit für uns ist. Unsere Vorerfahrung gibt dabei vor, worauf sich unsere Aufmerksamkeit richtet und wie wir diese Eindrücke bewerten und im Gehirn verankern.

Wir nehmen bevorzugt jene Informationen aus der Umwelt wahr, zu denen wir einen inneren Bezug herstellen und die uns aufgrund von unseren Erfahrungen, Interessen oder unserer Stimmung ansprechen und berühren.

Themen, die uns beschäftigten, werden verstärkt im außen wahrgenommen. Frauen mit Kinderwunsch sehen überproportional häufig Schwangere und Kinderwagen. Wer einen Trauerfall erlebt, nimmt plötzlich viel öfter Bestattungsunternehmen und Leichenwagen wahr. Die Welt, die wir sehen, spiegelt ständig unsere inneren Themen wider.

Welchen Interpretationsrahmen unser Gehirn für die Umwelteindrücke bereitstellt, hängt maßgeblich von unseren prägenden Kindheitserfahrungen ab. Das Gehirn versucht ohne Unterlass, die bestehende Informationsstruktur zu bestätigen und sinnvoll zu erweitern; dies bemerken wir gar nicht. Eindrücke oder Informationen, zu denen wir keinen emotionalen Bezug herstellen können, werden nicht langfristig, neuronal verankert. Wollen wir Fähigkeiten und Fertigkeiten ohne emotionale Beteiligung erwerben, müssen wir sie mühsam und durch ständige Wiederholung erlernen. Wir alle kennen das aus unserer Schulzeit. Sinnloses Lernmaterial verankert sich schwieriger – wir brauchen länger, mehr Wiederholungen.

Unsere Hirnstrukturen haben den biologischen Auftrag, sich lebenslang auszubilden und zu verändern, um uns optimal an unsere Lebensumstände anzupassen. Daher nutzt unser Gehirn den Grad unserer emotionalen Reaktion als Maßstab für die Intensität von Neurotransmitter-Ausschüttungen und neuronalen Kopplungen. Fiktionale Reize, die uns emotional berühren, haben die gleiche Wirkung in unserem Gehirn wie reale Eindrücke – Emotionen, die wir bei Computerspielen und Filmen erleben, lösen die gleichen biochemischen Reaktionen aus wie real Erlebtes.

Die stärksten neuronalen Effekte erzeugen Fiktionen, die das Gehirn eines Kindes emotional berühren
– denn je jünger das Gehirn ist, desto formbarer und lernbereiter sind seine Strukturen.

Informationsverarbeitende Prozesse im Gehirn

Heute werden rund um den Erdball jeden Tag Millionen von Menschen aller Altersgruppen mit Gewaltdarstellungen, Schreckensmeldungen und Pornographie unterhalten. Lange Zeit war es uns nicht möglich, Einblicke zu erhalten, was im Gehirn beim Konsum von Gewalt und Pornographie geschieht. Erst mit dem Einsatz von Hirnscans kann der Nachweis erbracht werden, dass fiktionale Gewalt und Pornographie Effekte auf die Hirnaktivität des Konsumenten haben.

Brutale und pornographische Unterhaltungsangebote haben die *stärkste* Wirkung auf Kinder und Jugendliche. Die jungen Hirnstrukturen sind inmitten der Entwicklung – sie sind durch den speziellen Mix und die hohe Konzentration der Nervenbotenstoffe besonders lernfähig und formbar. Emotional berührende Bildschirmerfahrungen erzeugen daher eine tiefgreifende Wirkung in jungen Gehirnen, sie können das Denken, Fühlen und Handeln unbemerkt beeinflussen – wie bei einem *Mindprogramming-Effekt*.

Wenn wir uns anschauen, wie das menschliche Gehirn Informationen verarbeitet, Erinnerungen speichert und Denkvorgänge, Gefühle und Handlungen steuert, beginnen wir zu verstehen, wie neuronale Programmierungseffekte auch durch frühzeitigen oder regelmäßigen Gewalt- und Pornographie-Konsum erzeugt werden. Jeder Reiz, den unsere Sinnesorgane empfangen, wird als elektrischer Impuls über die Nervenbahnen in die entsprechenden Hirnareale übermittelt. Die erste emotionale Analyse und Bewertung des eintreffenden Reizes erfolgt blitzartig und völlig unbewusst im MANDELKERN, der AMYGDALA, die sich im Limbischen System des Zwischenhirns befindet.

In Sekundenbruchteilen wird im Mandelkern darüber entschieden, ob wir auf den neuen Reiz mit Lust oder Unlust reagieren. Hier erfolgt eine erste (unbewusste) emotionale Einfärbung des Reizes, die bestimmt, welcher Art die biochemische Ausschüttung ist und in welcher Intensität sie an den Synapsen erfolgt.

Nervenbotenstoffe bzw. Neurotransmitter-Ausschüttungen geben nun vor, welche neuronalen Netzwerke zur Verarbeitung abgerufen werden und wie der Reiz emotional und im Hinblick auf seinen Informationsgehalt bewertet wird. Blitzartig bilden sich neuronale Kopplungen zwischen den aktivierten Netzwerken und ihren Inhalten.

Welche Emotionen Umweltreize in uns auslösen, hängt von verschieden Faktoren ab: kulturelle und religiöse Prägung, sozialer Hintergrund, unsere Bildung und Erziehung bestimmen mit, welche Emotionen in uns ausgelöst werden und wie wir Eindrücke bewerten und erleben. Am bedeutsamsten in diesen Verarbeitungsprozessen ist aber unsere persönliche Lebensgeschichte mit all ihren wichtigen Erfahrungen und gespeicherten Erinnerungen, die unbewusst vorgeben, wie wir auf die Umwelt reagieren und welche Gefühle in uns geweckt werden. Jede bedeutsame Erfahrung wird biochemisch in den Hirnstrukturen verankert und steht fortan zur Informationsverarbeitung und als Reaktionsprogramm zur Verfügung. Wer von einem Hund gebissen wurde, wird bei Begegnungen mit Hunden Angst spüren. Das Gehirn hat das Erlebnis mit Angst und Schmerzen gekoppelt und demgemäß abgespeichert. Körper und Psyche reagieren dann bei Hundebegegnungen automatisch mit Stress-Symptomen, selbst wenn der Hund angeleint ist und keine Gefahr darstellt.

Jede Erfahrung, die schmerzhaft oder bedrohlich ist,

verankert das Gehirn in besonders stabiler Weise; werden wir mit einem Eindruck oder Erlebnis konfrontiert, das (unbewusst) eine alte Erfahrung abruft, löst das Gehirn sofort die gespeicherten und bewährten Reaktionsprogramme aus: entweder kämpfen oder flüchten wir.

Unbewusst suchen wir bevorzugt Situationen auf, die in emotionaler Resonanz oder in einem emotionalen Bezug zu unseren prägenden Lebenserfahrungen stehen. Wir entwerfen unsere Lebenserfahrungen immer wieder im Rahmen der neuronalen Möglichkeiten unserer biochemischen Matrix – und zwar in den bekannten Mustern. Die informationsverarbeitenden Prozesse des Gehirns arbeiten in dieser Hinsicht äußerst ökonomisch, begrenzen damit aber auch unsere Erfahrungsmöglichkeiten.

Es ist uns kaum möglich, über den Tellerrand unserer etablierten Hirnstrukturen hinauszuschauen. Unser Gehirn bestätigt seine Strukturen immer wieder aufs Neue. Wie ein gigantischer Supercomputer zeichnet es von Geburt an jede bedeutungsvolle Erfahrung neuronal auf und archiviert sie in seinen Datenspeichern. Alles, was wir erleben und wahrnehmen, wird blitzartig mit den bereits gespeicherten Daten auf unserer geistigen Festplatte abgeglichen. Wir nehmen die Welt und unsere Mitmenschen niemals objektiv wahr, sondern immer durch die Brille unserer Vorerfahrungen, die automatisch vom Gehirn abgerufen werden, sobald ein neuer Reiz eintrifft.

Jeder eintreffende Eindruck wird mit den bereits gespeicherten Daten abgeglichen und vor deren Hintergrund bewertet. Vergangene Erfahrungen und Wahrnehmungen geben somit vor, wie wir gegenwärtige Erfahrungen und Wahrnehmungen erleben und deuten.

Wiederholen sich emotionale Erfahrungen, ist die Biochemie unseres Gehirns auf diese Muster eingespielt – die Hirnstrukturen sind in eine bestimmte Richtung vorprogrammiert, und wir folgen unbewusst den neuronalen Spuren unserer Vergangenheit und ihren bedeutsamsten Erfahrungen.

Biochemische Ausschüttungen und elektrische Signale, die Reize an Nervenzellen auslösen, bewirken neuronale Kopplungen zwischen den Zellen – so entstehen neuronale Netzwerke im Gehirn. In diesen neuronalen Netzwerken werden unser gesamtes Wissen und alle wichtigen Erfahrungen repräsentiert und zum Abruf bereitgehalten. Jeder im Gehirn eintreffende Reiz aktiviert automatisch ein passendes neuronales Netzwerk, dessen Inhalte an das Bewusstsein übermittelt und für Denkprozesse zur Verfügung gestellt wird.

Bild 7 Neuronale Kopplungen

Über diese Vorgänge haben wir kein Bewusstsein und keine Kontrolle. Sie erfolgen automatisch, und das befähigt uns, blitzschnell Gedanken, Gefühle und Handlungen hervorzubringen. Unbewusste und automatisierte Verarbeitungsprozesse bestimmen ständig, wie wir denken, fühlen und handeln. Wir glauben zwar, dass wir bewusst entscheiden und handeln, doch in Wirklichkeit können wir den unbewusst vorgegebenen Rahmen, den die Biochemie unseres Gehirns bereitstellt, nicht verlassen – und so reagieren wir immer im Rahmen unbewusster Vorgaben.

Die geistige Software, die unser Denken, Fühlen und Handeln lenkt, schreibt das Gehirn. Es arbeitet dabei im Autopilot und ist ein sich selbst erzeugendes System. Wiederkehrende Emotionen und Reize erschaffen dabei neuronale Strukturen, die zu Hauptstraßen unseres Denkens, Fühlens und Handelns werden. Werden geistige Netzwerke oft und intensiv angesprochen, wachsen die Strukturen zu neuronalen Schnellstraßen und Autobahnen heran, die blitzartig für unser bewusstes Denken, Fühlen und Handeln zur Verfügung gestellt werden. Wenig genutzte Hirnstrukturen verkümmern hingegen zu neuronalen Trampelpfaden.

Die neuronalen Strukturen unseres Gehirns erweitern sich ständig. Jede Erfahrung, die wir im Verlauf unseres Lebens machen, wirkt sich auf die Ausbildung der Hirnstrukturen aus. Der Mensch lernt ständig, nicht nur bewusst, sondern auch unbewusst. Die Hirnzellen sind die einzigen Zellen in unserem Körper, die sich lebenslang neu bilden und verbinden. Handlungsprogramme, die wir regelmäßig abrufen und ausüben, wie zum Beispiel Autofahren oder Schwimmen, werden automatisiert und laufen wie nebenbei ab, ohne dass wir darüber nachdenken. Wir können beim Autofahren schalten, bremsen und kuppeln und in Gedanken schwelgen oder uns mit dem Beifahrer unterhalten. Das Gehirn steuert diese komplexen Handlungs- und Wahrnehmungsabläufe im Alleingang, es hat sie automatisiert.

Dieser geniale Automatikbetrieb unseres Biocomputers bestimmt auch, welche Gedankengänge, Emotionen und Handlungsimpulse in uns ausgelöst werden. Fast immer spulen wir, ohne es zu bemerken, neuronale Verarbeitungs- und Reaktionsprogramme ab, die unser Gehirn im Verlauf unserer Entwicklung entwickelt und verankert hat.

Neue Erfahrungen und Informationen werden sofort emotional bewertet und codiert und in die neuronalen Netzwerke integriert, die auf diese Emotion anspringen. Dabei gibt die Stärke der erlebten Emotion die Wichtigkeit des neuen Reizes für unser System vor.

Alles, was uns emotional in besonderer Weise berührt, speichern wir auch in besonderer Weise ab. So ist es für das Gehirn möglich, vermeintlich wichtige Informationen schnell abrufen zu können, um sie dem Bewusstsein zur Verfügung zu stellen.

Gedankengänge und Handlungsmuster sind so gesehen lediglich neuronale Programme, die durch einen passenden Auslösereiz an das Bewusstsein übermittelt werden, sobald sie in der biochemischen Logik des Gehirns stimmig und sinnhaft erscheinen.

Im menschlichen Gehirn kommunizieren permanent 100 Milliarden Nervenzellen miteinander – pro Sekunde geschehen 10 Billionen Rechenoperationen. Aus der täglichen Datenflut, die unser Nervensystem erreicht, filtert das Gehirn automatisch jene Reize heraus, die im Rahmen unserer neuronalen Erfahrungsmatrix wichtig und bekannt erscheinen. Unsere Aufmerksamkeit wird unbewusst immer auf das gerichtet, wofür es im Gehirn ein Verarbeitungsmuster gibt. Jede bewusste Wahrnehmung ist somit unbewusst vorgegeben.

Bewusst erfassen wir nur Eindrücke, die unser Gehirn blitzartig erkennt, weil es dafür bereits neuronale Muster entwickelt und angelegt hat. Von den 11 Millionen Bit Sinneswahrnehmungen an Tasten, Sehen, Hören, Riechen und Schmecken, die das Gehirn pro Sekunde verarbeitet, gelangen lediglich 16 Bit in das ULTRAKURZZEIT-GEDÄCHTNIS – nur 0,0004% aller Umweltdaten werden uns bewusst.

Im Ultrakurzzeit-Gedächtnis werden die Informationen kurzfristig in Form von elektrischen Impulsen gespeichert. Wenn sie keine Aufmerksamkeit finden, verblassen sie nach 10 bis 20 Sekunden. So wird uns nur ein verschwindend geringer Prozentsatz aller Eindrücke, die wir wahrnehmen, tatsächlich bewusst.

Wir glauben, bewusst durchs Leben zu gehen – doch das stimmt nicht. Das *Ultrakurzzeitgedächtnis* fungiert wie ein sensorischer Speicher, der die relevanten Informationen auswählt und an das *Kurzzeitgedächtnis* weiterleitet; dort werden die Informationen in Form einer RNA MATRIZE, eine Art Druckvorlage für die Bildung von Gedächtnismolekülen, für circa 20 Minuten gespeichert.[73] Die RNA Matrize gibt die Informationen an das LANGZEITGEDÄCHTNIS weiter. Entsprechend der Druckvorlage der übermittelten RNA bilden sich im Langzeitgedächtnis Aminosäuremoleküle, die zur festen Verankerung der Daten an den Nervenzellen führen.

Inhalte, die nicht in Form von Proteinen von einer RNA Matrize kopiert wurden, verblassen in der Erinnerung. Informationen dagegen, die mit starken Emotionen, vielen Gedankengängen, inneren Vorstellungen oder Bildern verbunden sind, werden auf die Molekularebene überführt, wodurch sich die Inhalte stabil und langfristig in den Hirnstrukturen verankern.

Diese Daten sind jederzeit wieder abrufbar und werden schnell und leicht wieder erinnert, um für kognitive Verarbeitungsprozesse zur Verfügung zu stehen. Die neuronalen Programmspuren, die uns unbemerkt lenken, werden vom Gehirn aber nicht durch Intelligenz- oder Erkenntnisleistung entwickelt, sondern durch unsere emotionalen Reaktionen: Unsere Gefühle lösen die elektrischen und biochemischen Vorgänge an den Nervenzellen aus, die bestimmen, was neuronal verankert wird.

Das Gehirn vertraut auf unsere Gefühle. Ihre Intensität aktiviert die Neurotransmitter-Ausschüttungen, die für die Informationsübertragung an den Synapsen sorgen. Die aktivierte Nervenzelle, die die biochemische Information aussendet, schickt den entsprechenden Botenstoff zur Empfängerzelle. Nach der Übertragung der Information werden die Botenstoffe von der sendenden Nervenzelle mittels einer kleinen Pumpe wiederaufgenommen. Je öfter eine Verbindung zwischen zwei Nervenzellen erfolgt, desto stabiler

---

(73) In der Genetik ist Matrize eine Bezeichnung für einen Quell-DNA- oder -RNA-Strang; daran wird eine komplementäre DNA oder RNA synthetisiert. Die RNA (Ribonukleinsäure) ist ähnlich wie die DNA ein aus Nukleotiden bestehender Strang, der bei der Proteinbiosynthese von zentraler Bedeutung ist.

wird die neuronale Kopplung zwischen diesen Zellen und desto schneller kann dieser neuronale Schaltkreis durch entsprechende Reize und Emotionen wieder aktiv werden.
Für die biochemische Signalübertragung zwischen den Nervenzellen stehen dämpfende und erregende Neurotransmitter zur Verfügung. Sie regulieren unsere Stimmung, Leistungsfähigkeit, Aufmerksamkeit, Konzentration, Kreativität und Gedächtnisleistung. Die wichtigsten Neurotransmitter, die durch unsere Nervenbahnen geleitet werden, sind Dopamin, Serotonin, Noradrenalin, Adrenalin, Cortisol und Acetylcholin. Sie sind für die komplette Informationsübertragung im Gehirn zuständig und steuern die physiologischen, psychischen und kognitiven Vorgänge unseres Systems.

DOPAMIN ist zuständig für Freude, Begeisterungsfähigkeit, Kreativität und zielgerichtetes Handeln, für die Kommunikation und für unsere Lust. Es steuert Funktionen wie Stimmung, Verhalten, Schlaf, Aufmerksamkeit, Lernverhalten, die motorische Aktivität und gilt als Antreiber-Botenstoff.

SEROTONIN ist ebenfalls ein zentraler Stimmungsmacher; er kontrolliert den Appetit, unsere Träume, das Verhalten, das psychische Befinden und den Sexualtrieb. Ein ausgeglichener Serotoninspiegel macht uns satt, zufrieden, entspannt, besonnen und souverän. Serotonin steuert außerdem die Motivation, den Wachheitsgrad, die Aufmerksamkeit und die geistige Leistungsbereitschaft.

NORADRENALIN wird in Stress-Situationen ausgeschüttet; es steuert ebenfalls die Motivation, den Antrieb, den Wachheitsgrad, die Aufmerksamkeit und die geistige Leistungsbereitschaft.

ADRENALIN ist wie Noradrenalin ein Stresshormon; es

hat die Aufgabe, den Körper auf Kampf oder Flucht vorzubereiten. Es sorgt dafür, dass unser Herz schneller und kräftiger schlägt, reduziert das Schmerzempfinden, erweitert die Atemwege und ist dafür verantwortlich, dass die Muskulatur stärker durchblutet wird, der Blutdruck steigt und die Darmtätigkeit reduziert wird. Bei körperlicher und seelischer Belastung wird Adrenalin verstärkt ausgeschüttet – ebenso wie bei Sauerstoffmangel und Unterzuckerung.

ACETYLCHOLIN ist der am längsten bekannte Nervenbotenstoff und maßgeblich für die Lernvorgänge im Gehirn verantwortlich. Im Alter reduziert sich die Produktion dieses Botenstoffes, deshalb fällt älteren Menschen das Lernen häufig schwerer. Die höchste Konzentration von Acetylcholin findet sich im Gehirn von Kindern und Jugendlichen. Acetylcholin ist an allen kognitiven Prozessen und an der Gedächtnisbildung beteiligt und gilt als der wichtigste Nervenbotenstoff des peripheren Nervensystems. Die Verdauung, der Blutdruck, die Atmung und der Stoffwechsel werden ebenfalls vom Acetylcholin gesteuert. Wird die Acetylcholinproduktion blockiert, ist das gesamte periphere Nervensystem lahmgelegt – es kommt zum Tod durch Ersticken.

GABA ist ein hemmender Nervenbotenstoff im Gehirn. Wird dieser Neurotransmitter freigesetzt, ist die Erregbarkeit an der Nervenzelle herabgesetzt. In verschiedenen psychoaktiven Medikamenten wird Gaba verwendet, weil es ruhig und schläfrig macht.

CORTISOL ist ein Stresshormon, das bei körperlichem und seelischem Stress ausgeschüttet wird. Es wird in der zweiten Nachthälfte produziert. Es aktiviert den Stoffwechsel, das Immunsystem und erhöht die Körpertemperatur.

GLUTAMAT ist ein erregender Nervenbotenstoff. Er ist zuständig für die Übermittlung von Sinneswahrnehmungen, für die Bewegungssteuerung, für Lernprozesse und die Gedächtnisbildung. Bei Alzheimer Patienten ist die Freisetzung und Aufnahme von Glutamat stark beeinträchtigt.

Stabile neuronale Kopplungen entstehen also, wenn das Erregungsniveau an den Synapsen hoch ist oder ein Erregungsmuster wiederholt aktiviert wird. Aus diesen biochemischen Kopplungen bilden sich neuronale Programmspuren, die durch passende, neue Reize erneut aktiviert werden können – dies lenkt die Vorgänge des Denkens, Fühlens und Handelns in vorgeprägte Bahnen. Wenig genutzte Strukturen verkümmern, häufig genutzte dagegen verstärken und erweitern sich. Je häufiger neuronale Netzwerke aktiviert werden, desto aktiverer und verfügbarer sind diese neuronalen Programmspuren in unserem Alltag.

Bild 8: Neuronale Netzwerke

Das Bewusstsein hat dabei keinerlei Einfluss darauf, in welchen neuronalen Mustern unser Denken oder blitzartiges Bewerten erfolgen. Ihm wird lediglich eine Auswahl unbewusst aktivierter Programme zur Verfügung gestellt, aus denen der Verstand auswählen kann, was wir umsetzen. Das bewusste Denken wird neuropsychologisch betrachtet somit völlig überbewertet.

Unser Bewusstsein lässt sich mit einem Musiker vergleichen, der immer nur das Instrument spielen kann, das ihm vom Unterbewusstsein gereicht wird. Ständig stellt das Gehirn neuronale Muster zur Verfügung, die den Rahmen unserer Gedankengänge oder Reaktionen vorgeben. Auch wenn wir meinen, bewusst zu entscheiden, die Wirklichkeit in unserem Gehirn ist eine andere. Alle unsere Entscheidungen und Handlungen folgen den unbewussten Vorgaben aus den Tiefen unserer Hirnstrukturen. Wir führen aus, was unser Gehirn als stimmig vorgibt. Unbewusste Hirnprozesse geben somit unbemerkt vor, was wir später glauben, bewusst entschieden zu haben.

In der Neurophilosophie spricht man deshalb von der *Benutzer-Illusion* des Ichs. Das Ich-Bewusstsein agiert lediglich in dem neuronalen Rahmen, der unbewusst bereits vorgegeben ist. Im Alltag wird uns das nicht bewusst – und das ist auch gut so. In der Regel können wir uns darauf verlassen, dass unser Unterbewusstsein neuronale Programme aktiviert, die unserem Wohl und Schutz dienen, weil sie sich in unserer Vergangenheit bewährt haben. Das Gehirn folgt der Logik unserer emotionalen, beziehungsweise biochemischen Geschichte. Es versucht, das innere und das äußere Geschehen im Rahmen unserer neuronalen Möglichkeiten zu synchronisieren.

Frühkindliche Verletzungen oder Verlusterlebnisse speichert das Gehirn besonders nachhaltig. Einem Kleinkind stehen keine Werkzeuge zur Verfügung, um emotionale Ereignisse wirklich verstehen oder angemessen bewerten zu können. Es erfasst die Welt gefühlsmäßig – und so brennen sich Verletzungen, Konflikte und Zurückweisung bei einem kleinen Kind tief ein.

Häufig bestimmen schmerzhafte Erfahrungen in unserer Kindheit (unbewusst) auch über unser Erleben und unsere Erfahrungen als Erwachsene. Viele Menschen sind lebenslang in den biochemischen Mustern alter, unerlöster Gefühle gefangen – in Verlustängsten oder Hilflosigkeit, die durch Erfahrungen von Lieblosigkeit oder Zurückweisung in der frühen Kindheit verankert wurden. Unbewusst gehen wir Verbindungen mit Partnern ein oder finden uns in Lebensumständen wieder, die die Gefühle der Kindheit wiederholen, bis wir sie geheilt und überwunden haben.

Filme und Computerspiele, die den Zuschauer emotional berühren, werden vom Gehirn auf die gleiche Weise verarbeitet wie reale Ereignisse. Informationen aus der fiktiven Bildschirmwelt fließen in unsere unbewusste Datenbank ein und haben ebenso wie reale Erfahrungen die Kraft, in den Hirnstrukturen biochemische Muster und geistige Programme zu errichten, die unbemerkt unser Denken, Fühlen und Handeln lenken können.

Affekte

Der Autopilot-Verarbeitungsmodus unseres Gehirns ist außerordentlich nützlich und macht uns in jeder Situation handlungsfähig – ohne dass wir nachdenken müssten. Er ruft im Alleingang Reaktionsprogramme und Wissen von unserer geistigen Festplatte ab und stellt sie dem Bewusstsein zur Verfügung; wir bemerken es nicht und müssen es nicht steuern. Nur der Affekt macht den Automatikbetrieb des Gehirns und die Gesetzmäßigkeiten, denen es folgt, für uns spürbar und anschaulich.

Ein Affekt ist eine besondere Qualität des Fühlens, das mit einer eingeengten Wahrnehmung einhergeht. Da Affekte jeden anderen Bewusstseinsinhalt dominieren, schränken sie das Bewusstsein auf den Anlass des Affektes ein. Sie vermindern die Bewusstheit und wenden geregelte und ausgerichtete Führung ab – nicht das „Ich", sondern ein „Es" herrscht. Affekte wirken dabei entweder antreibend oder lähmend.[74]

Körperliche Reaktionen setzen dann unkontrollierbar ein – plötzliches Weinen, Schreien, Schlagen, Treten, Erröten, Lähmungsgefühle, Schwitzen, Herzrasen, Harndrang, weiche Knie, Atemnot oder das Gefühl einer zugeschnürten Kehle. Im Affekt wechselt unser Gehirn in den vollautomatischen Modus. Ohne Umweg über das logische Denken werden passend erscheinende Reaktionsprogramme abgerufen, die mit den aktuell erlebten Gefühlen neuronal gekoppelt werden können, und direkt in eine Handlung umgesetzt. Was wir im Affekt tun, läuft unwillkürlich und blitzartig ab. Wir werden zum Zuschauer unseres eigenen Handelns.

Ob es ein Wutausbruch ist, bei dem wir plötzlich Ge-

(74) Nowotny E. (1972). *Psychologie – Einführung und Übersicht*. Wien: Eugen Ketterl, S. 82f

genstände an die Wand werfen, oder ob es der prügelnde Jugendliche ist, der wie von Sinnen auf sein wehrloses Opfer eintritt – in beiden Fällen wird die Affekthandlung direkt ausgelöst in einem hochemotionalen und vom Verstand nicht mehr regulierbaren Automatikbetrieb. Der Betroffene ist gefangen im Rausch seiner übersteigerten Gefühle, er ist nicht mehr in der Lage, sein Handeln zu kontrollieren oder zu bremsen.

Fühlt sich ein Mensch emotional in die Enge getrieben, kann die (vermeintliche) Bedrohungssituation das Bewusstsein so stark verengen, dass das Gehirn automatisch in den Reptilienhirnmodus umschaltet und entweder ein Kampf- oder ein Fluchtprogramm abruft und auslöst. Menschen, die in ihrer Kindheit schwere körperliche oder seelische Verletzungen erlitten haben, fühlen sich leicht von Kritik oder Abweisungen bedroht und reagieren entsprechend aufgebracht. Das Gehirn greift dann automatisch auf die alten Erfahrungen zurück, die mit den verletzten Gefühlen verbunden sind, was die Emotionen (unbewusst) aus der Vergangenheit in das aktuelle Erlebnis einfließen lässt. Die aktuellen Gefühle werden so zusätzlich aufgeladen und infolgedessen unbeherrschbar. Das Gehirn schaltet, sobald der Schwellenwert der emotionalen Belastbarkeit überschritten ist, in den Affekt um und ruft alle Reaktionsprogramme ab, die zu dieser übersteigerten Emotion passen.

In Alltagssituationen können wir in einem vorgegebenen Rahmen bewusst auswählen, welchen Gedanken oder Gefühlen wir folgen und Aufmerksamkeit schenken wollen. Wir können unser Verhalten willentlich steuern und regulieren. Im Ausnahmezustand des Affekts dagegen wird das regulierende und kontrollierende Bewusstsein außer Kraft gesetzt. Wir werden zum Spielball der übersteigerten Emotionen, die wir direkt in Handlungen umsetzen.

Viele von uns haben schon erlebt, wie ihr Denken,

Fühlen und Handeln im Affekt wie im Automatikbetrieb abgelaufen ist und weder vernünftig noch kontrollierbar war. Wir sagen oder tun dann Dinge, die wir nie aussprechen oder tun würden, wenn unserer Verstand die Kontrolle hätte. Im Affekt treten die Funktionen des Frontalhirns und damit die Vernunft zurück. Das Bewusstsein verengt sich, die Vernunft wird ausgeschaltet und der Hirnstamm übernimmt die Regie. Entweder kämpfen oder flüchten wir.

Jugendliche Gewalttäter geben bei ihren Festnahmen häufig zu Protokoll, dass ihre Tat wie in einem Film abgelaufen sei. Sie beschreiben, wie sie sich selbst auf das Opfer eintreten oder einstechen sahen, ohne es kontrollieren zu können. Beim Tathergang fühlen sie sich zwar einerseits durch die intensiven Adrenalinausschüttungen hoch erregt, andererseits fühlen sie sich aber auch emotional völlig unbeteiligt. Ihr Bewusstsein ist verengt, der Reptilienhirnmodus aktiviert – und nun steuern neuronal gespeicherte Verteidigungs- oder Kampfprogramme das Handeln. Wenn Jugendliche wie von Sinnen Gewaltattacken begehen, spielt ihr Gehirn neuronal verankerte Handlungsprogramme ein, die ihr Gehirn durch reale Gewalterfahrungen oder aber beim Konsum von brutalen Filmen und Spielen erworben hat. Im Affekt werden diese gespeicherten Programme vom Gehirn abgerufen und lenken das Verhalten – wie ferngesteuert.

Das Phänomen Jugendgewalt ist hirnphysiologisch betrachtet weniger Ausdruck sozialer Benachteiligung oder Ausgrenzung – es ist ein *Mindprogramming-Effekt* – erworben am Bildschirm.

Bild 9: Mitschnitt einer Überwachungskamera

Junge Hirnstrukturen sind biochemisch aufs Lernen eingestellt. Wenn die Handlungen grausamer Helden beeindrucken und Emotionen auslösen, werden sie in den neuronalen Netzwerken des Gehirns gespeichert. Der Konsum von Gewalt und Pornographie beeindruckt Kinder und Jugendliche weitaus stärker als erwachsene Konsumenten. Die brutalen oder sexuellen Bildschirmeindrücke werden in jungen Gehirnen mit stärkeren Emotionen gekoppelt und lösen eine entsprechend intensivere Reizübertragung an den aktivierten Synapsen aus – dies führt zu stabilen und langfristigen Verankerungen.

Im Affekt stehen fiktional erworbene, neuronale Programme ebenso blitzartig zur Verfügung wie real erworbene Programme und steuern das Verhalten. Das Gehirn unterscheidet nicht zwischen medial erworbenen Handlungs-Programmen und real erworbenen Erfahrungswissen. Es löst immer das aus, was emotional stimmig erscheint.

Dieser unfreiwillige *Mindprogramming-Effekt* am Bildschirm versetzt junge Gewalttäter in die Lage, auf ein hilfloses Opfer einschlagen und eintreten zu können, ohne dabei Mitgefühl zu empfinden. Wie im bereits erwähnten Fall des Jonny K., der auf dem Berliner Alexanderplatz von mehreren Jugendlichen totgeprügelt wurde. Die emotionale Teilnahmslosigkeit der Täter hinsichtlich des Leids und der Folgen für das Opfer offenbart dabei, wie groß die innere Distanz zum eigenen Handeln ist, das überwiegend durch Gewaltbeobachtungen am Bildschirm erworben wurde.

Unsere Gesellschaft wird gegenwärtig mit Bildern von Gewalt überflutet, die impulsiv und unangemessen sind. Nicht nur Jugendliche aus den sozialen Randgruppen werden gewalttätig – auch jene guten Schüler ohne Vorstrafen, die als prosozial gelten, werden im Affekt durch die aus Spielen und Filmen verinnerlichten Gewaltprogramme zu hemmungslosen Gewalttätern.

Im Alltag nehmen wir die Wirkung von unterschwellig aktivierten Reaktionsprogrammen kaum wahr. Wir nutzen unsere Vernunft und unsere Intelligenz, wir denken vorausschauend und rufen automatisch moralische Werte ab, die unsere Handlungen steuern. Im Affekt haben wir diese Möglichkeit nicht, Bewusstsein und Verstand treten zurück – wir haben keinen Entscheidungsspielraum, zwischen angemessenem und unangemessenem Denken, Fühlen und Handeln zu wählen.

Ein schlecht gelaunter und frustrierter Jugendlicher, der sich durch einen „blöden Blick" provoziert fühlt, kann aufgrund dieser Nichtigkeit in blinde Wut geraten. Er verliert in der übersteigerten Emotion die Möglichkeit, bewusst eine angemessenen Reaktion zu wählen – und reagiert affektiv. Im ungünstigsten Fall ruft das Gehirn ein beim Konsum von brutalen Filmen oder Computerspielen neuronal verankertes Kampfprogramm gegen den Feind ab, passend zur Deutung der Situation als Angriff auf seine Person.

Die Ursache für die Gewaltattacken der Medienkinder unserer Zeit ist der unfreiwillige *Mindprogramming-Effekt* am Bildschirm, nicht ihr Sozialstatus.

Vielleicht erklärt sich so auch die Tat des achtzehnjährigen Gymnasiasten Torben P., der an Ostern 2011 angetrunken von einer Feier kommt und am U-Bahnhof Friedrichsstraße in Berlin einen 29-Jährigen mit einer Flasche niederschlägt und mehrfach mit voller Wucht auf den Kopf des wehrlos am Boden liegenden Opfers eintritt. Vor Gericht gibt Torben P. als Motiv an, er habe sich von dem auf einer Bank sitzenden Mann bedroht gefühlt und sich verteidigen wollen.[75]

---

(75) https://www.welt.de/vermischtes/weltgeschehen/article13561219/U-Bahn-Schlaeger-Torben-P-gibt-das-engelhafte-Opfer.html (07.11.2017)

Interview mit Moritz (15), Kevin (13) und Marvin (14)

Moritz und Kevin lerne ich im Jahr 1998 während meiner Recherchen zum Phänomen Jugendgewalt kennen. Die Jungen leben in einer Hamburger Jugendhilfeeinrichtung für minderjährige Straftäter. Marvin (14) lerne ich im sozialen Brennpunkt Kirchdorf Süd kennen. Ich bitte sie, mir aus ihrem Leben zu berichten – und von ihren Gewalterfahrungen als Täter und Opfer.

Sie freuen sich über mein Interesse und beantworten ausführlich meine Fragen. Was sie sagen, ist teilweise nicht leicht zu verstehen, denn ihre Art zu sprechen wird stark von ihren Fernsehvorlieben beeinflusst. Sie verbringen im Durchschnitt fünf Stunden am Tag vor dem Fernseher und sehen am liebsten Cartoons und Action-Filme mit Jean-Claude van Damme.

Ich werde einige Passagen zitieren, die anschaulich machen, was gewaltbereite Kinder wie Kevin und Moritz in ihren jungen Hirnstrukturen verankert haben über das Leben, Macht und Ohnmacht und wie sie sich selbst in einem Gewaltausbruch erleben. Den Jungen ist die Bedeutung dessen, was sie tun, nicht bewusst. Sie erwecken den Eindruck, als sei bei ihnen jegliches Gefühl, Selbstempfinden und Empathie völlig ausgeblendet. Um in der von ihnen als feindlich empfundenen Umwelt „überleben" zu können, haben sie sich entschieden, von der Seite des Schwachen auf die Seite des Starken zu wechseln. Ihre Filmvorbilder vermitteln ihnen die entsprechenden, Handlungsstrategien, um andere Kinder *abziehen*[76] und mit Gewalt unterwerfen zu können.

Filmfiguren aus Cartoons und Actionfilmen, die Gewalt anwenden, damit sie bekommen, was sie wollen, und für

---

(76) Unter „Abziehen" versteht man ein schwerwiegendes Delikt wie Raub oder räuberische Erpressung. Dabei bedrohen meist ältere Kinder oder Heranwachsende jüngere Mitschüler und nehmen ihnen Geld, Wertsachen oder Marken-Kleidung ab.

ihre Stärke bewundert werden – das sind für die Jungs direkte und bewusste Vorbilder. Sie beobachten die dargestellten Kampftechniken nicht nur am Bildschirm; auf der Straße ahmen sie sie nach und verinnerlichen sie damit. Ansehen genießt, wer keinen Schmerz zeigt und rücksichtslos Gewalt einsetzt, um seine Ziele zu erreichen.

Die Gespräche und Interviews, die ich mit gewaltbereiten Jugendlichen in dieser Zeit führe, bestätigen, dass die Gewalt der Bildschirmhelden von Kindern und Jugendlichen ins reale Leben übertragen wird – besonders, wenn diese dafür empfänglich sind.

Gewalt ist für einen beträchtlichen Teil der Heranwachsenden zum Gegenteil dessen geworden, was sie normalerweise bedeutet – nicht Abscheu oder gar Reue klingen an, wenn sie von ihren brutalen und gesetzlosen Taten berichten, sondern Begeisterung und Stolz. Der körperliche Schmerz bleibt unbeachtet – sowohl der eigene als auch der ihrer Opfer. Die Gewalt geschieht, und sie berichten davon, als würden sie Filmszenen wiedergeben. Emotionen und Mitgefühl scheinen bei ihnen nicht nur verkümmert, sondern abgestorben. In ihren Erlebnissen ist Gewalt immer präsent, sie ist für sie wie ein Freizeitspaß und stellt einen alltäglichen Bestandteil ihres Lebens dar, ob am Bildschirm, in ihrem Zuhause, unter Freunden oder auf der Straße.

Lebst Du schon lange in der Wohngruppe, Moritz?

Moritz: Nein, ich war erst in einer anderen. Drei Monate jetzt!

Warum?

Das ist so, da kommt man hin und dann wartet man auf eine Wohngruppe.

Warum kommt man denn in so eine Wohngruppe?

Na ja, ich habe einem ins Bein gestochen.

Warum?

Da war so ein Jugoslawe, der hat immer mit einem Butterfly-Messer vor mir herumgefuchtelt.

Wieso denn?

Also ich bin auf den Hof gegangen – und dann hat er mich da immer genervt. Er hat immer mit dem Messer herumgefuchtelt – ich habe Sand genommen und den voll in seine Fresse geworfen, und er hat dann das Messer fallen lassen und ich habe das genommen. Ich wollte eigentlich gar nicht mit dem Messer in sein Bein stechen – ich habe immer so gemacht … [Moritz fuchtelt herum] … und dann voll in sein Bein gestochen. Dann war das ganze Bein voller Blut – oahh! – das musste dann genäht werden!

Oh je – wie alt war denn der andere Junge?

Ja, so 13 oder 14. Ich wollte das ja gar nicht. Ich habe ihm gesagt, wenn er etwas sagt, bekommt er auf die Schnauze. Ich bin auch noch mit ins Krankenhaus gefahren – das Messer habe ich aber schnell versteckt.

Diese Kinder bringen medial erworbene Gewaltprogramme zum Einsatz – im Affekt. Sie sind dabei Beobachter ihres eigenen Handelns, unbeteiligt und wie ferngesteuert. Ihre jungen Hirnstrukturen haben die gewaltsamen Handlungsmuster der Filmidole verinnerlicht, sie neuronal gespeichert. Im Affekt laufen diese wie von selbst ab – der *Mindprogramming-Effekt*. Die Jungen scheinen förmlich nach Konflikten zu lechzen, sie suchen sie, provozieren sie, sie wollen wahrgenommen werden, wollen sich in der Macht eines Gewalttäters stark fühlen.

Kevin: Du musst das mal erzählen mit dem, dem du die Mütze *abziehen* wolltest!

Moritz: Ach, also da waren wir im Media Markt und

sind dann wieder rausgegangen, wir waren zu dritt. Und an der Bushaltestelle sind ein paar Typen, und Kevin fragt den einen nach einer Zigarette, und dann sagt der: „Nein, kannst dir selber keine leisten?" Und dann sagt Kevin: „Nein, wir haben gerade kein Geld." Dann kommt der Typ wieder und sagt: „Hast du Geld, dann kannst du dir welche kaufen."

Kevin: Obwohl ich schon gesagt habe, wir haben kein Geld!

Moritz: Und dann sind wir in den Bus eingestiegen, und der andere Typ ist ein paar Stationen weiter ausgestiegen. Kevin und ich dann hinterher – ich schubse ihn so und frage: „Was fragst du meinen Freund nach Geld?" Ich habe ihn aber nicht geschlagen – habe ihn nur geschubst und zu ihm gesagt: „So, jetzt gibst du uns jedem eine Zigarette!" Und er: „Ich muss meine Zigaretten selbst bezahlen." Da meinte ich: „Das ist mir doch egal!"

Na ja, dann wollte ich ihm erst noch die Mütze *abziehen*, aber da meinten die anderen: „Ach, lass ihn – der ist das nicht wert!

Wie alt war der andere Junge?

Kevin: So 15, der hatte voll Paranoia –

Moritz: Wie Kevin und ich hinterhergelaufen sind, da wollte er gerade in den Fahrstuhl steigen – und sein Freund schubst ihn noch raus! Sonst wäre er im Fahrstuhl und weg gewesen. Und wir packen ihn dann, ey! –

Sein Freund hat ihm nicht geholfen?

Nein, den wollten wir uns zuerst schnappen und ihm eine Kopfnuss geben.

Warum?

Kevin: Ja, weil der Wichser die ganze Zeit im Bus blöd geguckt hat – das ging mir richtig auf die Nerven!

Gewaltbereite Menschen – das trifft nicht nur auf Kinder zu – fühlen sich unterlegen und mangelhaft, ständig sind sie auf Hab-Acht-Stellung und greifen selektiv solche Wahrnehmungen ihrer Umwelt auf, die sie als persönlichen Angriff werten können. Gewaltanwendung und das Unterwerfen eines Opfers gleicht für einen Moment ihr defizitäres Lebensgefühl aus.

Die jungen Gewalttäter, mit denen ich in den Neunzigern sprach, sind selbst Opfer von Gewalt geworden.

Wurdet ihr auch schon verprügelt?
Moritz: Ja.

Erzählt mal!
Also, wir haben zu dritt Schule geschwänzt – und dann sind wir zu meiner alten Schule gefahren, um das Zeugnis abzuholen. Wir warten da ein bisschen, und da kommen so zwanzig Türken – die ganze Schule fast! Kevin gibt denen Zigaretten. – Die klauen ihm aber gleich die ganze Schachtel! Kevin tun sie nichts – aber ich bekomme richtig viele Schläge! Echt, richtig! – Paahm, Paahm! Die haben es mir richtig gegeben – immer weiter, bestimmt eine halbe Stunde oder so.

Auch getreten?
Ja, mit allem. Da war ein Boss dabei, und wir haben Scherze gemacht – „Wenn der alleine wäre!", haben wir gesagt, und ich kannte sie ja alle. Ich war vor einem Jahr da, und die waren alle so nett zu mir, und wir haben uns alle gegenseitig geholfen – eigentlich – und dann komme ich da hin und dann bekomme ich erstmal Schläge! Was sage ich da zu dem einen Typ? Ich stehe so und sag: „Ey, Amed, bitte! Nicht in die Nieren treten! Hör mal auf damit, das tut voll weh!" Ich habe nämlich nur eine Niere. Dann sagt er: „Ich nix verstehen!" und haut weiter – Paahm, Paahm!

Und das waren mal deine Freunde?
 Moritz: Ja, wir kannten uns ja alle – und Kevin steht da rum bis wir alle fertig verdrescht waren.
 Kevin: Ich habe nichts abbekommen. Ich gebe lieber ab, als Schläge zu bekommen.

Für diese Kinder bedeutet Freundschaft nicht, dass man sich mag und gut miteinander umgeht – Freundschaft bedeutet lediglich, dass man sich kennt und gemäß dem Rechts des Stärkeren miteinander interagiert.
 Marvin (14), ein schmächtiger, freundlicher Junge aus Kirchdorf-Süd berichtet mir Folgendes in einem der Interviews:

Weißt du, einmal habe ich bei einem Freund geschlafen, ich war voll müde und die anderen wollten mich runterbringen – das war richtig schlimm!

Was war schlimm?
 Die sind mit mir hoch gefahren, nach ganz oben, und haben mich da so aufs Dach gebracht – das war so'n Hochhaus! Ey – das war richtig schlimm! Und dann machen die immer so – Zack! Zack! – und schnappen mich so – ey, und dann halten die mich so über das Geländer – und ich immer voll so: „Oah, oah, oah!!!" – Voll schlimm! Ich konnte ja nichts machen.

Wie, die haben dich über ein Balkongeländer gehalten?
 Ja, ey – Mann! Das war im neunzehnten Stock! Da haben die mich so hingesetzt und dann da drübergehalten – ich immer so: „Oah, oah, oah!!!"

Und dann?
 Und dann wieder zurück in Fahrstuhl und runter. Und dann hab ich mich erstmal so voll erholt, wo wir wieder im Fahrstuhl waren – und dann musste ich voll lachen

irgendwie – Und dann, mein Freund so, haut mir voll eine Backpfeife rein – Duuusch! – Und dann musste ich voll nochmal lachen – und dann holt und er nochmal so richtig aus, und ich hab mir erstmal den Mund so zugehalten, damit ich nicht nochmal lachen muss – und dann hatte ich hier so voll den Abdruck! Und als wir wieder reinkamen, da hat der Vater fast was gepeilt – hat aber nichts gesagt – und wir dann wieder so einfach in das Zimmer von meinem Freund.

Kannst du denn mit dem Jungen befreundet sein, obwohl er so etwas mit dir macht?
Das geht voll – ich peil ja meistens gar nichts. Die erzählen mir das dann hinterher, und dann sehe ich das hinterher so im Spiegel: Boah, voll grün und blau hier!
Wenn ich dann geschlafen habe, kann ich mich meistens auch gar nicht mehr so richtig erinnern, nur an so'n bisschen – und sehe dann im Spiegel, dann sehe ich, was blau ist – Weißt du, ich bin ja fast der Kleinste da, weißt du, und dann schmeißen mich die anderen so hin und her und so, weißt du – die heben mich so am Hals hoch und schmeißen mich so von der einen Seite auf die andere und so.

Das ist doch gemein und tut weh.
Mir nicht! – Ich bin das ja schon gewohnt, das härtet ab.

Marvin und seine „Freunde" sind Fans von Horrorfilmen. Sie treffen sich zu Videoabenden und gestalten ihre Aktivitäten ebenfalls „horrormäßig". Das schwächste Kind wird wie eine Puppe von den anderen in schwindelerregender Höhe über einen Hochhausbalkon gehalten. Im Fahrstuhl verarbeitet Marvin das traumatisierende Erlebnis mit Lachen, dafür gibt es von den anderen Backpfeifen.

Um Freunde zu haben, schlüpft Marvin bereitwillig in die Rolle des Prügelopfers. Jeder Mensch sehnt sich nach

Anschluss – Marvin so sehr, dass er für die Gruppenzugehörigkeit bereit ist, sich quälen zu lassen. Was die anderen Jungs mit ihm machen, empfindet er als legitim und normal – ist er doch der Schwächste und Kleinste der Gruppe.

Das Weltbild dieser Kinder ist geprägt vom Recht des Stärkeren – eine nicht nur aus ihrer Erziehung bekannte Auffassung, sondern auch aus dem täglichen Konsum beliebter Filme und Cartoons.

Inzwischen haben die Trickfilmangebote noch weitaus perfidere Botschaften, die in einer verletzten kindlichen Seele Tiefenwirkung erzeugen. Die Unterhaltungsindustrie prägt Werte, Verhalten und Weltsicht der jungen Mediengeneration – und das auf sehr erschreckende Weise: Schaltet man spät am Abend ProSiebenMaxx ein, sieht man beispielsweise eine Szene aus dem Zeichentrickfilm *Attack on Titan*[77]. Ein kleines, verängstigtes Mädchen hat einem anderen Mädchen geholfen und wird nun von einer starken Frau zur Rede gestellt, warum sie dies getan habe, denn sie hätte doch nichts davon. Die Kleine entgegnet, sie habe gesehen, dass sie doch auch jemandem geholfen habe. Daraufhin erklärt die Ältere: „Ich tue nur etwas Gutes, damit sie mir später einen Gefallen schuldet. Dummheit kann man für sich ausnutzen."

Wenn derartige Botschaften Kinder und Jugendliche sozialisieren, und das als „Unterhaltung" getarnt, dann haben wir allen Grund, uns Sorgen zu machen. In *Attack on Titan* vermittelt die Stärkere der Schwachen: 1) Mitgefühl hat keinen Nutzen, 2) man muss die Schwäche anderer rücksichtslos für sich ausnutzen.

Auch von meinen Gesprächspartnern werden Schwäche und Opfersein abgelehnt – sie sind mit Scham be-

---

(77) *Attack on Titan* ist eine japanische Manga-Serie, die den Genres Action, Horror und Fantasie zuordnet wird und 2011 den Kōdansha-Manga-Preis in der Kategorie Shōnen gewann, die sich an ein jugendliches männliches Publikum richtet.

legt, werden heruntergespielt und verdrängt. Stark wie die bewunderten Helden auf dem Bildschirm muss man sein.

Gibt es denn jeden Tag Auseinandersetzungen?
Moritz: Ja, in der Schule.
Kevin: Moritz wurde letztens von denen in die Mülltonne gesteckt.
Moritz: Musst du das gerade sagen?!
Kevin: Wieso, ist doch nicht so schlimm –

Wie war das mit dem Messer, Moritz? Du sagtest vorhin, dass du den Jungen eigentlich gar nicht verletzen wolltest?
Ja, das stimmt, ich stand da und habe immer so gemacht ... [Er fuchtelt herum] ... und dann immer tiefer und dann habe ich einfach in ihn reingestochen.

Und er?
Weißt du, das ist so ein Vornehmer. Der denkt immer, er ist Rambo. Und dann denkt er, er ist in einem Film. Wenn er gestochen wird, dann schreit er wie im Film und so.
Kevin: Am Samstag gab es im Fernsehen *Blood Sport* mit Jean-Claude van Damme, hast du den Film gesehen?

Ja, den kenne ich.
Moritz: Ja. Der ist mein Lieblingsschauspieler!

Was findest du an ihm so gut?
Ich mache immer alles nach – ja, alles, was der so macht, mache ich auch!

Seid ihr eine Clique oder eine Gang?
Moritz: Nein, wir sind nur so Freunde.
Kevin: Aber wir kennen einen, der ist in einer Gang.

Wie kommt man in eine Gang?
Kevin: Da muss man Mutproben machen.

Was für welche?
Kevin: Einem in die Fresse schlagen oder irgendwo einbrechen.

Was macht ihr sonst noch so?
Kevin: Je nachdem, klauen –
Moritz: Aber du klaust ja nicht mehr so viel.
Kevin: Nein.

Du bist jetzt strafmündig, Moritz?
Ja, und ich bin letztes Mal beim Klauen erwischt worden –
Kevin: Er ist auch blöd! – Beklaut einen Jungen, dessen Vater Polizist ist!
Moritz: Ja, und genau deswegen muss ich da auch hin und die Frau A.[78] hilft mir jetzt auch.

Und was hast du dem Jungen weggenommen?
Eine Bayer-Jacke.

Und woher wusste der Junge, dass du es warst?
Das war bei mir in der Straße, aber die Straße ist mindestens fünf Kilometer lang. Ja, und dann bringe ich die Leute zum Bus – ich habe einen Stock in der Hand, und dann fährt da ein Junge lang, und ich stecke ihm den Stock in die Speichen – und da hinten hat er die Jacke drin gehabt. Ich hole sie da raus, schlage ihn und dann sage ich zu ihm: „Die kannst du nachher bei mir abholen." Ich hätte ihm noch die Hausnummer sagen sollen – die Jugendgerichtshilfe hat auch gesagt, das wäre besser gewesen. So haben die mich erstmal mit dem Polizeiwagen gesucht – boah! Und dann, Alter, finden die mich so – und fahren mir hin-

---

(78) Eine Jugendgerichtshilfe

terher und so – und ich laufe, laufe – Dann haben die mich. Und der Polizist kommt aus dem Wagen raus und packt mich so – und sagt: „Du passt genau zu der Beschreibung." Ich erschrecke mich so und denke: Voll scheiße! Und dann bei der Vorladung erzählen sie mir: „Ja, der Vater ist ein Polizist, und der will eine harte Strafe für dich." Und die Jugendgerichtshilfe hat gesagt: „Nein, eine harte Strafe bekommt der nicht. Vielleicht sollte er ein bisschen arbeiten."

War die Gerichtsverhandlung schon?
Nein, noch nicht. Ich habe jetzt fünf Anzeigen.

Diese Kinder erleben das eigene Handeln wie aus der Distanz – Moritz beschreibt seine Tat wie ein Zuschauer des eigenen Handelns. Unrechtsbewusstsein oder Betroffenheit zeigt der Junge nicht.

Die kindliche Naivität, mit der gestohlen, geschlagen und verletzt wird, ist erstaunlich: trotz der rohen Gewalt, die sie einsetzen, wirken die Kinder „unschuldig", kindlich, sie glauben, was ihnen die Bildschirmhelden vorleben, bewundern sie sogar. Wenn sie sie nachahmen, verlassen sie die Rolle des schwachen Kindes, das selbst im Elternhaus Opfer von roher Gewalt wird.

Wie erlangt man Respekt, zum Beispiel in der Schule?
Moritz: Wenn Größere kommen?
Kevin: Wer stärker ist! Wer stärker ist, hat das Sagen! Irgendwann ist man der Stärkste – und dann schlägt man den Jüngeren in die Fresse. Ich habe auch schon mal eine Lehrerin geschlagen.

Wie?
Ich stand so auf einer Bank, und die anderen sagten immer zu mir: „Hurensohn!" und ich so: „Poah!" Ich habe den Jungen am Nacken gepackt, und dann kam die Lehrerin und hat mir eine Ohrfeige gegeben – und ich sofort:

Paahm! Poing! So voll zurückgeschlagen – und sie so: „Das werde ich jetzt dem Direktor sagen." Oder einmal, da habe ich einem Jungen ein Loch in den Kopf geschlagen.

Oh je! Ehrlich?
Ja, er stand in der Schule am Pfeiler, und er hat immer so gesagt: „Los komm! Wir prügeln uns jetzt." Ich schlage ihm in die Fresse, schubse ihn so gegen den Pfeiler – Pamm! Der hatte voll ein Loch im Kopf. Und dann kam ein Lehrer und ist dann gleich mit ihm im Notarztwagen mit ins Krankenhaus gefahren."

Und du?
Ich? – gar nichts. Er hat geweint. Er meinte, er hat nicht geweint – hat er aber doch.

Hast du denn keinen Ärger bekommen?
Nein ... Ich bin der Stärkste aus meiner Klasse.
Moritz: Ja. Er ist der Stärkste aus seiner Klasse – und von der Achten und von der Neunten.
Kevin: Ich habe mal einen Jungen, der war in meiner Klasse, den habe ich so eine reingehauen, dass der auf den Boden ging – und dann habe ich ihm dann mit meinem Fuß so auf den Kopf getreten – der hatte eine Gehirnerschütterung.

Wie bitte? Mit dem Fuß auf den Kopf getreten?
Hm, manchmal drehe ich eben durch, wenn man mich beleidigt oder so. Ich bin viel beleidigt worden – und da drehe ich immer durch – Wenn ich mich schlage, dann merke ich das gar nicht. Dann tut mir das auch gar nicht leid. Aber später tut mir das dann leid.

Ist es denn wichtig, stark zu sein?
Das ist das Wichtigste! Und gute Klamotten zu haben, Markenklamotten sind wichtig.

Was war deine schlimmste Erfahrung mit Gewalt, Moritz?

Das ist schon fünf Jahre her, glaube ich – das Schlimmste. Da habe ich mich mit einem Türken geprügelt. Da hatte ich noch lange Haare – und dann: Paff! Paff! – hat er mich so genommen, so an den Haaren – und hat so den Kopf auf den Kantstein geschlagen –

Wie bitte? Auf den Kantstein?

Ja, zweimal. Hier habe ich auch noch die Narben.

Kevin: Mir hat mein Vater mal so stark zwischen die Beine getreten, dass meine Eichel geblutet hat.

Was?

Ja, da war ich sechs. Wenn ich später Kinder habe, dann mache ich das bestimmt nicht!

Oh je, das ist schlimm! Wie beurteilt ihr denn Gewalt, ist das normal?

Kevin: Ja, das ist Scheiße, aber man muss eben etwas dafür tun, dass man nicht unbeliebt ist, weißt du? Um der Beste zu sein.

Moritz: Es kommt auch darauf an, was einer gemacht hat und so.

Was passiert denn, wenn du dich aufregst?

Moritz: Ich bekomme dann einen Ausraster, und dann mache ich immer irgendwas kaputt.

Hast du denn selbst viel Gewalt erlebt?

Ja, bei meinem Vater. Das ist nicht mein richtiger Vater, das ist mein Stiefvater.

Was ist passiert?

Ich war sechs Jahre alt, und dann habe ich immer ins Bett gemacht, nachts, und dann hat meine Mutter das immer abgezogen, und mein Vater – Boah! Der war voll wütend und so – und dann kam ich mit einem blauen Auge in die Schule – und dann habe ich gesagt: „Hab mich geprügelt."

Das war dir peinlich, dass dich dein Vater geschlagen hat?
Ja, voll –

Welche Filme gefallen euch?
Kevin: Kennst du den Film *Das Schweigen der Lämmer*? Der ist geil!
Moritz: Oder *Die Gesichter des Todes.*

Ist das ein Horror-Film?
Moritz: Ja, ich habe mal bei einem Freund geschlafen, und da haben wir *Die Gesichter des Todes* geguckt – wie Kühe geschlachtet werden – oder wie Affen die Beine rausgerissen werden.

Das ist ja schrecklich! Wenn ihr solche Filme seht, träumt ihr dann nicht schlecht?
Kevin: Das ist doch nur ein Film! Ich gucke den Film und finde ihn dann geil.
Moritz: Wenn ich so etwas sehe, dann hoffe ich, dass ich davon nicht träume. Früher habe ich immer davon geträumt, aber jetzt nicht – jetzt träume ich von nackten Frauen.

Was bedeutet Freundschaft für euch?
Moritz: Erst mal, dass ich keinen verpfeife und keinen in Stich lasse.
Kevin: Also, ich gebe immer ab bei den Stärkeren.

Wie ist das, wenn du wütend bist, Kevin?
Dann kann ich mich nicht kontrollieren – zum Beispiel einmal, da hat wieder mal einer zu mir „Hurensohn" gesagt. Da habe ich ihn so gepackt, ihm einen Schlag gege-

ben, einmal in seinen Magen, so mit voller Wucht – und dann habe ich ihm noch auf den Kopf getreten.

Oh je! Wie fühlt sich das an?
 Weiß nicht, dann habe ich einen Filmriss.

Hast du kein Mitleid?
 Nein, wenn ich mich kloppe, dann ist mir alles egal.

Naiv eifern die Kinder ihren Filmvorbildern nach – und die setzen skrupellos Gewalt ein, sie zerstören, rauben und erweisen sich als stark und überlegen. Wie können sich Kinder dieser Glorifizierung von Überlegenheit auf unseren Bildschirmen entziehen, wenn sie doch eine so große Sehnsucht haben, selbst stark zu sein und anerkannt zu werden?

Diese Kinder erleben bei jedem Akt der Gewalt gegen Schwächere das Gefühl von Macht und Stärke. Die Dramaturgie ihrer Aggression folgt den gespeicherten Phantasien – im Automatikbetrieb, ohne bewusste Steuerung und ohne gefühlsmäßige Beteiligung. Der *Mindprogramming-Effekt* durch brutale Bildschirmkost entfaltet in einem Kindergehirn bei Eintritt in den Affekt ungefiltert seine Wirkung – die Kinder nennen es „Filmriss".

Die Folgen für die Opfer oder mögliche strafrechtliche Verfolgung sind den Tätern egal. Sie leben im Augenblick – impulsiv, ohne Vernunft und ohne vorausschauendes Denken.

Mindprogramming am Bildschirm

Ein Beispiel für einen *Mindprogramming-Effekt* durch den Bildschirm geht im März 2014 durch die Presse. Ein sechzehnjähriger Junge konsumiert im Internet sadistische Videos, in denen Frauen erwürgt werden. Lukas M. ist fasziniert von den Filmszenen, in denen die Opfer verzweifelt nach Luft ringen, bevor sie sterben – er kommentiert die Videos mit: „It was good!"[79]

Der Junge gilt als unauffälliger, pummeliger Außenseiter, der in einer norddeutschen Kleinstadt lebt. Als ihn seine heimliche Liebe, ein achtzehnjähriges Mädchen, das er aus der Jugendfeuerwehr kennt, am 13. März 2014 besucht, greift er es plötzlich von hinten an und erwürgt es. Das Mädchen hat keine Chance seinem Griff zu entkommen – es stirbt qualvoll in seinen Händen – wie in den Videos nach Luft ringend!

In einem Fernsehbericht wird der Fall mit den Worten kommentiert, dass die Tat weniger dem Einfluss von sadistischen Videos im Internet zuzuschreiben sei als der Tatsache, dass niemand von den Tötungsphantasien des Jungen wusste – eine Deutung, die mehr verwirrt als erklärt.

In der Medienindustrie scheint man bemüht, die fragwürdigen Produkte, die uns als „Unterhaltung" verkauft werden, nicht in Verruf zu bringen.

Die eigentliche Frage, die sich stellt, ist: Wieso hat ein sechzehnjähriger Junge eine derartige Tötungsphantasie entwickelt? In der Berichterstattung findet man aber auch in diesem Fall mehr Augenwischerei als Aufklärung.

Phantasien entwickeln sich im Verborgenen. Sie ha-

---

(79) https://www.mopo.de/hamburg/er-sah-wuerge-videos-auf-youtube-lukas-m---16---die-kranke-welt-des-maedchenmoerders-4123244 (07.11.2017)

ben Vorbilder und Inspirationsquellen, die sie nähren und verstärken. Dass der sechszehnjährige Lukas zum eiskalten Mörder seines Schwarms wurde, ist ein Paradebeispiel für einen *Mindprogramming-Effekt* am Bildschirm. Der Junge erweckt mit seiner Tat das zum Leben, was sein Gehirn als aufregende Erfahrung am Monitor verankert hat. Die Filme, die er sich im Internet bevorzugt angesehen hat, haben in seinem Innern eine Eigendynamik entwickelt, die in dem Wunsch mündet zu erleben, wie eine Frau in seiner Gewalt nach Luft ringend stirbt. Als sich eine geeignete Situation bietet, wird sie zum spontanen Auslöser, die lustvolle Phantasie zum Leben zu erwecken.

Das neuronal gespeicherte Tötungsprogramm aus den Internetfilmen steuert Lukas' Handlungen im Automatikbetrieb. Der Auslöse-Reiz, der von dem jungen Mädchen ausgeht, ist so stark, dass sich sein Realitätsbezug auflöst und sein Verstand außer Kraft gesetzt wird – Realität und Fiktion vermischen sich in der Biochemie seines Gehirns.

Der Konsum von Gewaltdarstellungen verändert die Hirnstrukturen von jungen und empfänglichen Nutzern. Das Denken, Fühlen und Handeln des Betroffenen wird nicht nur beeinflusst, sondern kann sich soweit verändern, dass der Realitätsbezug völlig verloren geht. Ein starker Auslöse-Reiz reicht aus, um ein medial erworbenes, gewalttätiges Handlungsprogramm automatisch abzurufen und zum Einsatz zu bringen.

Wir haben keinen Einfluss darauf, ob unsere Handlungen von Bildschirmvorlagen oder von realen Erfahrungen gesteuert werden. Bildschirmerfahrungen, die auf der neuronalen Festplatte des Gehirns gespeichert wurden, können in Affektsituationen ebenso verfügbar sein wie neuronale Programme, die wir durch unsere Lebenserfahrungen erworben haben. Entscheidend für unser Gehirn ist die Konzentration der Nervenbotenstoffe, die durch emotionale Reaktionen an den Synapsen des Gehirns ausgeschüttet werden.

Je stärker die Erregung, desto intensiver die Ausschüttungen der hemmenden oder erregenden Neurotransmitter. Je häufiger und heftiger erregende Gefühle erlebt werden, desto stärker und stabiler sind die neuronalen Verankerungen der Darstellungen im Gehirn und desto schneller stehen diese Inhalte in einer passend erscheinenden Situation als Handlungsprogramm zur Verfügung.

Beim Fernsehen, bei Computerspielen oder beim Pornographie-Konsum schüttet das Gehirn des Nutzers wie bei Emotionen im realen Leben Neurotransmitter aus. Alles, was den Empfänger emotional berührt, wird im Langzeitgedächtnis verankert. Das Gehirn formt automatisch aus emotional berührenden und sich wiederholenden Medienerfahrungen neuronale Muster, die im Affekt einer Auslösesituation das Verhalten steuern. *Mindprogramming* bedeutet, dass neuronal verankerte Denk-, Gefühls- und Handlungsmuster automatisch ablaufen und das Verhalten lenken, ohne dass sich die Person dessen bewusst ist oder es beeinflussen kann.

Bildschirmgewalt und Pornographie haben die stärksten neuronalen Programmierungseffekte im Gehirn junger Menschen. Die gespeicherten „Fremdprogramme" können von einem Auslösereiz blitzartig abgerufen werden und das Denken, Fühlen und Handeln des jungen Konsumenten wie ferngesteuert lenken – die Erfahrungen aus der realen und der Bildschirmwelt verschmelzen dann in den Hirnstrukturen.

Der menschliche Wille und das Bewusstsein sind Marionetten an den Strippen neuronaler Prozesse, die sich gemäß den biochemischen Vorgaben in einem bestimmten Rahmen und in eine bestimmte Richtung bewegen. Menschliches Denken, Fühlen und Handeln erfolgt ständig im unbewussten Autopilot neuronal verankerter Programme. Das macht den Konsum von Gewaltdarstellungen und Pornographie problematisch; die positive Anlage zur Selbststeuerung des Systems verkehrt sich unter dem Einfluss destruktiver und brutaler Medienvorbilder ins Gegenteil. Das Gehirn etabliert die erregenden und aufregenden Eindrücke in seinen Strukturen. Die Software, die uns Denken, Fühlen und Handeln lässt, schreibt der Biocomputer in unserem Kopf selbst. Er entwickelt im Automatikbetrieb alle geistigen Programme, die uns unbewusst steuern. Diese Gedanken-, Gefühls- und Verhaltensmuster bilden sich auf der Basis unserer Sozialisation, dem kollektiven Erbe der Menschheit, unseren Lernerfahrungen, der jeweiligen Kultur und Religion und den typisch menschlichen Wahrnehmungs- und Empfindungsmustern.

Die analytische Psychologie C.G. Jungs bezeichnet die im kollektiven Unbewussten angesiedelten Urbilder menschlicher Vorstellungsmuster als ARCHETYPEN. Dabei handelt es sich um psychische Strukturen, die als unbewusste Wirkfaktoren das Bewusstsein beeinflussen und Muster vorgeben und strukturieren. Archetypen beruhen demnach auf den Ur-Erfahrungen der Menschheit, wie zum Beispiel Geburt und Tod, Mutter und Vater, Gut und Böse.

Auf Basis dieser typisch menschlichen Bewusstseinsstrukturen entwickelt das Gehirn eine individuelle Datenbank und entsprechende geistige Programme, die aus den persönlichen Lebenserfahrungen resultieren und der Person unbewusst vorgeben, wie sie die Welt sieht, ihre Mitmenschen erlebt und wie sie mit ihnen umgeht.

Die Erfahrungen, die ein Kind im Elternhaus sammelt, gestalten im Gehirn aus den am häufigsten erlebten Emotionen erste und einfache neuronale Schaltkreise. Auf Basis dieser Emotionsmuster und ihrer biochemischen Repräsentanzen entwickelt das Gehirn alle weiteren Strukturen. Das, was ein Baby oder ein Kleinkind emotional bedeutsam erlebt, lässt eine neuronale Grundmatrix entstehen, mit der es beginnt, die Umwelt zu erfassen. Diese emotionale Grundmatrix dient lebenslang zur Erfassung der Welt und wird ständig in einer Art automatischer, biochemischer Selbstbestätigung erweitert. Erleben Kinder Lieblosigkeit, Mangel, Schmerz oder Angst, dann betrachten sie die Welt mit anderen Augen als Kinder, die Liebe, Stabilität und Geborgenheit erfahren. Alle Emotionen, die wir erleben, bevor das Sprechen und damit auch das Denken einsetzen, geben vor, mit welcher Grundhaltung wir dem Leben und unseren Mitmenschen begegnen.

Ein ungeliebtes Kind wird die Welt tendenziell misstrauischer erkunden. Es entwickelt umfangreichere und stabilere neuronale Netzwerke für Angst und Aggression und wird auf dieser unbewussten Basis unsicherer und gereizter auf seine Umwelt reagieren als ein Kind, das Liebe, Sicherheit und Geborgenheit erfährt.

Die ersten Emotionen, die sich in einem Menschen verankern, legen das entscheidende Fundament für die weitere Entwicklung seines Denkens, Fühlens und Handelns und seiner Persönlichkeit. Die emotional bedeutungsvollen Erfahrungen der ersten Lebensjahre bestimmen somit, wie wir die Umwelt erfassen und wie wir auf sie reagieren. Erleben Kinder im Elternhaus Gewalt, verbinden sich diese realen Erfahrungen auf der neuronalen Ebene des Gehirns automatisch mit den erschreckenden oder beeindruckenden Gewalterfahrungen am Bildschirm.

Ein Kind, das Gewalt erfährt, zeigt mehr Aufmerksamkeit für Gewaltdarstellungen als ein Kind, das keine Gewalterfahrungen hat.[80] Filmgewalt bietet seiner Vorstellungskraft konkrete Handlungsvorbilder, mit denen es seine Opferrolle verlassen kann. Das Gehirn speichert diese Muster und hält sie neuronal verfügbar. Für ein Kind, das im Elternhaus lernt, dass es entweder Opfer

---

(80) Robert Gaupp (1925). *Psychologie des Kindes*, Springer Fachmedien Wiesbaden, 1925

oder Täter gibt, ist es eine naheliegende Lösung, die brutalen Filmhelden zum Vorbild zu nehmen und von ihnen zu lernen – denn sie sind stark und siegreich und niemals Opfer.

Durch die Identifikation mit der Filmfigur kann ein Kind in seiner Vorstellungswelt in die Rolle des Starken wechseln – das kindliche Gehirn versteht Macht und Ohnmacht, insbesondere wenn seine Lebenswelt von Lieblosigkeit und Gewalt geprägt ist.

Macht ein Kind auch in der Realität die Erfahrung, dass es durch den Einsatz der aus dem Film bekannten und verinnerlichten Gewalt die Position des Opfers verlassen kann, verstärkt sich der Effekt der am Bildschirm erworbenen Verhaltens-Programme. Nie zuvor hat es in dieser Fülle und Intensität Vorbilder für Gewalt und Verbrechen, Vergewaltigung und Mord gegeben. Das Gewaltangebot der Medien ist ein hoch explosives Futter für das Gehirn insbesondere eines verletzten jungen Menschen – es ist Treibstoff für die Ausbildung neuronaler Schaltkreise, die fiktionale Gewalthandlungen abbilden und damit als Handlungsprogramme verfügbar halten, welche dann durch einen Auslöse-Reiz jederzeit abgerufen werden können. Das erklärt, warum *zuerst* aus Kindern, die benachteiligt und ungeliebt sind, unter dem täglichen Medieneinfluss gewalttätige Kinder werden.

Wir können Kinder nicht vor sozialer und emotionaler Benachteiligung oder vor unfähigen, lieblosen Eltern schützen, aber wir können diese schutzlosen Kinder vor destruktiven Einflüssen am Bildschirm schützen. Und damit schützen wir auch uns.

Was immer für ein Kind mit einem Mausklick frei verfügbar ist, muss in Hinblick auf die Effekte in den jungen Hirnstrukturen untersucht werden – denn der Konsum von fiktionaler Gewalt und Internetpornographie erzeugt in jungen und empfänglichen Gehirnen *Mindprogramming-Effekte,* die Auslöser der neuzeitlichen Jugendgewalt sind. Hinzu kommen die sozialen und ökonomischen Missstände unserer Zeit – sie sind der Nährboden von Frustrationen, Aggression und der Bereitschaft zur Gewalt. Beim (unfreiwilligen) *Mindprogramming* am Bildschirm durch das Spielen von Gewaltspielen, durch den Konsum fiktionaler Gewalt und von Internetpornographie werden dann die Vorbilder und automatisieren Handlungsmuster für Gewaltattacken und Amoklauf, Vergewaltigung und Mord erworben.

Neurobiologie der jungen Hirnfunktionen

Bevor das bewusste Denken einsetzt, nehmen Kinder die Welt gefühlsmäßig wahr. Erst allmählich entwickelt das Gehirn kognitive Werkzeuge, um Ereignisse verstehen und rational bewerten zu können. Logik, Denken und rationales Begreifen stehen uns am Anfang unseres Lebens nur begrenzt zur Verfügung. Jede Emotion wird pur erlebt, ohne Filterung und Deutung durch den Verstand.

Gefühle und Instinkte arbeiten in den ersten Lebensmonaten Hand in Hand. Ein Neugeborenes spürt die Körperwärme der Mutter, es wird sofort ruhiger und fühlt sich sicher, sobald sie in der Nähe ist. Hat der Säugling Hunger, sucht er instinktiv nach den Brustwarzen, obwohl er gar nicht weiß, dass es Brustwarzen gibt. Das instinktive Wissen sichert das Überleben des Babys, während das Gehirn nach und nach seine ersten Strukturen entwickelt.

Ein Säugling nimmt die Welt ausschließlich über die beiden Gefühlsqualitäten Lust und Unlust wahr. Werden seine Grundbedürfnisse befriedigt, erlebt der Säugling ein wohliges und damit positives Gefühl (Lust). Fehlt es ihm an etwas, entstehen Unwohlsein und damit ein negatives Gefühl (Unlust). Ein Säugling kann nicht verstehen, dass es warten muss, bis es an die Brust gelegt wird, er schreit, bis er gestillt wird. Auf diesen ersten neuronalen Strukturen von Lust und Unlusterfahrungen bauen alle weiteren Erfahrungen des Lebens hirnphysiologisch auf.

Mit der Sprachentwicklung setzt beim Kleinkind auch die kognitive Entwicklung ein. Das Kind beginnt, seine Umwelt zunehmend erkenntnismäßig zu erfassen. Das Gehirn reift heran, und rasant wachsen die neuronalen Vernetzungen in den Hirnstrukturen. Es lernt, ungute

Gefühle zurückzustellen und zu verstehen, dass es warten muss, bis es Essen gibt. Doch noch immer erfahren Kleinkinder ihre Umwelt vor allem gefühlsmäßig – entweder sie wird positiv oder negativ erlebt. Mit jeder neu erlernten Fertigkeit und Erfahrung bildet das kindliche Gehirn weitere Netzwerke und kognitive Fähigkeiten aus, die über das Fühlen hinausgehen und es immer mehr in die Lage versetzen, Eindrücke rational und auch moralisch zu bewerten.

Die Hauptaufgabe des jungen Gehirns besteht darin, zu lernen und seine neuronalen Strukturen zu erweitern. Rasant drängen die Hirnstrukturen auf Entwicklung – doch sie benötigen eine lange Zeit, bis sie voll ausgereift sind: die Areale des Frontalhirns sind erst im Alter von etwa 21 Jahren vollständig entwickelt.

Die Nervenbotenstoffe, die für Lernvorgänge zuständig sind, sind im Gehirn von Kindern und Jugendlichen in besonders hoher Konzentration vorhanden. Der Nervenbotenstoff Dopamin, der für Neugier und Euphorie sorgt, macht Kinder wissbegierig und aufgeschlossen gegenüber allem Neuem – sie nehmen daher neue Eindrücke und Verhaltensweisen unbefangen, freudig und ohne Angst auf, während ihr Gehirn sie neuronal verankert. Das reichlich vorhandene Dopamin sorgt dafür, dass die neuen Erfahrungsnetzwerke im Neokortex schnell aufgebaut und mit den bestehenden verknüpft werden. Das Gehirn eines achtjährigen Kindes verbraucht deshalb etwa doppelt so viel Energie wie das Gehirn eines Erwachsenen, und die Anzahl der Verbindungen zwischen einzelnen Nervenzellen ist circa 20 Mal so hoch.[81]

Im jungen Gehirn sind viele Nervenverbindungen vorhanden – ihnen fehlt aber noch der Mantel aus MYELIN[82],

---

(81) https://www.neurologen-und-psychiater-im-netz.org/gehirn-nervensystem/entwicklung/ (07.11.2017)
(82) Bei MYELIN handelt es sich um eine Biomembran, welche die Axone der meisten Nervenzellen spiralförmig umgibt und so Myelinscheiden bildet. In Form von Aktionspotentialen

der für die schnelle Übertragung und die schnelle Vernetzung von Nervensignalen zuständig ist. Myelin wird auch als Markscheide bezeichnet, womit die fetthaltige Isolationshülle, die die Nerven spiralförmig umwickelt, gemeint ist.

Jeder Nerv in Gehirn oder Rückenmark ist wie ein elektrisches Kabel von dieser Hülle umgeben, die entlang der Nerven für störungsfreie und schnelle Weiterleitung elektrischer Impulse sorgt. Kinder können aufgrund des fehlenden Myelin-Mantels Reize nur langsam verarbeiten. Schnelle Bildabfolge und Szenenwechsel, wie sie Filme, Fernsehen und Computerspiele bieten, nehmen Kleinkinder als eine Abfolge von zusammenhanglosen Bildern wahr, der Gesamtkontext erschließt sich ihnen nur schwer – oder gar nicht.

Alles wird nur fragmentarisch erfasst; und die besonders beeindruckenden oder aufwühlenden Bilder brennen sich in die auf Entwicklung drängenden Hirnstrukturen ein, ohne dass das Kind sie verstanden hätte. Junge Nervenverbindungen sind zu langsam und die kognitiven Fähigkeiten noch nicht hinreichend entwickelt, um das Gesehene geistig verknüpfen und rational bewerten geschweige denn verarbeiten zu können.

Die Entwicklung der Hirnfunktionen setzt im Hirnstamm ein, der für Überlebensreaktionen und Triebe zuständig ist, setzt sich im Zwischenhirn fort, das eintreffende Reize differenzierter emotional bewertet, und findet seinen Höhepunkt in den Frontalhirnaktivitäten, die uns moralisch handeln und in die Zukunft blicken lassen.

Das Frontalhirn, das für die Verarbeitung komplexer Gefühle und Werte, für die Zukunftsplanung und das

---

werden Signale über das AXON, auch NEURAXON oder ACHSENZYLINDER, weitergeleitet – einen oft langen schlauchartigen Fortsatz einer Nervenzelle, der in einer Hülle von Gliazellen verläuft und zusammen mit dieser Umhüllung als Nervenfaser bezeichnet wird.

logische Denken zuständig ist, steht Kindern in seinem vollen Leistungsspektrum noch nicht zur Verfügung. Es speichert die positiven und negativen Konsequenzen von Handlungen – und schützt uns damit vor impulsivem und unvernünftigem Verhalten.

Solange die Frontalhirnfunktionen noch nicht voll ausgereift sind, handeln Kinder und Jugendliche unüberlegt und unvernünftig. Sie können mögliche Gefahren oder Konsequenzen ihres Handelns weder absehen noch richtig einschätzen. Ihre Handlungen sind impulsiv und werden von ihren Gefühlen bestimmt. Sie streben nach Spaß und Freude und vermeiden alles, was Unlust erzeugt. Kinder schlagen über die Stränge, klettern spontan auf hohe Bäume und wissen später nicht, wie sie wieder herunterkommen. Jugendliche balancieren als Mutprobe über hohe Brückengeländer und schauen nicht auf die Gefahr. Je älter wir werden, desto überlegter und vernünftiger handeln wir in Hinblick auf die möglichen Risiken und Folgen unseres Handelns.

Heranwachsende leben im Hier und Jetzt. Sie folgen ihren Gefühlen – die Vernunft kommt erst an zweiter Stelle. Kinder haben keine differenzierten Wertvorstellungen, sie haben lediglich eine grundlegende Vorstellung von Gut und Böse. Erst mit zunehmender Lebenserfahrung erweitern sich diese ersten Bewertungsanlagen und werden differenzierter. Das Gehirn folgt dem biologischen Auftrag, neue Informationen wie ein trockener Schwamm aufzusaugen. Kinder wissen nicht, was richtig oder falsch ist, sie lernen es; alles, was sie beeindruckt, wird begeistert beobachtet und nachgeahmt, während das Gehirn aus den Eindrücken Wissen zieht und seine neuronalen Strukturen erweitert.

Fiktionale Gewalt, Internetpornographie und brutale Computerspiele fallen im Gehirn eines Kindes oder Jugendlichen auf einen empfänglichen, lernbereiten und unkritischen neuronalen Boden. Das Kind orientiert sich an Gefühl und Begeisterung, die es beim Medienkonsum erlebt – nicht an der Vernunft. Wichtigste Lernquelle in dieser Entwicklungsphase ist das Lernen durch Beobachtung: Kinder beobachten das Verhalten von Anderen und ahmen es nach. Zunächst sind Eltern die wichtigsten Vorbilder. Mit circa sechs Jahren beginnen sich Kinder auch an anderen Personen zu orientieren – an Freunden, älteren Geschwistern oder Filmfiguren. Aber bereits Kleinkinder, die kaum laufen können, hüpfen etwa bei mitreißenden Musikvideos vor dem Bildschirm auf und ab und versuchen, die Bewegungen der Tänzer nachzuahmen.

Es gibt jedoch im Fernsehen unzählige Vorbilder, die zur Nachahmung für Kinder völlig ungeeignet sind. Die hohen Dopamin-Ausschüttungen im jungen Gehirn sorgen dafür, dass beeindruckende Vorbilder nicht nur begeistert nachgeahmt werden, sondern dass sich ihr Verhalten auch neuronal in die Hirnstrukturen einprägt. Welche Vorbilder besonders beeindrucken und dann von Kindern nachgeahmt werden, hängt einerseits vom Geschlecht des Kindes ab, andererseits auch von kulturellen, religiösen und sozialen Prägungen – diese haben einhergehend mit dem jeweiligen Erziehungsstil und den Werten in der Familie Einfluss auf die Wahl der Vorbilder. Jungen mögen starke Actionhelden und Mädchen Puppen, die sie bemuttern.

Ging man in den siebziger Jahren noch davon aus, dass geschlechtsspezifische Vorlieben vor allem anerzogen seien, weiß man heute, dass es die biochemischen Prozesse im Gehirn sind, die zu typisch männlichen und typisch weiblichen Hirnvernetzungen und Vorlieben führen. Die Biochemie der Entwicklung eines typisch männlichen oder typisch weiblichen Gehirns sorgt dafür, dass Jungen mit Autos und Mädchen mit Puppen spielen. Nur wenn eine werdende Mutter am Ende des ersten Viertels der Schwangerschaft unter extremen psychischen Stress steht und das Geschlechtsgen für den Embryo zu spät aktiviert wird, laufen die ausgeschütteten Hormone Testosteron und Östrogen ins Leere – wodurch eine typisch männliche oder eine typisch weibliche Hirnvernetzung nicht vollzogen werden kann. Äußerlich ist das Kind dann zwar männlich oder weiblich, sein Gehirn aber spiegelt das Geschlecht nicht wider – der Junge spielt mit Puppen, das Mädchen bevorzugt Autos.

Mit dem Eintritt in die Pubertät verändert sich die Biochemie des Gehirns schlagartig, und eine sehr sensible Phase beginnt. Von plötzlichen Hormonschüben angetrieben werden Jugendliche nun impulsiv und waghalsig. Die Hormonproduktion der Sexualhormone Testosteron und Östrogen steigt explosionsartig an, überflutet das Gehirn und führt dazu, dass pubertierende in der Regel wenig Selbstkontrolle zeigen und viel risikobereiter sind.

Die hormonelle Umstellung führt bei Jungen wie Mädchen zu deutlichen Verhaltensänderungen. Testosteron gilt als Antreiber-Hormon, das durchsetzungsstark, selbstbezogen und risikobereit macht. Im Alter von 20 bis 30 Jahren erreicht der Testosteronspiegel bei Männern seinen Höhepunkt. Junge Männer suchen Mutprobe, Wettbewerb und Machtkampf; sie wollen stark sein und ihre Rivalen besiegen. Bei Mädchen führen die einschießenden Sexualhormone zu einer erhöhten Sensibilität. Sie sind sehr emotional und suchen intime Gespräche mit ihren Freundinnen. Entweder sind sie himmelhoch-jauchzend oder zu Tode betrübt. Sie schwelgen in Gefühlen und schauen ständig in den Spiegel. Ihr Äußeres wird ihnen immer wichtiger, sie beginnen, sich zu schminken, und vergleichen sich mit anderen Mädchen.

Jungen wie Mädchen überschreiten in der Pubertät Grenzen. Sie wollen von den Erwachsenen als gleichwertig wahrgenommen werden und ihre Welt entdecken. Pubertierende sind weder das eine noch das andere

– längst sind sie keine Kinder mehr, aber sie sind auch noch nicht erwachsen. Sie brauchen viel Verständnis und auch Schutz und die Freiheit, ihre eigene Persönlichkeit und das andere Geschlecht zu erkunden.

Ihr Interesse an Anderen und an der Außenwelt ist sehr hoch. Die hohe Dopamin-Konzentration im Gehirn euphorisiert sie und macht sie neugierig auf Unbekanntes und auch Verbotenes. Pubertierende sind einem Wechselbad der Gefühle ausgesetzt, die Hormone schwingen von einem starken Gefühl zum nächsten. Einerseits brauchen sie Schutz, Bindung und Sicherheit, andererseits wollen sie erwachsen sein und sich unabhängig von Regeln und Vorgaben bewegen. Durch die einschießenden Sexualhormone verändert sich auch ihr Sozialverhalten. Testosteron treibt bei den Jungen den Wunsch nach Autonomie, Macht und Stärke an – Östrogen führt bei den Mädchen zu einem gesteigerten Interesse an harmonischen Beziehungen und Anerkennung.

Die starken Hormonausschüttungen machen Jungen wie Mädchen unsicher und launisch; sie fühlen sich leicht kritisiert und bevormundet und wollen als Erwachsene behandelt werden, obwohl sie noch gar nicht wissen, wer sie sind. Pubertierende sind auf der Suche nach Identität, sie suchen Selbstbestätigung im Außen. Über ihre Interessen wie Musik, Sport, Film und Internet finden sie mit Gleichaltrigen zusammen und lernen, die eigene Identität auszukundschaften. Die Beziehung zu Freunden löst die Rolle der Eltern als Bezugspersonen und Vorbilder ab.

Medienangebote nehmen heute in dieser Phase eine zentrale Rolle im Leben Jugendlicher ein. Die starken oder schönen Vorbilder aus Film und Fernsehen, Internet und Computerspielen fallen auf fruchtbaren neuronalen Boden. Auf der Suche nach Identität geben die Medienvorbilder dem Jugendlichen eine Orientierung, wie er sich im Außen darstellen und verhalten kann.

Starke Helden oder schöne Stars haben, was sich ein Jugendlicher wünscht. Sie sind beliebt und souverän – das verstärkt den Nachahmungswunsch. Pubertierende sind eine empfängliche Zuschauergruppe. Jungen fühlen sich dabei von gewaltverherrlichenden Film- oder Computerspielhelden angezogen, Mädchen eher von den sozialen Netzwerken, attraktiven Stars und Reality Shows. Sie wenden sich vermehrt sozialen Themen zu, Jungen dagegen eher der Männerwelt bestehend aus Technik, Sport, Wettkampf, Rangeleien und Internetpornographie.

Mit Bildungsstand und Erziehungswerten der Herkunftsfamilie einhergehend, wählen Heranwachsende unterschiedliche Orientierungen, was sich in ihren Musik- und Filmvorlieben, dem Kleidungsstil und den bevorzugten Konsumgütern widerspiegelt. Wie Erwachsene, so finden sich auch Jugendliche in sozialen Gruppen zusammen, die ihre eigenen Wertmaßstäbe haben. Aktivitäten, die im Sinne dieser Wertmaßstäbe eine besondere „Coolness" oder Überlegenheit vermitteln, sind für einen Pubertierenden sehr wichtig. Medienangebote prägen Gruppenideale, was in den Neunzigerjahren, der Zeit von Ghettofilmen und Gangster-Rap, zur Bildung von Jugendgangs führte.

Je nach Orientierung engagieren sich Jugendliche für soziale Projekte, lernen für die Schule und planen ihre Zukunft – oder sie schwänzen die Schule, leben leichtsinnig und nach dem Lustprinzip in den Tag hinein. Im Medienzeitalter klagen viele Eltern darüber, dass ihre Kinder schwer zu motivieren sind, zur Schule zu gehen, zu lernen oder auch nur Smartphone, Fernsehen oder Computer für eine Weile ruhen zu lassen. Fernsehen und Internet liefern heutzutage für alle Jugendlichen zentrale Verhaltensvorbilder, an denen sie sich orientieren.

Die Erwachsenenwelt in all ihren Facetten ist Heranwachsenden durch die Medien von klein auf vertraut – und Internetpornographie lädt sie zusätzlich in eine Sexualität ein, die selbst für Erwachsene schwere Kost ist. Das verändert unsere Kinder – es löst sie von alterstypischen Verhaltensweisen und erschwert eine Erziehung, die sich an sozialen Werten orientiert.

Viele Eltern sind mittlerweile überfordert in der Flut der aufregenden Medienberieselung und wissen nicht, wie sie auf ihre Kinder positiv einwirken können. Stars und beeindruckende Filmfiguren bieten Jungen wie Mädchen in der Pubertät besondere Identifikationsmöglichkeiten, die ihren Wünschen nach Anerkennung und Bedeutung entsprechen. Während ihr Gehirn biochemisch auf Hochtouren arbeitet und neuronal alles verankert, was sie berührt, begeistert, bewegt oder erregt, suchen Jugendliche nach Vorbildern.

Filmdarstellungen und starke Helden haben tiefgreifende Wirkung in den jungen Hirnstrukturen. Die Unterhaltungsindustrie bedient die Wünsche der Heranwachsenden nach Stärke, Schönheit und Abenteuer. Dramaturgisch verstärkt durch mitreißende Musik, schnelle Schnitte und Großaufnahmen wird ein aufregendes Lebensgefühl vermittelt – das jugendliche Bedürfnis nach Abenteuer und Liebe, Action und „Thrill" springt an.

Gezielt stimuliert, beeindruckt und gebannt klebt der junge Zuschauer am Bildschirm, während sein Gehirn die Eindrücke im Automatikbetrieb neuronal verankert. Nicht, was sinnvoll, richtig oder gut ist, bestimmt darüber, was in die neuronalen Datenspeicher gelangt und sich dort einprägt – einzig die Intensität der Emotionen, die der Jugendliche am Bildschirm erlebt, entscheidet darüber, wie stabil sich Medieneindrücke neuronal verankern. Je jünger der Konsument ist, je intensiver seine emotionale Beteiligung, desto stärker reagiert das Gehirn mit den entsprechenden Neurotransmitter-Ausschüttungen und prägt Gewalt- und Sexdarstellungen stabil und langfristig in das lernbereite neuronale Netzwerk des jungen und empfänglichen Gehirns ein.

Der erwachsene Zuschauer verfügt im Gegensatz zum

Heranwachsenden über voll entwickelte Hirnfunktionen – er kann daher Bildschirmerfahrungen kognitiv relativieren, was eine gewisse innere Distanz zu den Inhalten erzeugt. Schockierende Sex- oder Gewaltszenen lösen aber auch bei erwachsenen Zuschauern Gefühle aus, die zur Verankerung der Findrücke in geistigen Netzwerken führen.

Der intensive Konsum von fiktionaler Gewalt und Pornographie erzeugt bei Menschen jeden Alters neuronale Effekte, die Struktur des menschlichen Gehirns verändert sich mit jedem emotional aufgeladenen Reiz. Bei Kindern und Jugendlichen ist der Effekt jedoch durch die hohe Konzentration von Dopamin und Acetylcholin und einschießende Sexualhormone um ein Vielfaches höher.

Die biochemischen Gegebenheiten des jungen Gehirns sind vergleichbar mit dem Klima in einem Gewächshaus. Gewaltszenen und Internetpornographie fallen wie Samen auf einen nährstoffreichen Boden und treiben zügig neuronale Keime aus. Das Gehirn eines Heranwachsenden bietet optimale biochemische Voraussetzungen, um unter dem Einfluss fiktionaler Gewalt neuronale Programme zu entwickeln, die wie ein *Mindprogramming-Effekt* ihr Verhalten steuern können. In den rasant wachsenden Hirnstrukturen von Kindern und Jugendlichen erschaffen Gewaltdarstellungen und Pornographie sehr viel schneller neuronale Muster und geistige Programme als in den Hirnstrukturen von Erwachsenen.

Ein Kind, das Gewalt und Pornographie konsumiert, bildet unter dem Einfluss reichlich vorhandener Neurotransmitter-Ausschüttungen in kurzer Zeit neuronale Strukturen im Gehirn aus, die die Bildschirmerfahrungen repräsentieren. Die neuronalen Kopplungen stabilisieren sich mit jedem weiteren emotional gleichartigen Reiz – bis unbewusste neuronale Programme entstanden sind, die unterschwellig das Denken, Fühlen und Handeln des jungen Konsumenten steuern können.

Ein Kind lernt am Bildschirm, dass starke Helden Gewalt anwenden und um sich schießen, dass sie damit ihre Ziele erreichen und ihre Feinde besiegen – es lernt, dass wütende Menschen aufeinander einprügeln und dass es Spaß macht, Feinde zu töten. Diese Lernerfahrungen werden neuronal verankert und stehen dem Denken, Fühlen und Handeln fortan unterschwellig zur Verfügung.

Fiktion und Realität vermischen sich in den jungen Hirnstrukturen – so können frustrierte Jugendliche erschreckende Gewaltphantasien gegen nervige Eltern, Lehrer oder Mitschüler entwickeln. In ihre Phantasie fließen die Darstellungen aus brutalen Unterhaltungsangeboten nicht nur mit ein, sie werden von ihnen gespeist. In den neuronalen Netzwerken verankern sich fiktionale und reale Erlebnisse und werden zur unbewussten Datenbank des jungen Gehirns, die das bewusste Denken, Fühlen und Handeln auch im realen Leben und Erleben unmerklich speist und auch lenkt.

Wirkebenen des Mindprogramming-Effekts

Sozialisation

Wenn ein Kind häusliche Gewalt erlebt, etabliert sein Gehirn neuronale Strukturen, die die Gewalterfahrungen abbilden. Konsumiert dieses Kind dann Mediengewalt, erweitern sich mit jedem fiktionalen Gewalteindruck diese neuronalen Netzwerke. Das Gehirn verbindet neuronal alle Inhalte, die ähnliche Emotionen erzeugen – dies geschieht automatisch.

Das Gehirn unterscheidet nicht, ob Emotionen in der realen Welt erlebt oder durch Bildschirmeindrücke erzeugt werden. Reale und fiktionale Gewalterfahrungen verbinden sich in den Hirnstrukturen und führen zur Ausbildung umfangreicher neuronaler Netzwerke gleichartiger Inhalte, die für weitere Verarbeitungsprozesse schnell zur Verfügung stehen.

Kinder, die Gewalt erleben, bewerten Gewaltdarstellungen anders als behütete und geliebte Kinder – sie nehmen sie als hilfreiche Problemlösestrategien für ihr Leben wahr. Der Bildschirmheld, den sie sich als Vorbild nehmen, ist stark und unbesiegbar und wird dadurch zu einem nützlichen Vorbild in der Welt eines hilflosen und schwachen Kindes – auch oder gerade weil er gewalttätig ist. Ein misshandeltes Kind begreift die Macht des Gewalttäters, es erlebt am eigenen Leib Hilflosigkeit und Ohnmacht unter einem übermächtigen Peiniger – und sein Erleben bestätigt die Richtigkeit der Film- oder Spielfigur, die mit Gewalt bekommt, was sie will.

Die kindliche Logik folgert daraus: *Wer stark sein will, muss Gewalt einsetzen.* Wer mit Gewalt aufwächst, erfährt Gewalt als gebräuchliches Mittel, Ziele zu erreichen und andere zu unterjochen. Gegen Eltern oder ältere Geschwister kann sich das geschlagene Kind nicht wehren – es reagiert mit Scham und Wut und ist hilflos in seiner Opferrolle gefangen. Es entwickelt gegenüber seinen Peinigern Hassgefühle, die zum Treibstoff für Vergeltungsphantasien werden.

Gewalterfahrungen am Bildschirm bekommen in diesem Kontext eine neue Qualität – sie treffen bei einem gewalterfahrenen Kind auf einen äußerst empfänglichen Geist und werden zur Nahrungs- und Inspirationsquelle für Vergeltungsphantasien. Das Kind entwickelt nun, gespeist durch mediale Vorbilder, Ideen und Bilderfolgen, wie es seine Feinde verletzt und besiegt. Ein frustriertes Kind verfolgt gebannt Gewalthandlungen in Computerspielen, Action- oder Horrorfilmen, während sein Gehirn die Gewaltvorlagen neuronal verankert. Empfängliche Hirnstrukturen von Heranwachsenden werden am Bildschirm unmerklich, aber nachhaltig auf aggressive Reaktionen gegen jeden programmiert, in dem man einen Widersacher oder Feind zu erkennen glaubt.

Kognitiv verankert der Heranwachsende die Lösungsstrategie: Um eigenes Leid zu vermeiden und Kontrahenten zu besiegen, muss man selbst Gewalt anwenden. Die Phantasie, sich mit Gewalt zu rächen, wird im Geiste hundertfach durchgespielt, was die neuronalen Verankerungen verstärkt, bis aus ihnen stabile biochemische Programmspuren werden, die unterschwellig jederzeit zum Abruf bereitstehen.

Vor dem Hintergrund von sozialen Missständen, Ausgrenzung, Gewalt und Frustrationen erschaffen mediale Gewaltangebote in den empfänglichen Gehirnen Jugendlicher also gigantische neuronale Netzwerke, die fiktionale Gewalt als Phantasie und Handlungsmuster für die Verwirklichung im realen Leben bereithalten. In der Welt des Computerspiels identifiziert sich der Spieler automatisch mit dem siegreichen Helden, der seine

Feinde tötet. Die Lerneffekte durch Beobachtung werden mithilfe diverser Belohnungsreize verstärkt. Wer Feinde tötet, erhält Punkte, es ertönen Fanfaren – und man steigt in der Spieler-Hierarchie auf. Jeder tödliche Treffer wird mit einem positiven visuellen oder auditiven Reiz belohnt und löst Glücksgefühle aus – mit entsprechenden Neurotransmitter-Ausschüttungen an den Synapsen: Das unbemerkte neuronale *Mindprogramming* am Monitor läuft auf Hochtouren.

Euphorisierende Neurotransmitter-Ausschüttungen überfluten das Gehirn eines jungen Spielers, die erzeugten Glücksgefühle steigern sein Selbstwertgefühl, während sein Gehirn den Einsatz von Gewalt und das Töten von Feinden als glückseliges Handlungsmuster verankert. Der siegreiche Einsatz von Gewalt geht als positive Lernerfahrung in die biochemische Software des Biocomputers ein.

Die verhaltensregulierenden Funktionen der höheren Hirnfunktionen, die unser Handeln einer moralischen Dimension öffnen und uns die Fähigkeit zu Mitgefühl ermöglichen, flauen durch die Lernerfahrungen am Joystick allmählich und unmerklich ab, bis sie vollständig außer Kraft gesetzt sind. Seit Jahren spulen Heranwachsende medial erworbene Gewaltprogramme ab – in ihrem aggressiven und impulsiven Konfliktverhalten auf unseren Straßen, in Kindergärten, an Schulen, in Diskotheken und auf U-Bahnhöfen. Sie brüsten sich mit ihren Taten, schauen hämisch und ohne Mitgefühl auf ihre Opfer und zeigen keinerlei Unrechtsbewusstsein. Beim stundenlangen Konsum von Gewaltspielen zeigt das *Mindprogramming* junger Hirnstrukturen durchschlagende Wirkung auf verschiedenen Ebenen: Einerseits löst es im Hinblick auf den Einsatz von Gewalt Hemmschwellen und Mitgefühl auf, andererseits vermitteln die Spiele gewalttätige Handlungsstrategien, die mit positiven Emotionen gekoppelt und verinnerlicht werden.

Als Gewaltprävention installieren wir Überwachungskameras und bieten Anti-Aggressionskurse an – lassen es aber zu, dass sich unsere Kinder am Bildschirm mit Gewalt unterhalten, was ihre Hirnprozesse unbemerkt auf den Einsatz von Gewalt programmiert. Ein nichtiger Konflikt oder ein Missverständnis können ausreichen, um die Wut eines frustrierten Jugendlichen zu entfachen – in einer solchen Intensität, dass sein Gehirn in den affektiven Automatikbetrieb umschaltet und ein medial erworbenes Verhaltensprogramm handlungssteuernd wird, das neuronal als passende Reaktion auf den „Feind" und die erlebte Emotion verankert ist. Im Dominanzrausch des reichlich vorhandenen Testosterons und ohne regulierende Hemmschwellen und Akte des Verstandes wird der vermeintliche Feind ungebremst zu Tode geprügelt.

Der Affekt setzt die Vernunft außer Kraft – wie ferngesteuert läuft in dem jungen Täter ein neuronal aktiviertes Vernichtungsprogramm ab. Später wird er sagen, sein ganzes Handeln sei „wie in einem Film" abgespult, er weiß dann nicht, wie das hatte passieren können. Auf dem Bildschirm werden die Folgen einer Gewalttat für das Opfer meist ausgeblendet – die beliebten Zeichentrickfiguren nehmen ohnehin keinen Schaden. So wird die beobachtete Gewalt im Gehirn eines Kindes nicht mit den schlimmen Konsequenzen für das Opfer verbunden – mit verheerenden Folgen.

In Film und Fernsehen wird die Aufmerksamkeit auf den Gewaltakt und die körperlichen Folgen gelenkt – nur selten erfährt man mehr vom Schmerz und dem Leid des Opfers. Insbesondere für junge Zuschauer ist diese Darstellungsweise verhängnisvoll – und prägt die Gewalttaten der Medienkinder. Sie zeigen sich fast immer gleichgültig in Hinblick auf das Leid und die Qualen ihres Opfers. Ihre Aufmerksamkeit ist darauf fokussiert, siegreich aus einem Konflikt hervorzugehen. Die Verwirklichung medialer Gewalt ist für einen gewalterfahrenen Heranwachsenden nur ein kleiner Schritt. Er ist an Gewalt als gebräuchliches Durchsetzungsmittel gewöhnt und hat unter dem Einfluss seiner Sozialisation und der positiv bewerteten Bildschirmgewalt die Täterrolle längst als siegreich und stark verinnerlicht.

Zunehmend werden die Flut von Gewaltdarstellungen und die frei verfügbare Internetpornographie jedoch zu einem Verhaltensvorbild für alle Kinder des Medienzeitalters. Selbst wenn Eltern es schaffen, ihren Kindern inmitten von Bildschirmgewalt und Internetpornographie prosoziale Werte und Verhaltensweisen zu vermitteln – sobald Kinder in den Kindergarten oder in die Schule kommen, lernen sie von anderen Kindern und übernehmen deren Verhalten. Die tägliche Präsenz und die ständige Verfügbarkeit von Mediengewalt und Internetpornographie haben direkt oder indirekt Wirkung auf jedes Kind.

Unterschwellige Wahrnehmung, Aufmerksamkeit und Assoziationen

Täglich empfängt unser Gehirn Unmengen an Informationen, von denen uns nur ein verschwindend geringer Teil überhaupt bewusst wird. Unserer Wahrnehmungen erfolgt fast ausschließlich unbewusst – nur 0,0004% aller Sinneseindrücke, die unser Nervensystem verarbeitet, erreichen unser Bewusstsein.

Man könnte meinen, dass alles, was nicht an unser Bewusstsein übermittelt wird, auch keinen Einfluss auf uns oder unsere geistige Datenbank hat. Doch das Gehirn arbeitet nach anderen Vorgaben: auch Reize, die wir bewusst nicht wahrnehmen, empfängt unser Biocomputer, um sie blitzartig mit unserer geistigen Matrix abzugleichen und unbewusst zu speichern. Ein eindrucksvolles

Experiment[83] [84] am Sigmund-Freud-Institut zur Schlaf- und Traumforschung konnte belegen, dass wir im Schlaf auch jene Eindrücke und Bilder verarbeiten, die wir bewusst nicht wahrnehmen.

In einem ersten Versuch wurde einer Gruppe von Probanden kurz vor dem Schlafengehen eine rasche Folge von Diaprojektionen gezeigt; die Fotos präsentierte man nur 8/100 Sekunden, so dass sie unterhalb der Wahrnehmungsschwelle blieben. Alle Studienteilnehmer sahen also lediglich eine schnelle Abfolge von wechselnden Lichtblitzen, die geometrischen Figuren auf den Fotos waren nicht erkennbar. Als man die Versuchspersonen nachts aus ihrer Traumphase weckte, die mittels EEG angezeigt wurde, berichteten sie zum Erstaunen der Versuchsleiter, dass in ihren Träumen geometrische Figuren aufgetaucht seien – jene Figuren, die man ihnen auf den Dias präsentiert hatte. Obwohl die Versuchspersonen die Bilder bewusst nicht sehen konnten, hatte ihr Gehirn die Inhalte empfangen, verarbeitet und sinnhaft in das Traumgeschehen eingewoben.

In einem weiteren Experiment spielte man den Probanden kurz vor dem Schlafengehen eine Geschichte rückwärts von einem Tonband vor. Die Worte waren völlig unverständlich, es war unmöglich, sie zu verstehen. Als die Teilnehmer aus ihrer Traumphase geweckt wurden, fand sich die rückwärts abgespielte Geschichte erstaunlicherweise in ihren Träumen wieder. Das Unterbewusstsein hatte die unverständlichen Worte verstanden und in das Traumgeschehen eingewoben.

Die Ergebnisse der Studie sind mehr als überraschend.

---

(83) W. Leuschner, S. Hau (1992). *Zum Prozessing künstlich induzierter Tagesreste. Eine experimentelle Studie zum Pötzel-Phänomen.* Materialien aus dem Sigmund Freud Institut, 12. Frankfurt am Main

(84) Leuschner, Hau, Fischmann (1997). *Transformationsprozesse sublimal indizierter akustischer Stimuli in Schlaf und Traum,* Abschlussbericht zur DFG-Studie Le 598/5-1

Sie legen den Schluss nahe, dass das menschliche Unterbewusstsein über ein höheres intellektuelles Potential verfügt als der bewusste Verstand. Die überragende Fähigkeit unseres Unbewussten, unterschwellige Wahrnehmungen und sogar unverständliche Worte richtig zu erfassen, während es die Inhalte unbemerkt an unseren Geist übermittelt, lässt uns erahnen, wie hoch unser ungenutztes Hirnpotential ist.

Unbewusst können wir mehr verstehen als es unserem bewussten Verstand möglich ist. Die Schattenseite des gigantischen Wahrnehmungsradius' unseres Unbewussten ist, dass wir, ohne es zu wissen, auch äußerst anfällig für Manipulation sind. Wird das Unterbewusstsein gezielt mit Botschaften angesprochen, die unterhalb unserer bewussten Wahrnehmungsschwelle liegen, spricht man von SUBLIMINALEN BOTSCHAFTEN. Bewusst sind wir nicht in der Lage, diese Inhalte wahrzunehmen, dennoch registriert sie unser Gehirn und verarbeitet sie sinnvoll.

Subliminale Botschaften lassen sich in Musikstücke oder Filme integrieren und können Informationen direkt an das Unterbewusstsein des Empfängers übermitteln, ohne dass er es bemerkt. Film und Fernsehen präsentieren uns 24 Bilder per Sekunde. Wir nehmen aber nicht jedes einzelne Bild wahr, wir nehmen den ganzen Film wahr. Das Gehirn setzt die Bilder blitzartig zusammen, ohne dass uns die Einzelteile bewusstwerden. Welche Bilder zusätzlich in der Bilderflut verborgen sind, bemerken wir nicht. Der Zuschauer am Bildschirm hat keine Chance wahrzunehmen, was ihm inmitten der Feierabendunterhaltung unterschwellig präsentiert wird.

Subliminale Botschaften gelten als äußerst wirksames Mittel, um Menschen unbemerkt zu beeinflussen. In den letzten Jahrzehnten sind die Massenmedien in unserer Gesellschaft zu einem mächtigen Manipulationsinstrument geworden. Um Produkte wirkungsvoll unters Volk zu bringen, werden Bedürfnisse in Werbeblöcken gezielt stimuliert. Nur ein Teil dieser Stimulation wird uns bewusst, der andere Teil bleibt im Verborgenen – und kaum einer weiß, dass sich Film- oder Tonmaterial mit Bildern, Worten, Tönen oder Werbebotschaften unterlegen lässt, die bewusst nicht wahrnehmbar sind. Selbst Eindrücke, die im Bereich unserer bewussten Wahrnehmungsmöglichkeiten liegen, bleiben uns größtenteils unbewusst, denn alles, was unsere Sinnesorgane empfangen, wird von unserem Gehirn gefiltert. Unser Gehirn entscheidet im Alleingang, welche Eindrücke uns aus der Fülle der Umwelteindrücke bewusstwerden.

Eine Schlüsselrolle bei der Auswahl übernimmt unsere Aufmerksamkeit, die sich unwillkürlich immer auf das richtet, was uns emotional oder kognitiv anspricht. Wir sind aufmerksam für Reize, die zu unserer Stimmung, unseren Werten, Einstellungen und Bedürfnissen passen – und unser Gehirn filtert aus allen Umweltwahrnehmungen jene heraus, die für uns bedeutungsvoll sind.

Bei der Auswahl von Filmen oder Fernsehsendungen fühlen wir uns ebenfalls bevorzugt zu dem hingezogen, was für uns bedeutungsvoll ist. Was wir gern am Bildschirm konsumieren, ist ein Spiegel unserer Geschichte und unserer emotionalen Verfassung. Filmvorlieben sagen viel über unsere innere Welt, unsere Werte, Träume, Wünsche und Lebenserfahrungen aus. Welche Gefühle dominieren unser Leben? Ist es Liebe? Angst? Hass? Bevorzugen wir Liebesfilme, Thriller oder Horror? Blut und Gewalt, Schrecken und Sex erregen immer unsere Aufmerksamkeit, unabhängig von unserer Geschichte oder Sozialisation. Was vom Alltäglichen und von der Norm abweicht, macht uns aufmerksam. Verstärken Musik, schnelle Schnitte und Großaufnahmen zusätzlich diese Angebote, dann erhöht sich unsere Aufmerksamkeit noch mehr – was auch die Speichereffekte in unserem Gehirn verstärkt. Unser Biocomputer filtert aus allen Wahrnehmungen ständig jene heraus, die er assoziativ im geistigen Netzwerk mit den bereits vorhandenen Inhalten verbinden kann.

Besonders aufmerksam sind wir, wenn unser Gehirn Eindrücke blitzartig mit etwas Bekanntem assoziieren kann. Jeder von uns nimmt Dinge wahr, die anderen entgehen. Interessieren wir uns für schnelle Autos, wird unser Blick unwillkürlich den Sportwagen erfassen, der auf der Gegenfahrbahn an uns vorbeirast, während unser Beifahrer, der kein Interesse an Sportwagen hat, ihn in der Fülle der schnellen Reize gar nicht bemerkt. Das Gleiche gilt für Szenen und Bilder aus Filmen oder Computerspielen. Je mehr Assoziationen das Gehirn unbewusst mit den Bildschirmeindrücken herstellen kann, desto aufmerksamer werden die Darstellungen wahrgenommen und desto umfassender werden sie verarbeitet.

Wer eine von Gewalt geprägte Kindheit erlebt, nimmt Gewaltdarstellungen aufmerksamer wahr als jemand, der keine Erfahrung mit Gewalt hat. Der Mensch nimmt seine Umwelt immer im Rahmen seiner Vorerfahrungen und den biochemischen Möglichkeiten seines Gehirns wahr.

Obwohl wir davon ausgehen, Emotionen situativ neu zu erleben, sind sie überwiegend Projektionen vor dem Hintergrund alter Erfahrungen – es gibt keine objektive äußere Realität, die unabhängig ist von dem, was unser Gehirn im Rahmen seiner individuellen Datenbank gespeichert hat. Wer frustriert ist und mit pessimistischem Blick auf die Welt schaut, erlebt die Welt entsprechend düster. Wer glaubt, dass die Welt feindlich und ungerecht ist, wird sich häufiger bedroht fühlen.

Die Realität, die wir objektiv wahrzunehmen glauben, ist immer ein Konstrukt unseres Gehirns, eine Spiegelung dessen, was bereits neuronal in den Hirnstrukturen verankert ist. Die Welt wie wir sie sehen und erfahren ist lediglich ein Abbild der neuronalen Erfassungsmöglichkeiten unseres Biocomputers, der seine Software selbst schreibt.

Ein Jugendlicher, der von seinen Eltern häufig kritisiert und herabgesetzt wird, wird diese Absicht auch in anderen Menschen vermuten und dann auch wahrnehmen. Eine beiläufige, kritische Bemerkung wird im limbischen System seines Zwischenhirns emotional deutlich negativer eingefärbt als bei einem häufig gelobten und behütetem Kind. Gehen wir wegen einer Nichtigkeit an die Decke, geschieht das, weil unser Gehirn in diesen Moment auch die unangenehmen Erfahrungen der Vergangenheit abruft, die mit dem aktuellen Erleben assoziativ und unbewusst verknüpft werden. Der „schale Blick" oder die „böse Kritik" entstehen dann in besonderer Weise im Kopf des Empfängers, nicht außerhalb. Die Welt, die wir wahrnehmen, entsteht eben immer zuerst in unserem Kopf – sie ist Ergebnis automatisierter neuronaler Verarbeitungsprozesse, die der Logik unserer persönlichen Lebensgeschichte folgen. Die Realität, die wir glauben, objektiv wahrzunehmen, ist immer eine subjektive Schöpfung unseres Gehirns auf der Grundlage seiner typisch menschlichen Software.

Erfahren Kinder im Elternhaus Lieblosigkeit, seelische oder körperliche Verletzungen, dann richtet sich ihre Wahrnehmung darauf aus, diese feindlichen Reize aus der Fülle der Umweltreize herauszufiltern, um sich besser schützen zu können. Heranwachsende aus sozialen Randgruppen, Heranwachsende, die in schwierigen Familienverhältnissen aufwachsen, zeigen sich deshalb leichter reizbar und haben häufig eine niedrigere Hemmschwelle, selbst gewalttätig zu werden, als Kinder aus einem behüteten Elternhaus.

Filmgewalt ist für sie ein Vorbild, ihre Ohnmacht zu überwinden. Sie nehmen sie als positive Lösungsstrategie für Konflikte wahr und verankern sie in ihren Hirnstrukturen als sinnvolles Schutzprogramm gegen eine vermeintlich feindlich gesonnene Umwelt. Für diese Kinder sind gewalttätige Filmfiguren realistische Handlungsvorbilder, deren Verhalten eine Vorbildfunktion hat – und zwar nicht nur im Affekt. Brutale Handlungsmuster werden nicht nur als unbewusstes Reaktionsprogramm aktiv, die Filmvorlagen werden auch bewusst und sehr gezielt eingesetzt, um Macht zu demonstrieren und andere zu unterjochen.

Gewaltprogramme

Kinder, die unter dem Einfluss von Mediengewalt aufwachsen, haben bis zum Beginn der Pubertät bereits Tausende von medialen Gewaltprogrammen in ihrem Gehirn verankert; diese stehen in einer Konfliktsituation spontan zum Abruf bereit. Das betrifft nicht nur Kinder, die mit Gewalt aufwachsen.

Filmfiguren bekommen, was sie wollen, und die anderen haben Respekt vor ihnen – das beeindruckt Kinder aus allen sozialen Schichten. Jeder Heranwachsende ist fasziniert von siegreichen Helden, von Macht und Stärke.

Kinder haben grundsätzlich weniger Macht und Einfluss, daher lieben sie es, stark zu sein und zu gewinnen. Letztlich entscheiden aber die Erfahrungen im Elternhaus und die Werte in der Gemeinschaft unter Gleichaltrigen darüber, wie Gewalt siegreicher Bildschirmhelden in das Netzwerk des Gehirns integriert wird. Ob das Gesehene als Fiktion mit wenig Realitätsbezug verarbeitet oder unbewusst mit realen Gewalterfahrungen gekoppelt wird, bestimmt dabei über die Intensität des *Mindprogramming-Effekts* am Bildschirm.

Kinder, die Gewalt erfahren, wissen, dass Gewalt Macht bedeutet. Sie wissen, dass der Stärkere mit Gewalt bekommt, was er will; er hat die Macht, seinen Willen durchzusetzen und seine Ziele zu erreichen, während sich das Opfer ohnmächtig unterordnen muss. Diese Erfahrung unterstützt den *Mindprogramming-Effekt* von

Bildschirmgewalt, der im emotionalen Spannungsfeld der Pubertät die stärkste Wirkung entfaltet.

Pubertierende ecken leicht an, sie sind sich ihrer selbst noch nicht sicher und reagieren auf Kritik schnell aufgebracht oder aggressiv. In einer Bedrohungssituation entscheidet unser Gehirn blitzartig, ob es ein Kampf- oder ein Fluchtprogramm als Reaktion auswählt und aktiviert. Wer in seinen Hirnstrukturen Kampfstrategien gespeichert hat, wird bei einer Bedrohung eher den Angriff wählen als die Flucht. Binnen Bruchteilen von Sekunden fällt die Entscheidung zu kämpfen oder zu flüchten – und das unbewusst. Blitzartig gleicht das Gehirn den Bedrohungsreiz mit den eigenen Möglichkeiten ab und stellt dem Bewusstsein das passend erscheinende Reaktionsprogramm zur Verfügung.

Als ich gegen Ende der Neunziger Jahre mit Kindern aus einer städtischen Einrichtung für verhaltensauffällige Jugendliche sprach, berichteten die 12- bis 15-jährigen Jungen begeistert von ihren Vorbildern aus den damals sehr beliebten Karate-Filmen. Sie zeigten mir diverse Tritt- und Schlagfolgen, die sie von Jean-Claude van Damme und Bruce Lee am Bildschirm gelernt hatten.

Die meisten von ihnen waren in dieser Einrichtung, weil sie andere Kinder misshandelt, geschlagen oder erpresst hatten. Sie schlugen und traten ihre Opfer auf der Straße oder auf dem Pausenhof und ließen erst ab, weil jemand eingriff oder wenn das Opfer blutend und weinend am Boden lag. In ihren Familien hatten diese Kinder selbst Misshandlung und Gewalt erlebt, das Leid des Opfers kannten sie aus eigener Erfahrung – und diese versuchten sie nun zu kompensieren, sie wollten stark und mächtig sein und die Opferrolle verlassen, indem sie selbst zum Täter wurden.

Scham oder Reue empfanden sie nicht. Schamgefühle kamen interessanterweise erst auf, wenn ich sie bat, von ihren eigenen Misshandlungserfahrungen im Elternhaus zu berichten. Die Schwäche des Opfers lehnten sie vehement ab, man musste stark sein, denn nur so kann man in dieser feindlichen Welt bestehen. Das war das Fazit ihrer jungen, schmerzlichen Lebensgeschichte. Wie ihre Filmhelden setzten auch meine Gesprächspartner rücksichtslos Gewalt ein, um ihre Opfer gefügig zu machen.

Das sogenannte *Abziehen* von Markenkleidung und das Erpressen von Schutzgeld war eine ihrer üblichen Handlungen. Die Jungen wählten schwächere Opfer – jüngere Kinder oder Außenseiter, die schutzlos waren – und setzten sie mit körperlicher Gewalt unter Druck. Das Leid ihrer Opfer interessierte sie nicht, ebenso wenig wie sich ihre Peiniger für ihr Leid interessiert hatten.

Dennoch waren die Jungen, mit denen ich sprach, feinfühlig. Sie schienen zutiefst verletzt. Sie waren keine bösen Kinder, sie kannten aber weder Liebe noch Geborgenheit. In ihrem jungen Leben fehlte die Erfahrung von Wertschätzung, Mitgefühl und Anerkennung. Was sie im Elternhaus und aus Filmen gleichermaßen lernten: entweder ist man Opfer oder Täter.

Derartige Lebensumstände prädestinieren Kinder dafür, die am Bildschirm verinnerlichte Gewalt ohne jeden Skrupel in ihr reales Leben zu übertragen. Je mehr Gewalterfahrungen ein Kind hat, desto stärker werden Gewaltdarstellungen zu einem Verhaltensvorbild. Wenn Eltern Gewalt einsetzen, um ihr Kind gefügig zu machen, kann sich beim Kind kein Unrechtsbewusstsein im Hinblick auf den Einsatz von Gewalt entwickeln. Es weiß zwar, dass man das nicht tun darf, aber durch die wiederholte Gewalterfahrung am eigenen Leib und deren Verstärkung am Bildschirm legitimiert sich gewalttätiges Handeln im eigenen Bewusstsein.

Behütete Kinder, die gewaltfrei aufwachsen, haben eine höhere Hemmschwelle, die Gewalt der Bildschirmhelden in die Realität zu übertragen. In ihren Gehirnen ist ein Unrechtsbewusstsein gegenüber dem Einsatz von Gewalt verankert. Letztlich gilt jedoch – unabhängig davon, ob ein Kind im Elternhaus Liebe oder Missachtung erfährt: das Gehirn eines jungen Menschen, das täglich stundenlang mit Gewaltspielen oder -filmen gefüttert wird, bildet automatisch neuronale Netzwerke aus, die seine brutalen Bildschirmerfahrungen repräsentieren. Im Affekt können diese Inhalte auch bei einem behüteten Kind neuronal abgerufen werden und sein Verhalten ebenso gewalttätig steuern, wie das Verhalten eines gewalterfahrenen Kindes.

Unter Alkoholeinfluss erhöht sich das Risiko, dass *Mindprogramming-Effekte* von Bildschirmgewohnheiten handlungssteuernd werden, um ein Vielfaches. Alkohol löst innere Hemmschwellen auf, das Gehirn schaltet in den Reptilienhirnmodus, und die niederen Triebe und das Ego bestimmen Denken, Fühlen und Handeln. Der Wille, Stärke zu demonstrieren und zu siegen, tritt in den Vordergrund. Unangemessenes oder verletzendes Verhalten, das normalerweise von der Vernunft, von moralischen Wertvorstellungen oder vom Schamgefühl gebremst wird, kann unter Alkoholeinfluss ungehemmt und wie im Affekt das Handeln bestimmen.

Alkohol verschiebt Hemmschwellen und setzt verdrängte und bislang ausgebremste Aspekte der Persönlichkeit mit all ihren aufgestauten Gefühlen frei. Wer Aggression und Frustration in sich trägt, wird unter dem Einfluss von Alkohol gereizter und aggressiver sein – wer Trauer und Enttäuschungen in sich trägt, wird weinerlich und schwächelt. Viele der von Jugendlichen verübten Gewalttaten, insbesondere die neuartigen Sexualstraftaten von Minderjährigen, ereignen sich unter Alkoholeinfluss. Doch nicht der Alkohol ist ursächlich für die Gewalttat, er ist lediglich verantwortlich für die unzensierte Freisetzung gespeicherter Gewaltprogramme.

Bildschirmlernen

Am Bildschirm sind Kinder in der Beobachterrolle. Wenn sie Gewalt konsumieren, können sie zwischen Täter- und Opfer-Perspektive wählen und haben die Möglichkeit, die Handlungen genau zu studieren. In Computerspielen wiederholen sich Kampfhandlungen tausendfach, Kinder sitzen gebannt in der Bildschirm-Trance und beobachten auf einem hohen neuronalen Erregungslevel die Handlungsmuster der Figuren.

Je jünger der Konsument ist, desto stärker wirken Bildschirmeindrücke auf ihn ein. Er empfängt nicht nur brutale Bilder, sondern fühlt mit – und je höher seine emotionale Beteiligung ist, desto stärker prägen sich die Eindrücke neuronal ein.

Aus der Perspektive der Hirnforschung ergibt sich eine nachvollziehbare Logik für die enthemmte Gewaltbereitschaft von Kindern und Jugendlichen im Medienzeitalter. Hat ein junges Gehirn umfangreiche neuronale Netzwerke errichtet, die brutale Handlungsmuster repräsentieren, reicht ein kleiner Auslösereiz aus, um ein Gewaltprogramm abzurufen.

Für die Aktivierung von Handlungsprogrammen zählt im Gehirn dabei nur das subjektive Empfinden des Empfängers. Emotionale Vorerfahrungen bestimmen dabei, wie er auf kritische Reize reagiert. Ungeliebte und frustrierte Heranwachsende identifizieren sich am Bildschirm bevorzugt mit den grausamen und siegreichen Helden, deren Verhalten sie nachahmen, um die eigene Schwäche und Hilflosigkeit hinter sich zu lassen. Es ist nicht möglich vorauszusagen, zu welchem Zeitpunkt mediale Gewaltvorbilder sich Bahn in die Realität brechen – wir wissen mit Sicherheit nur, dass der Konsument von medialer Gewalt lernt – ob er will oder nicht.

Bei stereotypen Wiederholungen und starken Emotionen löst die Biochemie im Gehirn des Empfängers automatisch neuronale Kopplungen aus, die zu Speicherprozessen in den Hirnstrukturen führen. Je öfter ein Verhalten oder ein Verhaltensmuster dann beobachtet wird, desto stabiler prägt es sich ein. Alles, was als erfolgreiche Denk- oder Handlungsstrategie in das System passt, wird als neuronales Programm in den Hirnstrukturen verankert. Etablierte Programme werden ständig erweitert, und je öfter ein Programm wiederholt wird, desto stabiler wird es und desto schneller ist es wieder verfügbar.

Ständig errichtet das Gehirn in Selbststeuerung Gedanken-, Gefühls- und Handlungsprogramme, die für unser Leben nützlich sind oder nützlich erscheinen. Welche Reaktionsprogramme durch welche Reize aktiviert werden, entscheidet der Biocomputer blitzartig und unabhängig vom Bewusstsein im Alleingang. Die unbewusste Vorgabe wird an den Neocortex übermittelt und kann nun das bewusste Denken, Fühlen und Handeln steuern.

Da das Großhirn bei der Verarbeitung von neuen Reizen immer auf gespeicherte Daten zurückgreift, bestimmen unsere früheren Erfahrungen auch über zukünftige Erfahrungen. Viele Menschen erleben ständig Wiederholungen alter emotionaler Erfahrungen und reagieren mit den (biochemisch) bewährten und bereits etablierten Reaktionsmustern. Die blitzartige, unbewusste Bewertung einer Situation gibt vor, wie wir das Außen erleben. Auch Bildschirmerfahrungen prägen unsere inneren Erwartungen und können unterschwellig in die Deutung von Situationen einfließen.

Jeder Zuschauer, der regelmäßig fiktionale Gewalt konsumiert, wird davon beeinflusst. Die tägliche Präsenz von Gewalt auf unseren Bildschirmen zeigt nicht nur bei Kindern Wirkung, sondern überall in unserer Gesellschaft. Die Flut an Gewaltdarstellungen, die der Bürger täglich zu sehen bekommt, senkt kollektiv die Hemmschwelle, Gewalt zur Konfliktlösung oder Selbstbehauptung im Alltag einzusetzen.

Datenspeicherung im Gehirn – Unbewusste Programme

Grundsätzlich gilt, dass Eindrücke und Informationen umso leichter und stabiler im Gehirn verankert werden, je mehr Assoziationen sie in bestehenden neuronalen Netzwerken auslösen. Was immer mit Bedeutungen belegt auf der geistigen Festplatte gespeichert wird, steht fortan für die Verarbeitung neuer Eindrücke zur Verfügung. Gefühle sind das Bindeglied für die Verankerung und den Abruf von Informationen. Löst ein Ereignis Emotionen aus, werden sofort assoziative Verknüpfungen zu gespeicherten Inhalten mit der gleichen emotionalen Qualität hergestellt. Diese Inhalte fließen unbewusst in das aktuelle Denken, Fühlen und Handeln der Person ein.

Auch unsere Aufmerksamkeit und unsere Wahrnehmung werden durch den unbewussten assoziativen Abruf von gespeicherten Inhalten gelenkt. Neuronale Netzwerke, die eine zentrale oder häufig erlebte Emotion repräsentieren, vergrößern sich fortwährend, da sich unsere Aufmerksamkeit immer automatisch auf das uns Bekannte richtet. Das Gehirn nimmt bevorzugt das wahr, was es sofort erkennen und deuten kann. Dadurch erweitern sich vor allem jene neuronalen Netzwerke, die häufig aktiviert werden. Der Zuschauer filtert unbewusst auch am Bildschirm aus der Fülle der Reize jene heraus, die seine geistige Struktur und seine Emotionen bestätigen.

Vielen Menschen erscheint es nicht sonderlich bedrohlich, wenn die Medienindustrie Gewalt anbietet – und das zur Unterhaltung. Wer Gewalt ablehnt, schaltet um oder schaut weg. Jene Zuschauer aber, die Gewalt kennen und sie als geeignetes und legitimes Mittel sehen, um Konflikte zu lösen und Ziele zu erreichen, schauen sehr genau hin. Das gilt für Kinder und Erwachsene gleichermaßen. Junge Hirnstrukturen sind jedoch um ein vielfaches lernbereiter und formbarer. Hinzu kommt, dass Kinder und Jugendliche von Natur aus an ungewöhnlichen, aufregenden oder verbotenen Inhalten interessiert sind; je stärker sie sich von Darstellungen emotional angesprochen fühlen, desto stärker prägen sich diese Inhalte ein.

Da das Gehirn nicht zwischen Fiktion und Realität unterscheidet, fließen auch die Eindrücke aus der Film- und Computerspielwelt durch assoziative Prozesse in das Denken, Fühlen und Handeln des Nutzers ein. Der Empfänger hat weder Einfluss darauf, welche neuronalen Programme durch den Konsum von fiktionaler Gewalt oder Pornographie in seinen Hirnstrukturen errichtet werden, noch kann er dies steuern. Er bemerkt auch nicht, wann die am Bildschirm erworbenen neuronalen Programme sein bewusstes Denken, Fühlen oder Handeln unterschwellig steuern.

Bei einem gesunden prosozialen Erwachsenen, dessen Frontalhirn ausgereift ist, gehen moralische Werte und vorausschauende Denkprozesse in die Handlungssteuerung ein. Bei Kindern und Jugendlichen dagegen sind diese kognitiven Fähigkeiten noch nicht im vollen Umfang entwickelt. Ein wütendes Kleinkind lässt sein Trotz- oder Wutprogramm so lange ablaufen, bis es erschöpft ist oder von den Eltern gebremst wird. Heranwachsende setzen die unbewusst zur Verfügung gestellten Verhaltensprogramme direkt und sofort in Handlungen um – ohne den Umweg über die Vernunft. Das macht Gewaltdarstellungen und die frei verfügbare Internetpornographie für Kinder gefährlich.

In einem Kindergehirn bilden sich wegen der hohen Konzentration von Acetylcholin und Dopamin sehr viel schneller als beim erwachsenen Zuschauer neuronale Strukturen, die Gewalt von Bildschirmhelden abbilden und für das Verhalten verfügbar halten.

In seinem Buch *Ethik ist wichtiger als Religion,* stellt der Dalai Lama treffend fest: „Unser Gehirn ist ein lernendes Organ. Die Neuropsychologie lehrt uns, dass wir unser Hirn trainieren können wie einen Muskel. So können wir bewusst Gutes und Schönes in uns aufnehmen und unser Gehirn positiv beeinflussen und Negatives überwinden."[85]

Unsere tägliche Medienkost arbeitet, neuropsychologisch betrachtet jedoch in die entgegengesetzte Richtung. Und das ist fatal für uns und unsere Gesellschaft.

---

(85) *Der Appell des Dalai Lama an die Welt, Ethik ist wichtiger als Religion* (2015). Benevento Publishing, S.24

Internetpornographie und Jugendschutz

Im Internet finden wir den größten Pornomarkt der Welt. Der Umsatz des größten Anbieters MindGeek84, der verschiedene Porno-Seiten betreibt, wird auf jährlich über fünf Milliarden Dollar geschätzt. 30% des weltweiten Datenverkehrs im Internet beziehen sich auf Pornographie – 70% aller Männer konsumieren sie regelmäßig. Weltweit ist die Pornoindustrie 97 Milliarden Dollar wert.[86]

1,3 Milliarden Klicks gehen pro Tag auf Pornoseiten. Die Zahl der weltweiten Twitter Nutzer belief sich 2021 zum Vergleich auf 362, 6 Millionen. Im Jahr 2019 wurden allein auf der Pornoseite Pornhub 1,36 Millionen Stunden Videomaterial hochgeladen. Pro Sekunde werden weltweit mehr als 30 000 Pornoclips online angesehen. Durchschnittlich schauen Männer 70 Minuten pro Woche Pornos. In den USA wird alle 39 Minuten ein neuer Porno gedreht. 12,4 Prozent des weltweiten Porno-Traffics erfolgt in Deutschland, der Länderdurchschnitt liegt bei 7,7 %. In Europa wird pro Tag mit Internetpornographie 12,6 Millionen Euro Umsatz erzielt.[87]

Internetpornographie ist ein Milliardengeschäft mit gigantischen Umsätzen und einem enormen Suchtpotential. Mit einem Mausklick finden sich im Internet alle Spielarten sexueller Praktiken in Groß und Nahaufnahme, rund um die Uhr, ohne Kosten und ohne wirksame Altersbeschränkung. Besonders beliebt sind Video-Chat Rooms mit weiblichen Modellen, die in Großaufnahme direkt in die Tiefen ihrer Vagina blicken lassen, und auch

---

(86) Statistic (save-our-sexuality.org)
(87) Zehn nackte Tatsachen zu Pornografie | Die Techniker (tk.de) (https://www.tk.de/techniker/magazin/lifestyle/liebe-sex-partnerschaft/mypornme/zehn-nackte-tatsachen-zu-pornografie-2090126?tkcm=ab)

Urinieren und das Ausscheiden von Kot werden live vor der Kamera geboten. Darüber hinaus findet man jedwede Spielart menschlicher, meist aber entmenschlichter Sexualität. Ein frei verfügbares Sexangebot in dieser Dimension hat es nie zuvor gegeben; es verändert unsere Welt – und es verändert die Vorstellung junger Menschen von Sexualität.

Obwohl es den Bestimmungen des Jugendmedienschutzes gemäß verboten ist, Minderjährigen Zugang zu Pornographie zu gewähren, kann sich jedes Kind im Internet rund um die Uhr harte, absurde und brutale Pornographie anschauen. Das zeigt Wirkung. In der Altersgruppe der 8-16-Jährigen nutzen 75% das Internet täglich.[88]

Besonders deutlich zeigt sich der Effekt des frei verfügbaren Pornomarktes im Internet bei pubertierenden Jugendlichen. Die hormonellen Abläufe der sexuellen Reifung auf dem Weg ins Erwachsenenwerden sind immer noch die gleichen wie seit Anbeginn der Menschheit. Mit der Pubertät erwacht das Interesse am anderen Gechlecht, das sich natürlicherweise schrittweise und meistens eingergend mit erster Verliebtheit entfaltet. Küsse und Zärtlichkeiten gingen vor der Pornografisierung unserer Kinder dem ersten Geschlechsverkehr oft monatelang voraus. Dass viele Kinder heute schon mit zwölf Jahren ihr erstes Mal erleben, ist kein Fortschritt in der Entwicklung der menschlichen Sexualität. Es ist auch kein Zeichen dafür, dass Heranwachsende „sexuell einfach schon viel weiter seien", als die Generationen davor. Es ist schlicht und ergreifend dem Einfluss der Pornoindustrue geschuldet, dass Küsse, Verliebtsein und Petting aus der jugendlichen Erlebniswelt verschwinden, und dass es normal geworden ist, per Chat, sexuelle Fo-

---

(88) Anita Heiliger, *Pornografiekonsum von Jugendlichen und seine Auswirkungen auf Geschlechterrollen und sexuelles Verhalten*. Vortrag im Pädagogischen Institut München am 22.4.2010

tos zu verschicken oder sie zu erpressen[89], um sich lediglich zum Sex, für Blow-Jobs oder auch zum Gruppensex zu verabreden. Dieser Wandel jugendlicher Sexualität geht einher mit den Vorbildern, die die Pornoindustrie schon in Kindergehirne pflanzt.

Eine aktuelle Studie aus England belegt, dass jedes zehnte Kind im Alter von neun Jahren bereits Pornos gesehen hat. 79 Prozent der 18-Jährigen konsumieren Gewaltpornos im Internet und viele Jugendliche glauben, dass Gewalt beim Sex dazugehöre. Die Kinderbeauftragte Rachel de Souza warnt eindringlich davor, den Einfluss von Pornografie im Internet zu unterschätzen, zumal diese immer gewalttätiger würde. Sie nennt als Beispiel die Geschichte eines zwölfjährigen Mädchens, deren Freund sie beim ersten Kuss gewürgt habe – weil er das so in Pornos gesehen hatte und dachte, es sei normal. In der repräsentativen Umfrage, bei der 2022 rund 1000 Heranwachsenden im Alter von 16 bis 21 Jahren in England befragt wurden, waren 47 Prozent der Auffassung, dass Mädchen Gewalt beim Sex wie etwa Schläge oder Würgen „erwarten" und 42 Prozent glaubten, dass Mädchen dies „mögen". Bei den über 18-Jährigen geben 47 Prozent an, Gewalt beim Sex erlebt zu haben.[90]

Die erwachende Sexualität von Kindern wird durch den frei verfügbaren Pornomarkt im Internet nicht nur geprägt, sondern in völlig falsche Bahnen gelenkt. Der Lustgewinn durch gewaltvolle Sexpraktiken wird gesetzlich legitimiert zur (neuen) Normalität.

Sexualstraftaten werden seit einigen Jahren zunehmend von Heranwachsenden verübt; sexuelle Übergriffe auf Gleichaltrige oder jüngere Opfer werden mit dem Handy gefilmt, um sie im Freundeskreis herum zu zeigen oder im Internet zu verbreiten.

(89) Gabriela Rapp, *Bitte tu was!*, 2021
(90) https://www.t-online.de/nachrichten/deutschland/gesellschaft/id_100121442/pornos-im-kinderalter-studie-warnt-vor-verheerenden-folgen.html, 23.05.2023

Am 11. Februar 2016 wird in Hamburg ein 14-Jähriges Mädchen von fünf Jugendliche im Alter zwischen 16 und 21 Jahren in einer Privatwohnung erst betrunken gemacht und dann mehrfach vergewaltigt.[91] Ein weiteres Mädchen filmt die Gruppenvergewaltigung mit dem Handy. Nach der Tat wirft man die bewusstlose und kaum bekleidete 14-Jährige wie Müll in den Hinterhof – bei Minusgraden. Sie überlebt knapp.

Die Häufung von Fällen wie diesem sind ein ernstes Alarmsignal: die Internet-Pornoindustrie ist zum Agenten der sexuellen Sozialisation von Kindern und Jugendlichen des 21. Jahrhunderts geworden. Bereits 2002 äußert der deutsche Generalstaatsanwalt a.D. Ostendorf besorgt, dass „pornographische Bilder im Sinne sexuell aggressiver Bilder, sexuell aggressive Tendenzen nicht abbauen, sondern aufbauen."

Die Sexangebote des Internets werden derweil immer härter. Die Eingabe des Suchbegriffs *Violent Porn* eröffnet jedem Internetnutzer ohne Altersabfrage Inhalte, die u.a. brutalste Vergewaltigungen von jungen Mädchen zeigen.

Studien der niedersächsischen Landesmedienanstalt belegen: immer mehr Kinder und Jugendliche surfen auf Pornoseiten[92]. Für Jungen ist Internetpornographie zum Bestandteil ihres täglichen Medienkonsums geworden. Sie besuchen die Seiten, um „mitreden zu können" oder um sexuelle Techniken zu erlernen. Was sie dabei erlernen, sind lediglich Pornosexpraktiken – der Zugang zu einer natürlichen und liebevollen Sexualität aber kann sich ihnen dadurch lebenslang verschließen.

Junge Männer fallen heute gefühllos über ihre Freun-

---

(91) http://www.sueddeutsche.de/panorama/hamburg-jaehrige-vergewaltigt-1.2887577/17.05.2017
(92) http://www.viviano.de/studie-jugendliche-besuchen-immer-mehr-pornoseiten-im-internet_a47007.html (07.11.2017)

dinnen her, um Sex wie in einem Porno zu haben.[93] Sie orientieren sich an den Vorbildern der Pornoindustrie und nicht an den Empfindungen und Reaktionen ihrer Partnerin. Brutale Sexualstraftaten, die früher fast ausschließlich von erwachsenen Tätern verübt wurden, haben durch die Verfügbarkeit von Internetpornographie bei Kindern und Jugendlichen rasant zugenommen.

Beim Pornographie-Konsum entwickeln junge Nutzer nicht nur erste sexuelle Orientierungen, sondern auch ein falsches Verständnis von Sexualität und der Rolle der Frau. Susan Brownmiller beschreibt das Frauenbild der Porno-Branche folgendermaßen:

> In pornography our bodies are being stripped, exposed, and contored for the purpose of ridicule to bolster that "masculine esteem", which gets its kick and sense of power from viewing females as anonymous, panting playthings, adult toys. Dehumanized objects to be used, abused, broken and discarded.[94]

Heranwachsende können die Pornodarstellungen nicht richtig einordnen, sind sie doch sexuell unerfahren. Pornos wirken auf sie wie die Realität von Erwachsenen – und das ist fatal.

Eindrücke, die von starken Emotionen und sexueller Erregung begleitet werden, führen zu intensiven Neu-

---

(93) Dies belegen auch die Erfahrungen von vielen meiner jungen Patientinnen.

(94) Susan Brownmiller (1993). *Against our Will, Men, Women and Rape*. Ballantine Books Edition, S.39:

> In der Pornografie werden unsere Körper entblößt, zur Schau gestellt und deformiert, zum Zwecke des Spottes, damit sich der „männlichen Selbstwert" aufblähen kann, der seinen Kick und sein Machtgefühl erhält, wenn er Frauen als anonyme, keuchende, erwachsene Spielzeuge betrachtet. Entmenschlicht, um benutzt, missbraucht, gebrochen und weggeworfen zu werden.

rotransmitter-Ausschüttungen an den erregten Synapsen und damit auch zu stabilen und langfristigen Speicherprozessen im Gehirn. Je jünger der Konsument ist und je häufiger er Pornos konsumiert, desto stärker ist dieser hirnphysiologische Effekt.

Die Politik aber ignoriert weitestgehend die Tatsache, dass bereits Kinder im Internet Pornographie konsumieren und damit ihre erwachende Sexualität und Liebesfähigkeit deformieren, während ihre jungen Hirnstrukturen unfreiwillig programmiert werden auf entmenschlichten Sex ohne Bezug zur Partnerin oder zum Partner.

Heranwachsende verbringen heute einen Großteil ihrer Freizeit[95] damit, Pornoseiten zu besuchen[96] oder am Bildschirm Feinde zu töten.[97] Das Gehirn ist biochemisch auf Lernen eingestellt, und so brennen sich harte Pornopraktiken und virtuelle Tötungsprogramme besonders tief in die auf Expansion drängenden Hirnstrukturen ein. Während der junge Konsument emotional in die erhitzende Scheinwelt eintaucht, verändern sich die Strukturen in seinem Gehirn.

---

(95) http://www.cebit.de/de/news-trends/news/studie-zur-internetnutzung-bei-kindern-und-jugendlichen-1673 (07.11.2017)

(96) https://www.heise.de/security/meldung/Jugendliche-besuchen-vor-allem-Pornoseiten-Online-Shops-und-soziale-Netzwerke-1875896.html (07.11.2017)

(97) http://meedia.de/2017/10/25/studie-zu-pornos-im-internet-kinder-und-jugendliche-sehen-frueh-und-ungewollt-hardcore-pornografie/ (07.11.2017): Fast die Hälfte der 14- bis 20-Jährigen hat nach einer Studie der Universitäten Hohenheim und Münster zu Pornografie im Internet bereits online Hardcore-Pornografie gesehen. Bei den 14- bis 15-Jährigen war es ein Drittel. Der erste Kontakt mit Pornografie findet demnach immer früher statt und oft auch ungewollt.
Die Studie ist zu finden in dem Buch: Patrick Rössler & Constanze Rossmann (Hrsg.): *Kumulierte Evidenzen. Replikationsstudien in der empirischen Kommunikationsforschung.* Springer Verlag

Am Stärksten betroffen von diesem unfreiwilligen *Mindprogramming-Effekt* sind jene Bereiche, die nicht zur natürlichen Erfahrungswelt von Kindern gehören. Ist der junge Nutzer sexuell unerfahren, treffen Reize aus der Pornographie auf unberührtes Terrain im Gehirn. Die Biochemie des jungen Gehirns erschafft automatisch eine erste neuronale Matrix der sexuellen Erregbarkeit und gibt damit den neuronalen Verarbeitungsrahmen für alle zukünftigen sexuellen Empfindungen und Erregungsmuster vor.

Sexualität wird fast nie durch die Beobachtung von Eltern oder Älteren erlernt – sie wird entdeckt, und zwar im Verborgenen. Nun aber haben Kinder und Jugendliche mit einem Mausklick anonymen Zugang zu allen erdenklichen Formen der Pornographie, die für sie zum täglichen Sexualkundeunterricht wird. Die jungen Hirnstrukturen werden einhergehend mit der sexuellen Erregung dabei auf die sexuellen Erregungsmuster der Pornoindustrie programmiert – doch diese reduzieren menschliche Sexualität auf ein emotionsloses, triebhaftes und rein körperliches Geschehen.

In anderen Ländern und Gesellschaftsformen mit strengen Sitten, einem geringeren Stellenwert der Frau, mangelnder Sexualaufklärung in Schule und Elternhaus und jungen Männern, die sich mit Internetpornographie stimulieren, zeigen sich die Folgen des sexuellen *Mindprogramming-Effekts* besonders deutlich. In Indien häufen sich Massenvergewaltigungen, die von jungen Männern begannen werden, die der modernen Internetgesellschaft angehören.

Am 16. Dezember 2012 fährt eine 23-Jährige Studentin in einem privaten Bus gemeinsam mit ihrem Freund durch das indische Neu Dehli. Das Paar wird von sechs Männern angegriffen. Die Männer vergewaltigen und foltern die junge Frau vor den Augen ihres Freundes mit einer Eisenstange, bis ihr Unterleib zerfetzt ist. Dann werfen sie die schwer verletzte Frau und den jungen Mann aus dem Bus. Der Notarzt sagt später in einem Interview: "Ich habe noch nie so schlimme Verletzungen gesehen. Ich konnte nicht einmal ihren Magen finden."[98]

Im Krankenhaus kämpft das Opfer mit dem Tod, erleidet mehrere Herzattacken und verstirbt schließlich.

„Muss eine Frau erst nackt und mit zerfetzten Genitalien auf die Straße geworfen werden, bevor wir Gewalt wahrnehmen?", fragt Shoma Chaudhury[99] vom indischen Magazin Tehelka. Und die Frauenrechtlerin Kavita Krishnan[100] fragt bei einem der Proteste: „Was ist falsch mit uns, mit unserer Gesellschaft?"

Falsch ist die Omnipräsenz von brutalen und frei verfügbaren pornographischen Angeboten, die täglich Gewalt und Hardcore-Sex in Millionen Empfängergehirne senden.

Am 13. August 2013 wird eine junge Polizistin im Osten Indiens ebenfalls Opfer einer brutalen Massenvergewaltigung.[101] Sie will mit Verwandten im Auto zu einer Beerdigung fahren. Auf einer Landstraße überfällt eine Gruppe junger Männer die Familie. Sie zerren die junge Frau aus dem Auto und vergewaltigen sie mehrfach brutal vor den Augen der Angehörigen.

Nur wenige Tage vorher erleidet eine 22-Jährige indische Fotografin in Mumbai eine Gruppenvergewaltigung. Ihr Kollege wird zusammengeschlagen und an einen Stahlträger gefesselt; er kann nicht helfen. Das

---

(98) http://www.zeit.de/gesellschaft/zeitgeschehen/2012-12/indien-vergewaltigung-studentin-protest (07.11.2017)
(99) https://en.wikipedia.org/wiki/Shoma_Chaudhury (07.11.2017)
(100) Kavita Krishnan ist Vorsitzende des Secretary of the All India Progressive Women's Association (AIPWA). Sie ist auch Redakteurin von "Liberation", eines monatlich erscheinenden Magazins der Communist Party of India
(101) https://www.welt.de/newsticker/dpa_nt/infoline_nt/brennpunkte_nt/article119360069/Polizistin-wird-Opfer-von-Gruppenvergewaltigung-in-Indien.html (07.11.2017)

Opfer kommt mit schwersten Verletzungen ins Krankenhaus. Der jüngste Täter ist 16 Jahre alt.[102]

Die Soziologin Ranjana Kumari[103] sagt im indischen Fernsehen: „Keine Frau ist in Indien mehr sicher."

Was spielt sich in den Köpfen junger muslimischer oder hinduistischer Männer ab, die aufgrund ihres Glaubens und ihrer Kultur keine Möglichkeit haben, sich ein realistisches Bild von Sexualität zu verschaffen, im Internet aber Pornographie konsumieren und Frauen dabei beobachten, wie sie mit mehreren Männern gleichzeitig Sex haben oder sich mit riesigen Vibratoren offenbar lustvoll selbst befriedigen? Welches Bild wirft das auf ihre Vorstellung von weiblicher Lust? Welche sexuellen Phantasien werden ausgelöst?

Wie wirkt sich der freie Internetzugang und die ständige Verfügbarkeit von Pornographie gepaart mit Frauenverachtung auf junge männliche Zuwanderer aus dem muslimischen Raum aus? Die Sex-Mob-Attacken in der Silvesternacht 2015, bei der Hunderte Frauen von jungen muslimischen Männern in aller Öffentlichkeit sexuell traumatisiert wurden, geben einen ersten Hinweis.

Sexuell unerfahrene Pornokonsumenten verfügen über keinerlei Erfahrungen, um pornographische Bilder in Bezug zur Realität setzen zu können. Die Rolle der Frau als Lustobjekt wird ebenso unkritisch verinnerlicht wie die vorgeführten Sexpraktiken.

An einer Autowaschanlage fragte mich ein circa 13-Jähriger Junge, der sich mit Freunden in der Tankstelle Süßigkeiten kaufte, ob ich mit ihnen Sex machen wolle. Als ich antwortete, dass er zu viele Pornos schaue und das reale Leben ganz anders sei, erwiderte er grinsend, Pornos seien geil und alle schauten sie. Und dann fragte er wieder: „Machen wir nun Sex?"

---

(102) http://www.zeit.de/gesellschaft/zeitgeschehen/2013-08/indien-vergewaltigung-mumbai/ (15.05.2017)
(103) https://in.boell.org/person/dr-ranjana-kumari

Man kann darüber lachen – aber wenn wir hinschauen, erkennen wir, dass sich durch die tägliche Präsenz von Sex- und Gewaltangeboten das soziale Miteinander sowie der Umgang und die Beziehung von Mann und Frau in unserer Gesellschaft drastisch verändern.

Wohin aber führt uns diese Entwicklung?

In den Gehirnen von regelmäßigen Pornokonsumenten werden Frauen und Mädchen zu Objekten, die der sexuellen Stimulierung und Befriedigung dienen. Überall auf der Welt zeigt die sexistische und brutale Medienunterhaltung Wirkung. Am Stärksten tritt sie in sozialen Brennpunkten und Randgruppen in Erscheinung. Mangelnde Bildung, die Erfahrung von Lieblosigkeit, Armut, sozialer Ausgrenzung und häuslicher Gewalt – all das ist Nährboden für die neuronale Verankerung destruktiver Handlungsmuster.

Langfristig wird der hässliche Effekt frei verfügbarer Pornographie und fiktionaler Gewalt jedoch zu einem Massenphänomen. Die tägliche Präsenz brutaler Medienangebote formt schon jetzt weltweit eine bedrohliche, soziale Realität aus. In den USA befindet sich die größte Pornoindustrie der Welt; und in der US-Armee werden mehr Sexualstraftaten denn je gemeldet. Aus einer anonymen Umfrage des Pentagon ging 2012 die erschütternde Zahl von 26.000 sexuellen Straftaten hervor. Da das Anzeigen einer Sexualstraftat in der Armee sehr unangenehme Konsequenzen nach sich zieht, werden die meisten Fälle nicht gemeldet und bleiben damit straffrei. Vergewaltigungen werden beim Militär bagatellisiert, was die betroffenen Opfer verunsichert.

Eine junge Marineangehörige wird im April 2012 in den USA von ihren Kameraden auf einer Feier erst systematisch betrunken gemacht und dann von den Matrosen, alle um die 20 Jahre alt, reihum vergewaltigt.[104] Auf

(104) https://www.welt.de/politik/ausland/article123387580/Sexuelle-Angriffe-nach-innen-belasten-die-US-Armee.html (07.11.2017)

Facebook brüsten sich die Vergewaltiger mit ihrer Tat. Vor dem Militärgericht behaupten sie, dass die Soldatin gerne mitgemacht habe. Fünf Tage muss das Opfer im Kreuzverhör aussagen. Sie wird als willige Hure dargestellt und muss Fragen beantworten wie jene, wie weit sie den Mund beim Oralverkehr geöffnet habe.[105]

Den unzähligen Opfern von Vergewaltigungen an amerikanischen Universitäten, die unter Alkoholeinfluss auf Studentenpartys von Kommilitonen sexuell missbraucht werden, ergeht es ähnlich. Hinsichtlich solcher Verhandlungen muss man sich fragen, inwieweit die Vertreter des Gesetzes bereits durch eine neuronal verankerte Pornobrille auf weibliche Vergewaltigungsopfer schauen.

Sexuelle Gewalt gegen Frauen wird im Zuge der Pornographisierung unserer Gesellschaft zunehmend bagatellisiert. Die Täter werden milde bestraft, während die Opfer lebenslang unter den Folgen der Tat zu leiden haben. Die jugendlichen Vergewaltiger der 14-Jährigen in Hamburger erhielten ebenfalls nur milde Bewährungsstrafen, die im Gerichtssaal von den Angehörigen und Freunden der Täter lautstark gefeiert werden.[106]

Vergewaltigungen drohen unter dem prägenden Einfluss der Pornographie zunehmend als „unerwünschter Überraschungssex" eingestuft zu werden. Im Jahr 2016 geben in einer Studie[107] zur häuslichen Gewalt 27% der Befragten an, Sex ohne Einverständnis sei aus ihrer Sicht gerechtfertigt. 1984 enden 22% der Vergewaltigungsanzeigen mit einer Verurteilung, im Jahr 2012 sind es nur noch 8,4 %.

---

(105) https://www.welt.de/politik/ausland/article123387580/Sexuelle-Angriffe-nach-innen-belasten-die-US-Armee.html. (18.05.2017)

(106) http://www.zeit.de/hamburg/2016-10/hamburg-vergewaltigung-prozess. (18.05.2017)

(107) http://www.zeit.de/gesellschaft/zeitgeschehen/2014-04/studie-vergewaltigung-anzeige-verurteilung (07.11.2017)

Rund um die Uhr kostenfrei verfügbare Internetpornographie verändert unsere Welt und unsere Einstellungen. In Pornos ist sexuelle Gewalt gegen Frauen normal – in immer mehr Köpfen offenbar auch. Pornodarstellungen zeigen Frauen als willige Opfer von sexueller Gewalt, sie verlangen gar nach mehr.

Die Zurschaustellung weiblicher Sexualorgane – ohne Kopf, ohne Körper – hat im Internet ein Eigenleben entwickelt; und ebenso das Bild der Frau als reines Lustobjekt oder willige Liebesdienerin in den Köpfen der Konsumenten.

Auf youtube.com erscheint unter dem Suchbegriff „Vagina" eine Vielzahl von Videoclips, die die weiblichen Sexualorgane zeigen. Gibt man hingegen den Begriff „Penis" ein, findet man etwas über einen Penis-Fisch, die Penis-Weitwurf-Challenge, den Besuch eines Penis-Parks und ähnliches. Ein deutliches Ungleichgewicht.

Youtube.com zensiert Videoclips als jugendgefährdend, die Zeichnungen aus der Liebeskunst des Kamasutra zeigen – doch einen Klick weiter kann man sich Einblicke in eine Vagina oder sadomasochistische Sexpraktiken verschaffen. Wie kann das sein?

Es gibt in Deutschland eine große Diskrepanz zwischen den Richtlinien des Jugendschutzes und der tatsächlichen Verfügbarkeit jugendgefährdenden Materials. Bevor wir ins Medienzeitalter aufbrachen, bezogen Jugendliche ihre Informationen zum Thema Sexualität aus Jugendzeitschriften wie *Bravo* oder *Mädchen*, sie tauschten sich mit Gleichaltrigen aus, und manchmal entdeckten sie auch Pornohefte und stöberten darin. Das war bis zu einem gewissen Grad altersgemäß und größtenteils hilfreich, um die erwachende Sexualität einordnen und entdecken zu können.

Heute hat fast jedes Kind rund um die Uhr Zugang zu härtester Pornographie. Der Akt, der in Pornos gezeigt wird, ist real. Fiktion und Realität sind in Pornos eins

– und das verändert die Wahrnehmung des Betrachters entscheidend. Die Schwelle zwischen Realität und Fiktion ist aufgelöst. Einhergehend mit dem Grad sexueller Erregung verankert sich das Bild der Frau als Objekt der Triebbefriedigung des Mannes stabil in den Hirnstrukturen junger oder regelmäßiger Konsumenten. Wiederkehrende sexuelle Erregungsmuster etablieren sich neuronal – die Sexualität eines jungen Nutzers kann daher zeitlebens an die Vorbilder der Pornographie gekoppelt bleiben.

In der Pubertät werden die Sexualhormone Testosteron und Östrogen freigeschaltet. Sie überfluten das Gehirn, und die sexuelle Lust erwacht. Junge Menschen empfinden aber auch noch eine große Unsicherheit im Hinblick auf die eigene Identität und die des anderen Geschlechts. So nimmt die Sexualität Erwachsener viel Raum im Denken und Fühlen von Jugendlichen ein.

Sexangebote im Internet fallen in dieser Phase auf einen sehr empfänglichen und hormonell äußerst fruchtbaren Boden. Wie ein trockener Schwamm saugt das Gehirn die sexuell anstachelnden Bilder auf, die im explosiven Mix mit hoch konzentrierten Sexualhormonen biochemische Erregungsmuster entstehen lassen, die fortan den Sexualtrieb des Heranwachsenden bestimmen.

Was Pornographie in das Gehirn junger Nutzer speist, mag lustvoll erscheinen, es repräsentiert jedoch mitnichten das Potential der menschlichen Sexualität. Vielmehr begrenzen die Vorbilder der Pornoindustrie den sexuellen Erfahrungsrahmen.

Das Gehirn verankert die Pornoerfahrungen als stabile neuronale Erregungsmuster. Das sexuelle Lustmuster eines jungen Nutzers kann daher zeitlebens an Pornopraktiken gekoppelt bleiben.

Die Wirkung von frühzeitigem und intensivem Pornokonsum ist psychisch und hirnphysiologisch viel tiefgreifender, als wir bislang angenommen haben. Durch den unfreiwilligen neuronalen Programmierungseffekt wird jungen Konsumenten die Möglichkeit genommen, ihre sexuelle Erregbarkeit mit Gefühlen zu koppeln. Die Biochemie eines heranreifenden Gehirns wird beim Pornokonsum auf gefühlskalte sexuelle Erregung und Triebbefriedigung programmiert.

Der Zugang zu einer Sexualität, die mit Zuneigung, Hingabe und Liebe verbunden ist, kann jungen Pornokonsumenten neuronal ein Leben lang verschlossen bleiben. Die wichtigen Entwicklungsschritte, Sexualität durch Zuneigung und Verliebtheit, Küsse und Berührungen zu entdecken, bis es zum Geschlechtsverkehr kommt, werden im Zuge der Pornographisierung unserer Gesellschaft von immer mehr Jugendlichen ausgelassen.

In Pornographie geschulte Jungen wollen Sexpraktiken, die sie aus Pornos kennen. Verliebtsein verschwindet als Auslöser für erste sexuelle Kontakte. Was bedeutet das für unsere Zukunft? Der isländische Innenminister Ogmundur Jonasson spricht sich bereits 2013 für eine Pornosperre aus und führt verschiedene Studien an, die belegen, dass Pornographie Kinder traumatisiert und Gewalt gegen Frauen mit regelmäßigem Pornographie-Konsum einhergeht. Auch Großbritannien zieht eine Pornosperre in Erwägung. Wann zieht der Rest der Welt nach?

In Deutschland fordert der Politiker Norbert Geis (CSU) im August 2013 dazu auf, Kinder und Jugendliche im Internet besser vor Pornographie zu schützen. Spezielle Filter und wirksame Altersbeschränkungen sollen eingeführt werden und der Nutzer pornographischer Inhalte soll sich zukünftig persönlich im Internet anmelden.[108] Ein sinnvoller und umsetzbarer Vorschlag, der aber aus allen politischen Lagern Kritik auf sich zieht.

---

(108) http://www.norbert-geis.de/wp-content/uploads/

Das Statement von Josef Kraus, dem Präsidenten des Deutschen Lehrerverbandes, ist exemplarisch. Er betont, dass er einerseits als Pädagoge und andererseits als Staatsbürger hin und her gerissen sei. Als Pädagoge begrüße er die Regelung, als Staatsbürger sehe er jedoch die Informationsfreiheit der Erwachsenen gefährdet.[109]

Wie kann aber, weil man Minderjährige vor dem Einfluss der Internetpornographie wirksam schützt, die Informationsfreiheit von Erwachsenen gefährdet sein? Der übliche Einwand der Gefährdung von Informationsfreiheit ist unbegründet – er läuft am Kern der Thematik vorbei. Jeder, der Pornographie im Internet konsumieren möchte, kann das auch zukünftig tun – sofern er volljährig ist und sich für die Nutzung der entsprechenden Dienste angemeldet hat. Unsere Gesellschaft und ganz besonders unsere Kinder zahlen einen hohen Preis für die sogenannte Informationsfreiheit der anonymen und kostenfreien Nutzung von Pornographie im Internet, während die Pornoindustrie damit Milliarden verdient.

Unsere Kinder werden psychisch geschädigt und die Entwicklung ihrer Sexualität und ihres Rollenverständnisses deformiert; dennoch fördert die Politik mit einer Jugendschutz-Scheinregelung im Internet die Pornoindustrie – ob beabsichtigt oder nicht, sei dahingestellt.

Wohin geht nun aber die Reise der Menschheit, wenn immer mehr Pornokonsumenten lernen, Frauen als reine Lustobjekte zu betrachten und immer mehr Menschen ihre Sexualität lediglich als eine körperliche Triebabfuhr ohne Gefühle erleben? Welche Zukunft erwartet uns, wenn im Massenbewusstsein die Sexualität von der Liebe abgekoppelt ist?

Die ablehnende Haltung fast aller Politiker zu einer

2013/08/PM-NorbertGeisMdB-Internetsperre.PornoSchranke-6.8.132.pdf. (18.05.2017)

(109) https://www.welt.de/print/welt_kompakt/webwelt/article118800981/Pornos-gehoeren-zur-Informationsfreiheit.html. (18.05.2017)

wirksamen Pornoschranke ist so unverständlich, dass man sich fragen muss, ob es marktwirtschaftliche Überlegungen sind, die politisch über das Wohl unserer Kinder gestellt werden.

Der freie (Internet)zugang zu Pornographie für Minderjährige ist nach § 184 des Strafgesetzbuches (StGB) strafbar:

> Wer Pornographie
>
> - einer Person unter achtzehn Jahren anbietet, überläßt oder zugänglich macht oder
> - wer Pornographie an einem Ort, der Personen unter achtzehn Jahren zugänglich ist oder von ihnen eingesehen werden kann, zugänglich macht,
>
> wird mit Freiheitsstrafe bis zu einem Jahr oder mit Geldstrafe bestraft.

Frei zugängliche Pornographie im Internet erfüllt demnach den Tatbestand einer Straftat. Auf der Homepage der SOS Initive finden sich ein umfassender Überblick über die Wirkeffekte, sowie ein Petitionsentwurf, um Kinder vor frei verfügbarer Pornografie in Europa zu schützen.[110]

Die staatlich legitimierte Scheinumsetzung des Jugendschutzes macht es möglich, dass bereits Grundschüler auf ihren Smartphones harte Pornographie konsumieren und an Gleichaltrige verschicken. Das ist ein Verbrechen – ein Vergehen an der Psyche unserer Kinder.

Kindliche Unbefangenheit und vorsichtige Annäherung an Sexualität gehen in unserer pornographisierten Gesellschaft damit zunehmend verloren. Für Jungen werden Frauen zu reinen Lust- und Sexobjekten, während die Mädchen unter Druck geraten, den weiblichen Pornovorbildern zu entsprechen: um einen Freund zu

---

(110) save-our-sexuality.org

bekommen, eifern sie ihnen nach, sie stellen sich für sexuelle Handlungen zur Verfügung, die sie eigentlich als erniedrigend und schmerzhaft empfinden, sie verlernen die spezifisch weibliche Fähigkeit, auf ihr Inneres zu hören und sich im Einklang mit ihrer Gefühlswelt hinzugeben. Die Errungenschaft sexueller Selbstbestimmung der Frau wird niedergemäht.

Der Geschlechtsakt und das Zurschaustellen des Körpers geraten in den Mittelpunkt der Interaktion. Das lässt sich in den sozialen Netzwerken gut beobachten. Gefühle werden nicht gezeigt. Immer häufiger haben Mädchen bereits im zarten Alter von 12 Jahren ihren ersten Sex. Die Beziehung zum anderen Geschlecht wird mit dem ausstaffiert, was man aus Pornos kennt, denn Pornographie vermittelt nicht nur sexuelle Praktiken, sie vermittelt auch ein fragwürdiges Rollenverständnis von Mann und Frau.

Eltern sind kaum zur Stelle, um ihren Kindern bei der Bewertung und Verarbeitung von pornographischen Darstellungen zu helfen. Die meisten Eltern wissen nicht, was ihre Kinder heute im Internet zu sehen bekommen. Hilfestellungen sind ohnehin weitestgehend sinnlos, denn Pornographie hat Tiefenwirkung in den jungen Hirnstrukturen, und Gespräche über das Gesehene können die Speicherprozesse des jungen Gehirns beim Pornokonsum nicht verhindern.

Das Bild von Sexualität im Kopf junger und regelmäßiger Konsumenten ist verzerrt. Im Internet muss ein Mann für professionelle Sexdienste nicht zahlen, er kann anonym Befehle geben und seiner Triebbefriedigung nachgehen. Nicht nur die Rolle der Frau, sondern auch die Rolle der Hure, die für ihre Dienste von Freiern oder Voyeuren bezahlt wird, wird im Internet entwertet. Der Pornonutzer lernt, sich sexuell zu bedienen und zu befriedigen, ohne auch nur irgendetwas – Gefühle oder Geld – investieren zu müssen. Und die Übertragung des Erlernten in die Realität hat bereits begonnen.

Prostituierte beklagen weltweit, dass ihre Freier zunehmend brutalere Sexpraktiken forderten und respektloser denn je seien. Die Zahl von Sexualstraftaten ist weltweit durch die freie Verfügbarkeit von Internet-Pornographie alarmierend gestiegen. Dass Heranwachsende einen hohen Prozentsatz der täglichen Nutzer ausmachen, ist nicht nur in der Pornobranche, sondern auch den Politikern bekannt. Durch eine Scheinregelung des Jugendschutzes hält man dem Pornogeschäft im Internet die größtmögliche Nutzergemeinde offen und verdient mit der anonymen Lust des Bürgers sehr viel Geld.

Bei der Diskussion dieser Problematik versteckt man sich hierzulande hinter dem Argument, dass viele Server, über die das Pornoangebot läuft, im Ausland betrieben würden und deshalb keine einheitliche Regelung möglich sei. Welche Folgen aber der fehlende Jugendschutz für Kinder hat, bleibt unberücksichtigt. Der Profit der Industrie zählt politisch mehr als das Wohl unserer Kinder und ihr Schutz vor den destruktiven Einflüssen des Internets. Auf Pornoseiten findet sich lediglich ein Hinweis, der dem Bürger als Jugendschutzmaßnahme verkauft wird: „This site contains sexually explicit material. Enter this site only if you are over the age of 18!"

Diese lächerliche Altersbestätigung als Jugendschutzmaßnahme und Zugangskontrolle darzustellen, ist eine Farce – jedes Kind kann Pornoseiten öffnen. Und die meisten Kindern tun es.

Die Mehrheit der Bürger nimmt die Präsenz von Pornographie in den Medien hin. Kaum jemand aber ahnt, was der regelmäßige Konsum von Pornographie im Gehirn bewirkt und was damit langfristig in unserer Gesellschaft ausgelöst wird. Und noch gibt es viel zu wenige Menschen, die es überhaupt wissen wollen.

Was in den Siebzigerjahren als positive Revolte zur sexuellen Befreiung der Gesellschaft begann, hat sich ins Gegenteil verkehrt. Die Pornographisierung unserer Gesellschaft durch das Internet führt Jugendliche in sexuelle Verrohung. Der Übergang von emotionaler zu sexueller Verwahrlosung ist fließend, wie auch Bernd Siggelkow und Wolfgang Büscher beschreiben.[111] Zudem befinden wir uns in einer Tabuzone, was die Pornographisierung unserer Gesellschaft anbelangt. Man spricht nicht darüber, in welchem Ausmaß heute bereits Heranwachsende von Pornosucht, Sexsucht und sexueller Verwahrlosung betroffen sind.

Siggelow leitet das Berliner Jugendprojekt „Arche", eine Einrichtung, deren Anliegen es ist, Kinder von der Straße zu holen. An zahlreichen Fallbeispielen dokumentieren die beiden Autoren, dass Jungen und Mädchen immer früher Sex haben – und das Drehbuch dabei wird von Sexangeboten im Internet geschrieben. Sex wird dabei nicht nur zur Ware, mit der sich Mädchen anbieten, sie wird zum Ersatz für fehlende Liebe, fehlende Geborgenheit und fehlende Werte.

Auch in gut situierten Familien fehlt es Kindern oft an Liebe, Anerkennung und Geborgenheit. Und so werden Pornodarstellungen für Kinder aller sozialen Schichten zur Inspirationsquelle, fehlende Zuwendung mit Sex zu erkaufen, denn Sex dient nicht nur der Lust und Fortpflanzung, er erfüllt auch emotionale und soziale Aufgaben – er ist verbunden mit dem menschlichen Bedürfnis nach Bindung und Beziehung.

Siggelow und Büscher beschreiben, dass es immer mehr Kinder gibt, denen das Grundgefühl von Geborgenheit fehlt und die dieses Vakuum mit Sex füllen. Der sexuelle Akt fungiert dabei als ein oberflächliches Zeichen für Vertrautheit in einer ansonsten unfreundlich empfundenen Welt isolierter und unzugänglicher Individuen.

---

(111) Bernd Siggelkow, Wolfgang Büscher (2008). *Deutschlands sexuelle Tragödie: Wenn Kinder nicht mehr lernen, was Liebe ist*. Gerth Medien

Da vielen Heranwachsenden positive Vorbilder und die Erfahrung von aufrichtiger Nähe fehlen, fallen Sexangebote des Internets bei ihnen auf fruchtbaren Boden. Mädchen orientieren sich in ihrem Verhalten an den weiblichen Darstellern, sie messen ihren Wert an ihrer sexuellen Wirkung auf Männer. Sex-Praktiken aus Pornos wie Gruppensex und Sexspielzeuge prägen die Sexualität von bereits sehr jungen Mädchen. Gefühle bleiben dabei auf der Strecke. Sex und Sexting werden nicht als erfüllend erlebt, sondern als Indikator für den eigenen Wert. Nach dem Akt aber – die innere Leere.

Bild 11 Screenshot aus einem Porno

Bild 10 Screenshot aus einem Porno

Immer häufiger berichten auch in meiner therapeutischen Praxis junge Patientinnen von sexueller Gewalt, die sie mit ihrem ersten Freund erleben, von Nötigung zu Sexualpraktiken, die der junge Mann aus Pornos kennt – bis hin zur Vergewaltigung.

Wenn ein Mädchen die Wünsche des Partners nicht erfüllt, gilt es als prüde und läuft Gefahr, die „Beziehung" zu verlieren. Der Druck auf Mädchen und junge Frauen des Pornozeitalters ist enorm. Die Erfahrung, Sexualität als körperlichen Ausdruck von Liebe zu erleben, geht durch den Einfluss der Pornographie bei immer mehr Menschen verloren.

Auch erwachsene Nutzer werden durch regelmäßigen Pornokonsum auf die Erregungsmuster der Pornographie programmiert. Die Wahrnehmung einer Frau reduziert sich bei männlichen Nutzern auf die optischen Stimuli des weiblichen Körpers. Dauerkonsumenten beklagen, dass sie Schwierigkeiten haben, Sex mit einer realen Partnerin als befriedigend zu erleben. Sie benötigen die starken visuellen Reize der Pornoindustrie, um sexuelle Erregung erleben zu können.

Der Bezug zur Realität geht Pornosüchtigen verloren. Die Pornosucht zu überwinden, fällt den Betroffenen sehr schwer. Patrick Nuo, ein deutscher Popsänger, beschreibt in einem TV-Reality Format, wie er sich in seiner jahrelangen Pornosucht fast selbst verloren hätte. Die Schwere der Sucht vergleicht der Sänger mit einer Heroin- oder Alkoholabhängigkeit. Als Teenager begann seine Sucht im Internet. Oft schaute er mehrere Stunden am Stück Pornos und war über viele Jahre nicht in der Lage, mit einer Frau intim zu werden. Seine Ehe zerbrach.[112]

Bei intensivem Pornokonsum fordert das Gehirn nach immer stärkeren Reizen, um das begehrte neuronale Erregungslevel erreichen zu können. Der gleiche Effekt tritt beim regelmäßigen Konsum von fiktionaler Gewalt ein. Die Reize müssen stärker werden, um den Empfänger befriedigen zu können. Erhöht sich das Erregungslevel an den Synapsen, erhöht sich damit einhergehend auch der neuronale Verankerungseffekt in den Hirnstrukturen. Die erregenden Szenen leben im Kopf des Konsumenten weiter und entwickeln eine Eigendynamik.

Ist der Pornokonsument sexuell erregt, werden die gespeicherten Inhalte aus der Pornographie automatisch neuronal aktiviert. Die sexuelle Erregung des Betroffenen bleibt auch beim Sex mit einem realen Partner an pornographische Vorbilder gekoppelt. Das Kopfkino läuft bei sexueller Erregung automatisch und im Alleingang ab – der Bezug zur Partnerin oder zum Partner erlischt. Mit der Fülle der frei verfügba-

(112) https://www.welt.de/newsticker/leute/stars/article113152288/So-besiegte-Patrick-Nuo-seine-Pornosucht.html (30.05.2017)

ren Sexangebote verändern sich die sexuellen Phantasien der Konsumenten; täglich wächst die Zahl derer, die ihre Phantasien auf das Erleben von Pornosexualität richten und auf deren Verwirklichung drängen.

Der Sexualtrieb ist eine starke Kraft. Seit die Pornoindustrie täglich Millionen Kunden im Internet erreicht, häufen sich – besonders unter Alkoholeinfluss – sexuelle Gewalttaten. Alkohol enthemmt den Pornographie-Nutzer, er löst den Realitätsbezug auf, so dass alle inneren Hemmschwellen fallen und er seine sexuellen Phantasien auch gegen den Willen einer Frau zu verwirklichen versucht – denn Gewalt gegen Frauen ist im Porno normal.

Wir leben in einer Gesellschaft, in der nicht alle Zuschauer mit frei verfügbarer Pornographie und fiktionaler Gewalt umgehen können. Dennoch sind diese Inhalte rund um die Uhr kostenfrei und ohne Einschränkungen zugänglich – auch für Kinder. Das erzeugt bedrohliche Ergebnisse in unserer Gesellschaft.

Wir können nicht kontrollieren, wie das Gehirn eines Nutzers Porno- oder Gewaltbilder verarbeitet, die Verarbeitungsprozesse im Gehirn erfolgen automatisch und unbewusst und haben ihre eigene Dynamik – sie unterliegen keiner bewussten Kontrolle. Was wir aber kontrollieren können, sind Verbreitung und Zugang zu diesen Angeboten. Zum Wohle unserer Kinder und unserer Zukunft ist es an der Zeit, die Jugendschutzbestimmungen im Internet umzusetzen.

In einem Ferienlager auf der Insel Ameland in den Niederlanden ereignet sich im Juli 2010 ein erschütternder Vorfall sexueller Gewalt. Einer Gruppe älterer Jungen zerrt mitten in der Nacht mehrere jüngere Kinder aus ihren Betten in die Mitte des Schlafsaals. Die älteren Jungen vergewaltigen die Jüngeren brutal mit verschiedenen

Gegenständen wie Besenstielen und Colaflaschen. Die Opfer wehren sich verzweifelt, krallen sich an ihren Betten fest oder flüchten über die Feuerleiter. Die Täter dieser Gruppenvergewaltigung sind selbst noch Kinder.[113]

Welche Vorbilder und Phantasien haben die jugendlichen Täter verwirklicht?

Von Minderjährigen begangene sexuelle Gewalttaten sind Folge von frei verfügbarer Internetpornographie. Die engagierte Soziologin Diana Russell wies bereits vor Jahren nach, dass Pornographie zu sexueller Gewalt gegen Frauen führt.[114] In einer dieser Studien berichten Studenten, dass sich bei ihnen nach nur einmaligem (!) Konsum von Gewaltpornos die Phantasie einstellte, selbst eine Frau zu vergewaltigen.[115] Gewalt- und Sexphantasien drängen im Kopf des Betroffenen nach Verwirklichung. Was sich neuronal in den Hirnstrukturen festsetzt, erzeugt Wirkung im Denken, Fühlen und Handeln und kann den Realitätsbezug auflösen, und zwar umso stärker, je jünger der Nutzer ist.

Im November 2013 berichtet die Hamburger Presse von einem 13-Jährigen, der mit seinem 17jährigen Freund versucht, eine junge Frau zu vergewaltigen.[116] Man schreibt die Schuld für diese Tat der Betreuungseinrichtung zu, die die Jungen am Tattag nicht angemessen betreut haben soll. Doch ist das wirklich die Ursache dafür, dass zwei Heranwachsende eine Frau überfallen, um sie zu vergewaltigen? Oder sind es ihre Phantasien

---

(113) http://www.stuttgarter-zeitung.de/inhalt.ferienlager-wird-zum-alptraum-sexueller-missbrauch-im-camp.67ca89fb-cd09-4a9b-b0b6-cc73ba0a0528.html (07.05.2017)

(114) Diana Russell (1993). *Making Violence Sexy: Feminist Views on Pornography. Against Pornography: The Evidence of Harm* (September)

(115) Donnerstein, Linz, Penrod (1987). *The question of pornography: research findings and policy implications.* Free Press.

(116) https://www.mopo.de/hamburg/unter-verdacht-13-jaehriger-haasenburg-insasse-ein-sex-taeter--4655514 (27.07.2017)

und verinnerlichten Handlungsprogramme? Und woher haben sie diese?

In den letzten Jahrzehnten haben wir uns an Sex und Gewalt als Unterhaltung gewöhnt, es erscheint uns mittlerweile normal, diese Inhalte tagtäglich präsentiert zu bekommen. Was aber ist der Preis für diese Unterhaltung? Was geschieht im Massenbewusstsein? Wie verändern diese Angebote, die in der Lage sind, Hirnstrukturen stabil zu formen, die Liebesfähigkeit zukünftiger Generationen auf unserem Planeten?

Deepak Chopra schreibt:

> Wahre Intimität ist die Gemeinschaft zwischen Seele und Seele, sexuelle Energie ist heilige Energie. Wenn wir die sexuelle Erfahrung im Reich der Heiligen wieder hergestellt haben, wird unsere Welt göttlich, heilig und geheilt sein.[117]

---

(117) Deepak Chopra (2014). *Lerne lieben, lebe glücklich*. Driediger Verlag

Gewaltanleitungen

Eine besondere Form fiktionaler Unterhaltung im Gewand von Gewalt bieten neuartige amerikanische TV-Formate, die überwiegend ab 22.15 Uhr auf privaten Kanälen ausgestrahlt werden. Die Krimiserie *CSI* ist eines dieser Formate und wird in Deutschland mit dem Hinweis versehen, dass die Sendung für Zuschauer unter 16 Jahren nicht geeignet sei.

Ein zufälliges Beispiel aus *CSI*: zwei fröhliche, hübsche, junge Mädchen kommen in ihre Mädchen-WG. Aus einem der Zimmer dringt Musik, sie klopfen an die Tür, die von unsichtbarer Hand geöffnet wird. Der Zuschauer erschrickt – und ein Mädchen nach dem anderen wird in den Raum gezerrt. Szenenwechsel – man blickt in die entsetzten Gesichter der Beamten von der Spurensicherung. Im Hintergrund sind riesige Blutlachen zu sehen, und man erfährt, dass mehrere Frauenleichen gefunden wurden. Nun schwenkt die Kamera um, in Großaufnahmen werden die Opfer gezeigt, halbnackt, mit durchschnittener Kehle, auf ihren Betten gefesselt.

Schnelle Schnitte, das Blut und Großaufnahmen der Leichen erzeugen ein Wechselbad der Gefühle. Der Zuschauer ist gebannt von den verstörenden Bildern – Detailaufnahmen der klaffenden Kehlen brennen sich ein.

Die übrigen Opfer bleiben gut sichtbar im Hintergrund eingeblendet, als eine Beamtin der Spurensicherung eine frische Blutlache sieht, die unter einem der Betten hervorquill. Sie schaut nach, und die Kamera schwenkt auf ein röchelndes, völlig verstörtes Mädchen. Der Zuschauer blickt direkt auf die durchschnittene Kehle des verängstigten Mädchens, das kaum noch atmen kann. Die Polizistin beruhigt das Opfer, das versucht, Informationen zum Täter aus ihrer klaffenden Kehle herauszupressen und schließlich stirbt. Anhand der Verletzungen der Opfer versucht man, die Tat zu rekonstruieren – in Rückblenden sieht man schemenhaft einen gesichtslosen Mörder. Die Serie ist so konzipiert, dass die grausame Bilderflut unter die Haut geht. Stets bleibt etwas offen, was die Spannung und die Aufmerksamkeit des Zuschauers immens erhöht.

Obwohl das Format offiziell nicht an Jugendliche gerichtet ist, ist die Identifikation für junge Zuschauer überraschend hoch; alles in dieser Folge zielt auf jüngere Zuschauer ab. In der Medienbranche weiß man, dass zur Sendezeit um 22.15 Uhr etliche Teenager vor dem Schlafengehen ihr Fernsehgerät einschalten – nahezu jedes Jugendzimmer ist in Deutschland mit einem eigenen Fernsehgerät ausgestattet. Den Zuschauern wird zu dieser Sendezeit ein moderner Lebensstil mit jungen, attraktiven Menschen präsentiert – Sex & Crime sind dabei konsequent zu einem Ganzen gefügt. Auffallend oft werden die Verletzungen von Opfern gezeigt und die Aufmerksamkeit auf Details der Wunden gelenkt. In den 30 Sendeminuten präsentiert jede Kamera-Einstellung eine oder mehrere halbnackte Mädchenleichen mit durchtrennter Kehle im Hintergrund – sei es beim Eintreffen weiterer Beamter am Tatort, bei den Gesprächen im Polizeibüro oder in der Leichenhalle.

Die Dialoge der Beamten vermitteln detailliertes Wissen zum Vorgehen des Täters. Man erfährt, dass er nach jedem Kehlschnitt das Messer erst gründlich reinigte, bevor er ein weiteres Mädchen in das Zimmer zerrte – die Begründung: Gewaltopfer seien gefügiger, wenn sie hoffen, am Leben zu bleiben.

Um die Qualen zu vertiefen, so wird weiter erklärt, habe der Täter sein Messer mehrfach in die gleiche Wunde gestoßen. Nun werden Großaufnahmen der Einstiche eingeblendet, und der Zuschauer blickt auf sechs getötete Mädchen, die nun nackt, mit aufgerissenen Augen und klaffenden Kehlen in Reih und Glied auf den Obduktionstischen der Gerichtsmedizin liegen.

Das Bild ist mehr als grotesk. Welche Emotionen erzeugen diese Bilder beim Zuschauer, der gebannt und schockiert auf die grausamen Detailaufnahmen starrt? Was lösen derartige Eindrücke in Menschen aus, die gewaltbereit sind und Hassgefühle in sich tragen? Welche Ängste lösen sie aus, wenn Kinder sie mit in den Schlaf nehmen?

Eindrucksvoll und ausführlich wird der Zuschauer vor dem Schlafengehen in Psyche und Foltertechnik eines sadistischen Mädchenmörders eingeführt. Sicherlich – niemand wird gezwungen, sich ein derartiges TV-Format anzuschauen. Es gibt jedoch etliche Zuschauer, die gern und freiwillig einschalten, vor allem die Jüngeren.

Wir sind an Gewalt, Schrecken und gar Horror auf dem Bildschirm gewöhnt, wir nehmen es als „normal" hin, dass am Großbildschirm im Wohnzimmer immer neue Fernseh-Produktionen immer eindrucksvoller Grausamkeit und Folter, Vergewaltigung und Mord an unser Nervensystem übermitteln. Was aber haben wir davon? Welchen Nutzen ziehen wir daraus? Wenn wir schockiert, entsetzt oder beeindruckt sind, ist unsere Aufmerksamkeit dem Sender sicher, er wird zu festen Zeiten eingeschaltet und kann deshalb teure Werbeblöcke verkaufen und macht Profit.

Eine weitere Variante, Zuschauer durch das Senden von Abscheulichem zu binden, sind US-Serien, die Verbrechen und Gewalt aus echten Kriminalfällen zeigen. In *Surviving Evil*, einem amerikanischen True-Crime Format, werden Gewalttaten aus der Sicht der überlebenden Opfer realitätsnah nachgestellt. Das Opfer erzählt seine Geschichte, von einer Massenvergewaltigung oder einer tagelangen Entführung durch einen Sadisten, der sein Opfer mit Foltertechniken erniedrigt und quält. Die Tat wird eindrucksvoll nachgestellt und die Stimme des überlebenden Opfers aus dem Off eingeblendet.

Die Sendung berührt den Zuschauer emotional sehr stark, denn der Schrecken ist Wirklichkeit gewesen, er wurde tatsächlich erlebt. Auch diese Serie vermittelt als Feierabendunterhaltung detaillierte und anschauliche Anleitung zum Foltern und Töten von Menschen.

Bislang waren Fernsehkrimis nach einem klassischen Handlungsmuster konzipiert: Am Anfang geschieht ein Mord, eine Leiche wird gefunden und gezeigt, es folgt die Spurensicherung, und der Kommissar beginnt mit der Vernehmung von Verdächtigen. In Rückblenden wird versucht, die Tat zu rekonstruieren. Der Zuschauer wird zum Mitdenken aufgefordert, er begleitet im Geiste die Bemühungen der Kommissare, den Täter unter den Verdächtigen auszumachen.

In den neuen amerikanischen Fernsehkrimis ist das anders. Die Lösungssuche tritt in den Hintergrund – die Technik des Tötens ist im Brennpunkt des Interesses, und das auch im Kopf des Zuschauers. Seine Aufmerksamkeit wird in nahezu jeder Einstellung auf den Tathergang und das Leiden der Opfer gelenkt.

Das ist ein entscheidender Unterschied zu den bisher üblichen Fernsehkrimis. Bei den neuen Formaten sind wir geistig mit der kranken Psyche des Täters und seiner Lust am Quälen und Morden verbunden. Der Zuschauer lernt in der Abendunterhaltung am Bildschirm, wie ein gewalttätiger Mensch denkt und fühlt, überwältigt, foltert und mordet, er lernt, welches Leid dem Opfer durch Folter-Technik zugefügt werden kann. Diese fragwürdige Fernsehunterhaltung wird mit ins Bett genommen. Während der Zuschauer schläft, erfolgen unzählige unbewusste Verarbeitungsprozesse, um die Bildschirmkost zu verarbeiten und in das neuronale Netzwerk des Gehirns zu integrieren.

Welchen Sinn macht das?

Es gelingt den Sendern, Zuschauer mit derartig schockierenden Gewaltangeboten am Bildschirm zu fesseln. Können wir es aber verantworten, konkrete Anleitungen zum Quälen und Töten von Menschen auszustrahlen?

Im November 2016 berichten die Medien von einer abscheulichen Beziehungstat in Hameln. Der Täter, nach islamischen Recht auch Ehemann des Opfers, sticht erst auf seine getrenntlebende Frau ein, dann bindet er sie mit einem Strick um den Hals an die Anhängerkupplung seines Autos und rast mit Vollgas durch die Innenstadt von Hameln, bis sich das Seil löst. Der zweijährige Sohn des Paares sitzt auf dem Rücksitz, während die Mutter über Asphalt und Kopfsteinpflaster hinter dem Fahrzeug her geschleift wird.[118]

Wohin entwickelt sich eine Gesellschaft, die jedes Kind lehrt, wie man Menschen foltert und tötet? Reicht es nicht, dass einige wenige Verbrecher über dieses Wissen verfügen? Wir werden mit detaillierten Anleitungen zum Foltern und Töten *unterhalten* und bedenken nicht, welche Wirkung das auf unsere Kinder und unsere gesellschaftliche Realität hat.

C. G. Jungs Konzept des kollektiven Unbewussten beschreibt, dass alle Menschen geistig miteinander verbunden sind. Im *Modell der morphogenetischen Felder* des Biologen Rupert Sheldrake findet sich diese Vorstellung wieder. 1981 erläutert er in *Das schöpferische Universum*, dass in und um allen Organismen „morphogenetische Felder" existieren, die wie Magnetfelder um einen Magneten wirken und alle Lebewesen miteinander verbinden. Sheldrake hatte experimentell nachgewiesen, dass Menschen signifikant schneller lernten, wenn andere Menschen vor ihnen bereits die gleichen Inhalte erlernt

---

(118) http://www.n-tv.de/panorama/Ex-Freund-wird-versuchter-Mord-vorgeworfen-article19143851.html

hatte. Die Versuchsgruppen standen in keinerlei Kontakt oder Austausch, sie befanden sich auf verschiedenen Kontinenten. Was ein einzelner Mensch lernt, wirkt sich demnach auf andere Menschen aus.

Welche Wirkung erzeugt ein grausames Unterhaltungsprogramm im Kollektivbewusstsein? Sind wir möglicherweise im Medienzeitalter sogar einem kollektiven *Mindprogramming-Effekt* ausgesetzt? Wenn sich das Wissen einzelner tatsächlich auf andere Menschen überträgt, ohne dass die Personen im Austausch miteinander stehen, was bewirken die ausgestrahlten und millionenfach konsumierten Gewalt- und Pornobilder in unserer gesellschaftlichen Realität?

Selbst wenn wir Mediengewalt und Pornographie ablehnen – der Konsum von Mediengewalt und Pornographie durch unsere Mitmenschen wirkt indirekt auch auf uns ein. Der Mensch ist äußerst empfänglich für Sex, Gewalt, Aggression, Angst, Macht und Hass. Es sind genetische Anlagen und geistige Programme, die seit der Urzeit unser Überleben sichern und zu den neuronalen Schaltkreisen des Reptilienhirns gehören. Je mehr Reize dieser Hirnbereich empfängt, desto aktiver wird er. Der Konsum von Mediengewalt und Pornographie aktiviert und nährt das Reptilienhirn und seine Reaktionsprogramme.

Eine Patientin berichtet im Verlauf ihrer Therapie, wie in ihrer Pubertät durch den Konsum von Horrorfilmen die Lust in ihr aufkeimt, das Gesehene real zu erleben. Die junge Frau ist Mitte zwanzig und nicht in der Lage, im Dunkeln zu schlafen; sie geht nur ins Bett, wenn sie sich mehrfach vergewissert hat, dass darunter niemand ist. Sie schaut jeden Abend hinter die Vorhänge und in ihre Schränke und lässt, um schlafen zu können, den Fernseher die ganze Nacht laufen; zwanghaft achtet sie darauf, dass weder Arm noch Bein aus dem Bett heraushängen.

Vom zwölften bis zum siebzehnten Lebensjahr konsumiert sie regelmäßig Horrorfilme. In ihrem Freundeskreis gilt es als Mutprobe, sich diese Filme anzuschauen, auch die besonders grausamen Szenen. Die Folterszenen aus ihrem ersten Horrorfilm sind ihr immer noch gut im Gedächtnis, ebenso wie die Emotionen, die er in ihr ausgelöst hat. Die Erregungsschwelle sinkt jedoch rasch, und so sucht sie nach immer härteren Filmen, um die gleiche Aufregung zu spüren.

In der Phantasie der Patientin vermischt sich unverarbeiteter Hass gegenüber Lehrern, Eltern und Mitschülern mit Folterszenen aus Horrorfilmen. Wenn sie die Grausamkeit und das Leiden der Opfer auf dem Bildschirm sieht, beginnt sie sich selbst zu spüren. Sie empfindet die Horrorfilme als belebend. Sie geben ihr Kraft, es in der Phantasie den anderen heimzuzahlen.

Die Patientin hat eine sadistische Mutter. Schon als kleines Mädchen lernt sie, ihren körperlichen oder seelischen Schmerz zu verbergen. Sie bleibt stets regungslos während der Gewaltattacken und Misshandlungen – auch als die Mutter ihre kleine Hand mit den Füßen in die Scherben eines zuvor zerschmetterten Spiegels presst. Sie zeigt nie, was sie fühlt. Sie gönnt der grausamen Mutter nicht den Triumph, sie verletzen zu können. Man kann ahnen, welche Hassgefühle und Aggressionen das Mädchen gegen die Mutter entwickelt und welche Vergeltungsphantasien die grausamen Horrorszenen in dem Teenager auslösen.

Mit 17 Jahren verliert die Patientin das Interesse an den Filmen. Mit 25 Jahren nimmt sie schließlich eine Therapie auf, um ihre Ängste und Gewaltphantasien zu überwinden. Die Szenen aus den Horrorfilmen leben in ihr weiter – doch sie erlebt sie nicht mehr als befreiend und stärkend, sondern als bedrohlich. Das Beispiel dieser jungen Frau veranschaulicht, welche Prozesse im Gehirn ausgelöst werden, wenn fiktionale Gewalt auf fruchtbaren Boden fällt. Die Emotionen im Bezug auf die selbst erlittenen Gewalterfahrungen werden bei der Beobachtung der Filmgewalt *erlöst*. Diesmal ist es das Opfer auf dem Bildschirm, das Qualen erlebt, während der Betroffene in Sicherheit ist. Haben die Konsumenten des Horrorfilms wie in diesem Fall traumatische Gewalterfahrungen, die mit körperlichem Erstarren und einer als Todesangst empfundenen Gefühlsexplosion einhergehen, dann fallen Horrorfilme auf einen äußerst fruchtbaren, neuronalen Boden.

Bei den Videoabenden erlebt das Mädchen körperliches Erstarren wie bei den Gewaltattacken der Mutter – und ebenso die inneren Gefühlsexplosionen, die neuronal an die traumatischen Erfahrungen ihrer Kindheit gekoppelt sind. Im Unterschied zu den realen Gewalterfahrungen empfindet sie die Emotionen am Bildschirm jedoch als wohltuend. Sie kann nun aus der Zuschauerperspektive die Identifikation mit dem Täter wählen, was sie als Befreiung, Stärkung, Macht- und Kompetenzgewinn erfährt. Die Gefühle des Opfers sind ihr bestens bekannt, ebenso wie die Schmerzen und die Ausweglosigkeit der Situation. Das Filmopfer lehnt sie vor dem Hintergrund der eigenen Opfererfahrung jedoch exemplarisch ab – sie empfindet auch kein Mitgefühl.

Die Faszination für die Macht des Täters und seine Tat stehen im Vordergrund ihres Bewusstseins. Der Opferstatus wird kategorisch abgelehnt, traumatische Erfahrungen verdrängt. Ohnmacht bedeutet Leiden, und das will man vergessen.

Horrorfilme können für ein Gewaltopfer zu einem psychischen Transportmittel werden, um auf die Seite der Mächtigen zu gelangen. Die Patientin hat in ihrer Kindheit erfahren, dass Überlegenheit mit Gewalt erreicht und implementiert wird. Das gleiche Muster wird in den Filmen vermittelt. Die Erkenntnis von misshandelten Kindern ist: Wer nicht Opfer sein will, muss Täter sein. Grausame Filme und Computerspiele bestätigen diese Lernerfahrung und vertiefen sie. Bei jugendlichen Gewalttätern verbinden sich in den Hirnstrukturen unbemerkt eigene, leidvolle Gewalterfahrungen mit Lernerfahrungen anhand der Bildschirmgewalt. Nicht der soziale Status junger Gewalttäter löst die globale jugendliche Gewaltenthemmung aus, sondern die Omnipräsenz fiktionaler Gewalt zur Unterhaltung.

Brutale Bildschirmhelden haben für Kinder und Jugendliche einen hohen Identifikationswert und zeigen Wege aus Ohnmacht und täglicher Frustrationen. Identifikation mit Bildschirmgewalt sichert dem missachteten oder misshandelten Heranwachsenden Macht, Stärke und Ansehen. Die Politiker aber lenken den Blick derweil weiterhin auf soziale Benachteiligung und Randgruppen. Doch es ist an der Zeit, danach zu fragen, woher Jugendliche ihre Vorbilder für ihre Gewalttaten beziehen.

Im März 2013 wird eine 16-Jährige verdächtigt, 50 Euro gestohlen zu haben.[119] Ihre vermeintlichen Freunde zerren sie an den Haaren, schlagen sie mit einem Teleskopstock, fesseln ihre Arme mit Handschellen auf dem Rücken, verbinden ihre Augen und stecken ihr einen Knebel in den Mund, damit sie nicht schreien kann. Eine Szene, wie aus einem Film. Dann stechen die Jugendlichen mit einem Messer in den Arm des Mädchens und streuen Salz in die Wunden. Anschließend werden ihre Hände auf eine heiße Herdplatte gedrückt, ihre Finger umgeknickt, zu guter Letzt drohen die „Freunde" mit Folter im Intimbereich.

Die Täter sind zwischen 16 und 19 Jahre alt. Wie kommen sie überhaupt auf die Idee, ihr Opfer in dieser erschreckenden Weise zu bestrafen und zu quälen? Ein Blick in die Unterhaltungsindustrie genügt – diese liefert täglich Beispiele, Handlungsmuster für derartige Ta-

---

(119) https://www.derwesten.de/staedte/bochum/fuenf-jugendliche-misshandeln-16-jaehrige-nach-party-in-bochum-id8539039.html?keepUrlContext=true (26.10.2017)

ten. Verrohung und Verlust eines sozialen Miteinanders in der Gesellschaft scheinen vorprogrammiert, wenn wir dieser Entwicklung nicht Einhalt gebieten.

Wem aber dient Unterhaltung, die Sex und Gewalt transportiert? Was sind die langfristigen Folgen des *Mindprogramming-Effekts*? Wie werden wir in Zukunft leben, wenn sich weiterhin täglich Millionen Menschen stundenlang mit fiktionaler Gewalt und harter Pornographie unterhalten?

Bilder und Mindprogramming

Die Seele denkt in Bildern – das wissen wir seit Aristoteles. Bilder sind die Symbolsprache des Unbewussten und erreichen die tiefsten Schichten unserer Seele.

Was aber geschieht mit unserer Seele, wenn sie täglich einer Flut von Gewaltbildern und entmenschlichter Pornographie ausgesetzt wird? Unser Unterbewusstsein sendet in Form von Bildern Botschaften an unser Bewusstsein. Phantasien, Träume und Visionen sind immer bildhaft. Auch in der Hypnotherapie wird die bildhafte Sprache des Unbewussten genutzt, um verdrängte Inhalte an die Oberfläche des Bewusstseins zu holen und zu heilen. Die menschliche Psyche reagiert auf Bilder und setzt die von ihnen transportierten Informationen blitzartig um. Binnen kürzester Zeit kann ein angespannter Mensch in einer Hypnosesitzung durch innere Vorstellungen in einen entspannten und körperlich gelösten Zustand gebracht werden.

Am Bildschirm sind wir uns nur ansatzweise der übermittelten Bilder bewusst. Nach einem kurzen Moment an der Oberfläche unseres Bewusstseins verschwinden die Eindrücke in den unbewussten Tiefen unseres Biocomputers, und schon bald erscheint es uns, als hätten wir keine Erinnerung mehr daran. Bilder, die uns berühren, speichert das Unbewusste, auch wenn das Bewusstsein sie vergessen oder gar nicht erst wahrgenommen hat. Nehmen wir dann ein Bild aus dem vergessenen Kontext wahr, ist es, als würden wir ein Netz in die Tiefen unseres Unbewussten auswerfen, das alle gespeicherten Inhalte hervorholt, die mit diesem Bild in Verbindung stehen.

Bilder lösen mannigfaltige assoziative Prozesse im Gehirn aus. Sie aktivieren neuronale Verarbeitungsprozesse auf vielen verschiedenen Ebenen. Sie erleichtern das Sich-einprägen, weil sie in Bruchteilen von Sekunden eine Fülle von Informationen an das Gehirn übermitteln, die Wörter nicht auszudrücken vermögen. Dass Hochbegabte sich lange Listen von Zahlen anscheinend mühelos einprägen und anschließend wiedergeben können, ist nur möglich, weil sie die Abbildungsprozesse ihres Unterbewussten nutzen, um sich die Zahlenreihen einprägen zu können. Sie ordnen beispielsweise im Geiste jeder Zahl ein Bild aus einer Geschichte zu. Mithilfe dieser Eselsbrücke – der Kopplung von bedeutungslosen Zahlen mit bedeutungsvollen Bildern – kann das Gehirn auch lange, sinnlose Zahlenreihen mühelos speichern.

Der menschliche Biocomputer ist ein Spezialist für neuronale Kopplungen. Bilder sind dabei bevorzugtes Transportmittel für komplexe Informationen, denn sie lösen sowohl rationale als auch emotionale Verarbeitungsprozesse aus. Sie aktivieren automatisch Assoziationen, wodurch viele verschiedene neuronale Netzwerke und Synapsen gleichzeitig angesprochen werden. Die bildhafte Information kann auf verschiedenen neuronalen Ebenen codiert und gespeichert werden. Sie ist dann für die Erinnerung erreichbar und schnell aus den Gedächtnisspeichern abrufbar.

Je intensiver die begleitenden Gefühle bei der Reizaufnahme sind, desto stärkere biochemische Reaktionen erfolgen an den Nervenzellen – Kopplungsdauer und Stabilität der Verankerung in den Hirnstrukturen werden erhöht. Wenn wir uns am Bildschirm mit Gewalt oder Pornographie unterhalten, werden unsere Synapsen hochgradig erregt. Ob wir wollen oder nicht – die Bilder verankern sich. Wann immer wir starke Gefühle erleben, bleibt der Inhalt des Ausgangsreizes im Gedächtnis haften.

Das gilt nicht nur für unsere Lebenserfahrungen – es gilt auch für Bildschirmerfahrungen. Jahre später können wir uns noch immer an Einzelheiten eines Ereignisses oder Details aus Filmszenen erinnern. Je stärker uns ein Film, ein Computerspiel oder ein Sexfilm emotional anspricht, desto stabiler werden die Bilder gespeichert und desto leichter und schneller erinnern wir uns an sie. Unser Gehirn interessiert sich dabei nicht dafür, ob wir etwas fiktiv oder real erleben, es nimmt die Stärke unserer Emotion als Indikator für die Wichtigkeit der empfangenen Bilder – und diese bestimmt über die Tiefe der Verankerung in den Hirnstrukturen.

Beim Fernsehen oder beim Computerspiel starren wir nahezu bewegungslos auf den Bildschirm. Wir sind von dem Geschehen auf dem Monitor gebannt und begeben uns, ohne es zu bemerken, in einen tranceartigen Zustand. Unterstützt durch spannende Musik, schnelle Schnitte und Großaufnahmen führen uns die mit Emotionen aufgeladenen Bilder in einen biochemischen Rauschzustand: Die Neurotransmitter-Ausschüttungen an den Synapsen laufen auf Hochtouren.

Das Bewusstsein ist nicht in der Lage, die Bilderflut im Detail wahrzunehmen und zu analysieren. So erfolgen unmerklich unzählige Codierungs- und Speichervorgänge. Medienkonsum kann die Wirkung einer Hypnosesitzung entfalten. Das Bewusstsein sinkt in den Alpha-Zustand, und der Zuschauer begibt sich auf eine Trance-Reise in die Bildschirmwelt.

Im Alpha Zustand öffnen sich die Pforten zum Unterbewusstsein. Der Verstand tritt zurück – bildhafte Informationen erreichen uns in der Tiefe unserer Seele. Blitzartig und assoziativ wird die Flut der aufgenommenen Medienbilder im neuronalen Netzwerk des Gehirns entschlüsselt, gekoppelt und verankert. Wir greifen in die Chipstüte und starren gebannt auf den Bildschirm – und bemerken gar nicht, wie die neuronalen Schaltkreise und Netzwerke unseres Gehirns biochemisch programmiert werden.

Bilder und Mindprogramming

Was immer wir regelmäßig aufnehmen, verankert unser Gehirn in seiner eigenen, unbewussten Logik. Es vernetzt die Daten, stellt sie uns in einer passend erscheinenden Situation wieder zur Verfügung, und wir agieren in den vorgegebenen neuronalen Programmspuren. Wir haben kein Bewusstsein und keine Kontrolle darüber, ob wir in Mustern agieren, die wir unmerklich am Bildschirm erworben haben.

Was unser Gehirn verankert, wirkt sich aus. Die Bilder der täglichen Medienkost verändern unsere Hirnstrukturen. Gewalt, Verbrechen und harter, entmenschlichter Sex formen eine neue „Normalität" in unserem Gehirn. Der regelmäßige Konsum verschiebt unmerklich unser moralisches Empfinden und unsere inneren Hemmschwellen. Das Gehirn lernt: Gewalt ist Unterhaltung.

Unsere Spiegelneuronen stumpfen durch brutale Gewalt- und Sexszenen ab. Dem Gehirn ist es dabei egal, ob es Bilder aus der Realität oder aus einem Computerspiel empfängt. Zuverlässig codiert es die Daten und integriert sie in seine Software – denn es will wachsen. Seine Aufgabe ist es, Wissen anzusammeln und es dem Menschen in einer passend erscheinenden Situation zur Verfügung zu stellen. Daher fließen auch Lernerfahrungen und Handlungsprogramme der Bildschirmwelt in unser Denken, Fühlen und Handeln ein.

Das menschliche Gehirn erschafft seine Software selbst und aktiviert die angelegten Programme in Selbststeuerung. Ständig erweitert das Gehirn seine neuronalen Strukturen, indem es auf der Basis erlebter Gefühlsqualitäten Informationen vernetzt. Während der Zuschauer an den Bildschirm gefesselt in den Alpha-Zustand sinkt, baut sein Gehirn im biochemischen Automatikbetrieb gigantische, neuronale Netzwerke auf, die Bilder aus medialer Gewalt und Pornographie verankern und für einen späteren Abruf verfügbar halten. Wenn unser aktuelles Erleben emotional mit gespeicherten

Bildern verknüpft werden kann, ruft unser Gehirn die entsprechenden Netzwerke automatisch auf; wir folgen dann neuronalen Programmspuren, die wir unbemerkt am Monitor verankert haben.

Die neuzeitliche Jugendgewalt ist Folge dieses unfreiwilligen *Mindprogramming-Effekts*. Diesen aufzuheben, ist nahezu unmöglich. In den Hirnstrukturen Heranwachsender verschmelzen unzählige Daten aus der fiktiven Welt mit Daten der realen Welt. Wenn das Fernsehgerät und der Computer ausgeschaltet sind, leben die erregenden Sex- und Gewaltbilder im Unbewussten weiter. Schwer verdauliche Filmkost bleibt präsent.

Oft berichten Patienten, dass sie sich noch bis ins Erwachsenenalter an furchteinflößende Filmszenen ihrer Kindheit – beispielsweise aus der Sendung *Aktenzeichen XY* – erinnern können. Jahrzehnte später sind die bedrohlichen Szenen und die damit ausgelösten Kinderängste immer noch präsent.

Aktenzeichen XY wurde 1967 zum ersten Mal ausgestrahlt. Eduard Zimmermann moderierte die Sendung bis 1997 und stellte, um die Fahndung zu unterstützen, ungelöste Kriminalfälle vor. Entführungen, Vergewaltigungen, Einbrüche, Überfälle und Morde wurden realitätsnah nachgestellt, mit bedrohlicher Musik untermalt. Vor der Privatisierungswelle des Fernsehens wurden Verbrechen selten so realitätsnah gezeigt wie in diesem Format. Das Kind vor dem Fernsehgerät wusste: der gesuchte Entführer oder Mörder läuft frei herum. Das vergrößert die Angst, selbst entführt oder ermordet zu werden. Was damals in *Aktenzeichen XY* gezeigt wurde, ist im Vergleich zu heutigen Formaten fades Laientheater. Keine Kehlschnitte in Großaufnahme, keine Einblicke in Foltertechniken von Sadisten, die ihre Opfer stundenlang quälen. Und dennoch – Darstellung und Musik wirkten so nachhaltig und bedrohlich, dass bei vielen jungen Zuschauern die Eindrücke bis ins Erwachsenenalter erhalten blieben und in ihrem Erleben unbewusst fortwirkten.

Was ein Kind nicht verarbeiten kann, arbeitet in ihm: Das Gehirn versucht, die emotional aufwühlenden oder unverständlichen Eindrücke an die bestehende neuronale Erfahrungsstruktur zu koppeln. Wenn das nicht gelingt, werden verwirrende Eindrücke im Kopf durchmustert, wieder und wieder, auch im Schlaf – und dadurch umso stabiler verankert.

Das Gleiche geschieht, wenn wir uns mit erdrückenden Problemen konfrontiert sehen. Das Unterbewusstsein arbeitet dann auf Hochtouren. Es fällt uns schwer, abzuschalten, wir sind unruhig und fahrig, und unsere Gedanken kreisen ständig um das belastende Thema. Schwierige Lebensumstände bleiben uns noch lange im Gedächtnis. Genauso erleben Kinder Mediendarstellungen, die sie nicht verarbeiten können.

Besonders aktiv im geistigen Verarbeitungsgeschehen sind Eindrücke, die wir vor dem Schlafengehen aufnehmen. Der Schlaf dient zur Regeneration, aber er schaltet auch das Bewusstsein ab, damit geistige Verarbeitungs- und Verankerungsprozesse stattfinden können.

Während unser Gehirn also Platz schafft für neue Eindrücke, indem es Informationen verarbeitet und in seine bestehende Struktur integriert, glauben wir zu schlafen. Doch das tun wir nicht. Unser Unterbewusstsein empfängt unbemerkt, was um uns herum geschieht. Dennoch schauen viele Menschen bis kurz vor dem Schlafengehen Fernsehen – oder lassen das Gerät gar die ganze Nacht laufen. Das Gehirn registriert diese Reize und verarbeitet die Daten im Schlaf. Dies begrenzt die Kapazität unseres (genialen) Biocomputers, denn wir füllen seine Datenspeicher mit sinnlosen, destruktiven und aufwühlenden Daten, die unbewusst verarbeitet werden. Auf Dauer belastet das unsere Psyche und setzt uns unter Stress.

Der Schlaf verändert zwar die Bewusstseinsfrequenz, führt aber nicht dazu, dass unser Gehirn rastet. Bewusstes Wahrnehmen, Denken, Fühlen und Handeln werden eingestellt, und das Unterbewusstsein steuert alle wichtigen Lebensfunktionen. Das Nervensystem regeneriert sich, während das Gehirn die Tageseindrücke ordnet und damit wieder Platz und Kapazität für neue Eindrücke schafft.

Unser Unterbewusstsein registriert auch im Schlaf, was um uns herum geschieht, es erkennt, was davon für uns von Bedeutung ist. Merkwürdige Geräusche holen uns aus dem Schlaf – und selbst Menschen, die im Koma liegen, reagieren auf ihre Umwelt und nehmen die Anwesenheit oder Worte von Angehörigen unbewusst wahr. Ein Teil von uns ist somit immer präsent und aktiv – egal ob wir schlafen, unter Narkose stehen oder im Koma liegen.

Ein italienisches Krankenhaus-Experiment konnte in den Neunzigerjahren den Nachweis erbringen, dass Patienten in Vollnarkose auf dem OP-Tisch die Worte der Ärzte und Schwestern registrieren und darauf körperlich reagieren.[120] Das Operationsteam wurde im Rahmen des Versuchs angewiesen, entweder positive oder negative Kommentare zum Verlauf der Operation abzugeben. Bei negativen Kommentaren erhöhte sich der Pulsschlag der Patienten signifikant, während positive Kommentare zu einem ruhigen und gleichmäßigen Puls führten. Der spätere Heilungsverlauf zeigte sich ebenfalls abhängig von den Kommentaren während der Operation. Der Heilungsprozess von Patienten, die während der OP positive Bemerkungen erhielten, verlief signifikant schneller und besser als der von Patienten, deren Operation negativ kommentiert wurde.[121] Alles, was das menschliche Ge-

---

(120) Kihlstrom, Schacter, Cork, Hurt et al. (1990). *Implicit and explicit memory following surgical anesthesia.* In: Psychological Science, 1: S.303-306

(121) http://www.zeit.de/1999/23/199923.le_erinnern_oper.xml

hirn also bewusst oder unbewusst als bedeutungsvoll aufnimmt, zeigt Wirkung in Körper, Geist und Seele.

Nehmen wir Fragen mit in den Schlaf, wachen wir vielleicht mitten in der Nacht aus einem Traum auf oder erkennen kurz nach dem Aufstehen eine mögliche Lösung. Das Unbewusste arbeitet im Schlaf auf Hochtouren und gibt sein Bestes, um unsere Anliegen zu klären und aus einer erweiterten Perspektive zu betrachten. Wir können unser Unterbewusstsein vor dem Schlafengehen gezielt beauftragen, Pläne, Ideen und Lösungen aufsteigen zu lassen – meist aber nehmen wir gerade in den Abendstunden seine Kapazität mit Eindrücken aus einer fiktiven Ersatzrealität in Beschlag.

Diese Ersatzrealität soll uns beim „Abschalten" helfen – und das geschieht auch. Während des Medienkonsums „schalten wir uns ab" und programmieren unsere Hirnstrukturen unfreiwillig auf fragwürdige Denk- und Handlungsmuster, die im biochemischen Automatikbetrieb des Gehirns entstehen.

Der Zuschauer glaubt, die Informationsübermittlung an sein Gehirn werde beendet, wenn er den Fernseher oder den Computer ausschaltet – doch das ist ein Irrtum. Im Gehirn läuft die Verarbeitung der Bildschirmeindrücke weiter.

Die Kinder von damals, die *Aktenzeichen XY* schauten, fürchteten sich vor Einbrechern und davor, alleine zuhause zu sein, einsame Wege zu gehen oder entführt zu werden.

Was aber fürchten die Medienkinder von heute? Was bewirken die um ein Vielfaches intensiveren Filme, Serien und Computerspiele der heutigen Zeit im Gehirn eines Kindes?

Was täglich in Fernsehen und Internet zu sehen ist, ist für ein heranreifendes Gehirn ein emotionales Irrlichtgewitter. Die Filmtechnik hat sich rasant weiter-

(29.10.2017)

entwickelt, es gibt kaum noch Grenzen – Schrecken um Schrecken werden in Großaufnahme abgebildet. Wir haben uns in den letzten Jahren an die Berieselung mit brutalen, schrillen, lauten, blutigen und sexuellen Bildern gewöhnt, wir nehmen dies als „normal" hin – doch gilt das auch für unser Gehirn? Wir wissen durch die Computertomografie und Aufnahmen im Hirnscan, dass bereits nach einer Woche mit täglich zweistündigem Konsum von Gewaltspielen im Gehirn des Spielers neuronale Verbindungen entstehen, die das medial Erlebte und Erlernte abbilden.

Was geschieht im menschlichen Gehirn nach zehn Jahren täglichen Gewaltspielkonsums?

Exkurs: Computerspiele

Eine Studie[122] des Branchenverbandes Bitkom zur Nutzung des Internets und entsprechender Endgeräte durch Kinder und Jugendliche aus dem Jahr 2015 zeigt, dass bereits 94% der 10-Jährigen das Internet nutzen; 99% der 14- bis 15-Jährigen und 100% der 16- bis 18-Jährigen sind regelmäßig online. 85% der 12-Jährigen besitzen ein Smartphone.

Wir können davon ausgehen, dass Kinder ab dem zehnten Lebensjahr mit Internetpornographie und brutalen Videospielen in Kontakt kommen. Computerspiele sind für Kinder, Jugendliche – und auch für viele Erwachsene – mittlerweile zum festen Bestandteil ihrer Alltagswelt geworden. Es gibt alle erdenklichen Arten von Spielen.

In sogenannten *Jump-and-Run-Spielen* überwindet der Spieler durch seine springende und rennende Spielfigur Hindernisse und löst Rätsel. Sportspiele basieren auf re-

---

(122) https://www.bitkom.org/Presse/Presseinformation/Studie-zu-Kindern-und-Jugendlichen-in-der-digitalen-Welt.html (29.10.2017)

alen Sportarten wie Tennis, Fußball oder Motorradrennen, der Spieler schlüpft in die Rolle des Sportlers.

In Strategiespielen baut man durch strategisches Denken beispielsweise eine Stadt oder einen Staat auf, handelt effizient und wirtschaftlich und versucht, seine Gegner zu besiegen.

In Abenteuerspielen werden Räume erkundet, Schätze gesucht, Rätsel gelöst und mögliche Gefahren erkannt und überwunden.

Beliebt sind auch Rollenspiele. Der Spieler schlüpft in einen Avatar und damit in die Rolle eines virtuellen Wesens, das er nach seinen Vorstellungen gestalten kann. Die *Sims* sind die erfolgreichsten Rollenspielfiguren aller Zeiten. Seit ihrem ersten Erscheinen im Jahr 2000 verkaufte sich das Spiel über 150 (!) Millionen Mal.

Das Genre wird als „Lebenssimulation" beschrieben und ist ab sechs Jahren freigegeben. Der Spieler kann entweder einen vorgefertigten Charakter nutzen, oder er erschafft seine Spielfigur selbst.

Viele Spiele werden online mit anderen Spielern gespielt. Bereits 17% der 10- bis 19-Jährigen sind gelegentliche oder regelmäßige „Videogamer". Von den 34,3 Millionen Computer- und Videospielern in Deutschland sind 16,2 Millionen weiblich.[123] Der neueste Trend in der Computerspiele-Szene ist der Einsatz von sogenannten „Sex Mods"[124], mit denen man das Spielgeschehen pornographisieren kann.

2014 wird das erfolgreichste Videospiels des Jahres, *GTA*[125], in dem es auch um Folter, Mord und Drogenhandel geht, von einem Hacker manipuliert – er kann ande-

---

(123) Statistica, 2016

(124) Unter einer Mod (Abk. für Modifikation) versteht man eine Veränderung oder Erweiterung eines bereits veröffentlichten Computerspiels. Eine „Sex Mod" ist eine pornographische Computerspielmodifikation.

(125) *Grand Theft Auto* – deutsch: „Schwerer Autodiebstahl", Altersfreigabe: ab 18 Jahren

re Spieler virtuell vergewaltigen. Er nennt sich „Deeper in da ass", läuft mit heruntergelassener Hose über das Spielfeld und vergewaltigt männliche wie weibliche Figuren. Seine Opfer sind nach der Tat gezwungen, aufreizend für ihn zu tanzen. Die attackierten Spieler können ihn weder töten, noch die Vergewaltigungen abwehren. Die Entwickler von *GTA V* schweigen zu den Ereignissen.[126] [127] [128]

Auch in dem weit verbreiteten Rollenspiel *Second life* kommt es zu sexuellen Übergriffen. Ein Hacker demonstriert unerkannt und im Verborgenen seine Macht über das Spiel und die anderen Spieler. In der virtuellen Welt von auf Gewalt ausgerichteten Computerspielen geht es immer um Kontrolle und Macht, es gibt immer Täter und Opfer. Zunehmend geht es auch um sexuelle Gewalt und Pornographie. Heute sind es nicht mehr nur die Hacker, die mit ihrem Avatar andere Spieler zum Sex zwingen – immer mehr Gamer kaufen sich „Sex Mods", um über die Grenzen des Spiels hinauszugehen, die Zensur zu umgehen und um den Spielverlauf zu pornographisieren.

Der Verkauf von „Sex Mods" wächst derzeit zu einem Millionen-Geschäft heran. Der Gamer kann mit dem Einsatz eines solchen Programms andere Figuren entkleiden und Sex mit ihnen haben. Besonders beliebt sind die „Sex Mods" für das Videospiel *The Sims 4*. Ständig wird das Programm gemäß der Wünsche der Gamer erweitert – Grenzen des guten Geschmacks gibt es keine,

---

(126) http://www.pc-magazin.de/news/gta-5-hacker-vergewaltigt-mitspieler-online-modus-skandal-2527253.html (28.10.2017)
(127) http://www.faz.net/aktuell/wirtschaft/netzwirtschaft/hacker-vergewaltigt-mitspieler-in-gta-online-13111136.html (30.10.2017)
(128) Ein Beispiel für GTA V: https://www.youtube.com/watch?v=M5byLOb05C8 (05.11.2017)

jede erdenkliche und nicht erdenkliche sexuelle Phantasie kann auf dem Bildschirm zum Leben erweckt werden.

Sex und Pornographie erfreuen sich steigender Beliebtheit in der Computerspiel-Szene. Was in der realen Welt kaum zu verwirklichen ist, wird mit einigen Mausklicks in der virtuellen Welt möglich – anonym und verborgen hinter einem Avatar. Doch die Reizüberflutung mit Gewalt und frei verfügbarer Pornographie hinterlässt Spuren in den Hirnstrukturen und auf der Seele der Nutzer: Der moderne Medien-Junky spürt sich nicht mehr. Körperlich erstarrt und geistig gebannt wird sein Nervensystem vor dem Monitor von brutalen Gewaltdarstellungen und sexuellen Stimulationen überflutet. Das Gehirn verlangt dabei nach immer stärkeren Reizen, um ein Befriedigungsgefühl kreieren zu können.

Bild 12: Sex-Mod

Die Medienindustrie schürt und bedient dieses Verlangen. In der Scheinrealität am Computer ist alles möglich – derweil verliert der Konsument den Bezug zu seinem Körper und seinen Gefühlen. Und so lebt er auch im realen Leben: zunehmend selbstentfremdet, unfähig zur Empathie und scheinbar befreit von innerer Not.

Besonders junge Menschen praktizieren inzwischen auffallend häufig ungewöhnlich harte sexuelle Praktiken. Sie suchen nach körperlichen Grenzerfahrungen, indem sie sich freiwillig Abhänge hinunterstürzen oder sich aus fahrenden Autos fallen lassen. Sie haben Genuss an sexueller Gewalt und körperlichen Verletzungen und hungern danach, sich selbst zu spüren. Der Körper wird zur seelenlosen Erlebniszone für Schmerz, Erniedrigung, Gruppensex und Analpenetration im XL-Format.

Bild 13: Sex Mod

Dieser neue Erlebnistrend unter Jugendlichen zeugt von einer Zeit seelischer Degeneration. Wenn schmerzhafter Sex und Schläge bis zum Knockout einen lustvollen Kick geben, sind Körper, Geist und Seele aus dem Gleichgewicht geraten.

Die Kinder – oder nennen wir sie besser die Opfer des Medienzeitalters – verlieren nicht nur den Bezug zur Realität, sie verlieren vor allem den Bezug zu sich selbst.

Amoklauf

Von Jugendlichen begangene Amokläufe sind ein Phänomen unserer Zeit. Täter sind in der Regel unauffällige Jungen aus der Mittelschicht, die aus geordneten Familienverhältnissen stammen und gute Zukunftsperspektiven in der Gesellschaft haben – und dennoch stürmen sie bewaffnet eine Schule, eine Einkaufspassage oder einen Kinosaal und erschießen wahllos Menschen.

Versuche, ein typisches Täterprofil des „Amokläufers" zu erstellen, misslingen. In den Medien werden psychische Störungen und Frustrationserfahrungen des Täters als Ursache für den Amoklauf herangezogen – was zunächst schlüssig erscheint, aber am Ende nur eine oberflächliche Analyse ist, geboren aus der Erklärungsnot im Hinblick auf das Ausmaß einer solchen Tat. Man listet Motive wie Rache, Ungerechtigkeitserfahrungen oder Verzweiflungsgefühle auf, die Diagnose lautet meist Persönlichkeits- oder Verhaltensstörung. Als Auslöser sieht man eine fortgeschrittene psychosoziale Entwurzelung an, den Verlust beruflicher Ziele durch Rückstufung, eine nicht erfolgte Versetzung in der Schule und eine abgebrochene oder fehlgeleitete Kommunikation im sozialen Umfeld des Täters.

Die Kette der Ereignisse gleicht sich in den meisten Fällen: Der Täter erlebt sich in seiner Lebenssituation isoliert; es fehlt ihm an Austausch mit anderen; er ist frustriert; erfährt keine Hilfe; und er entwickelt übermächtige Vergeltungs- und Tötungsphantasien. Alle Erklärungsmodelle beschreiben, was offensichtlich ist. Aber die zentrale Frage ist: warum mündet die aufgestaute Aggression eines frustrierten Teenagers in der Absicht, einen Kampfanzug anzuziehen und wahllos und ohne jedes Mitgefühl Menschen hinzurichten. Und diese Frage bleibt offen.

Hass, Frustration und Aggression sind zwar innere Antreiber für Vergeltungsphantasien – doch wir bleiben mit dieser Erkenntnis nur an der Oberfläche des Phänomens Amoklauf. Tiefere Erkenntnisse erhalten wir, wenn wir Antworten auf die Frage suchen, warum es dem Teenager von heute nicht mehr ausreicht, heimlich die Autoreifen eines verhassten Lehrers zu zerstechen und warum er stattdessen zum Gewehr greift, die Schule stürmt und jeden, der seinen Weg kreuzt, eiskalt erschießt?

Aufgestaute Aggression sucht nach einem Ventil, und Phantasien brauchen Nahrung, um sich zu entwickeln. Speist ein frustrierter Jugendlicher sein Gehirn täglich mit Gewaltdarstellungen und Gewaltspielen, erhalten seine Hassgefühle und seine Rachsucht Vorbilder und Inspiration. Seine Aggression und seine Frustration koppeln sich beim Spielen an das, was er am Joystick empfindet und erlebt. In seiner Phantasie vermischen sich Realität und Fiktion – und das geschieht ebenso in der Biochemie seines Gehirns.

Der Spieler tötet seine Gegner. Während das ungeliebte Randgruppenkind auf der Straße schwächere Opfer niederprügelt, greift der behütete Mittelstandjunge in den Waffenschrank der Eltern, um möglichst viele Menschen und sich selbst zu töten. Amokläufer sind fast immer auch intensive Konsumenten von Gewaltspielen.

In der Regel spielen sie mehrere Stunden täglich und nehmen die realistisch anmutenden Tötungsszenarien genau wie ihre Frustrationen über „realen Feinde" wie Lehrer und Mitschüler mit in den Schlaf. Das Unbewusste verarbeitet im Schlaf die Gefühle und Erlebnisse des Tages und greift dabei auch auf Szenen aus den Gewaltspielen zurück. Nahezu automatisch entwickelt der Betroffene von Erfahrungen am Monitor gespeiste Phantasien, wie er es seinen Gegnern und Feinden heimzahlt. Der Amokläufer will seine Feinde wie im Gewaltspiel töten und als Sieger die Bühne des Lebens verlassen.

Die psychische Dynamik lässt sich gut nachvollziehen. Die Macht am Joystick, im Avatar des siegreichen Helden, der seine Gegner tötet – sie bietet der aufgestauten Aggression ein Ventil und dem frustrierten Spieler ein verheißungsvolles Vorbild. Die Intensität der erlebten Hassgefühle bestimmt dabei über das Ausmaß der Tötungsphantasien und auch über die Stärke des inneren Drangs zur Verwirklichung.

Irgendwann kann der potentielle Täter seine Phantasien dann nicht mehr kontrollieren, er verstrickt sich immer mehr in die Wahnidee, ein Massaker in Form eines Amoklaufs begehen zu müssen, damit „alles ein Ende" hat. Der Amoklauf erscheint dem Jugendlichen wie eine Erlösung aus dem Leid und wie die gerechte Bestrafung der Feinde. Er erlebt sich als Märtyrer, der eine Mission hat. Er muss die Bösen vernichten, auch wenn es das eigene Leben kostet – und das erscheint ihm wie ein Ehrentod.

Die Betrachtung der eigenen Lebenssituation und die Schlüsse, die der Amokläufer daraus zieht, folgen der inhaltlichen und rationalen Konzeption von Gewaltspielen. Der Amoklauf ist die Übertragung der Tötungsszenarien vom Monitor in die Realität. Das Denken, Fühlen und Handeln des Spielers wird auf verschiedenen geistigen Ebenen durch Erfahrungen und Lernvorgänge am Joystick unterschwellig metaprogrammiert: Im Computerspiel ist das Töten von Feinden mit positiven Konsequenzen und schönen Gefühlen verbunden. Diese neuronale Kopplung wird auf die Realität übertragen. Was uns grausam und irre erscheint, ist im Gehirn des Betroffenen als positive Lösungsstrategie verankert, die neuronal mit angenehmen Gefühlen gekoppelt ist.

Der Amoklauf stellt einen würdigen Abgang in Aussicht, mit dem sich der frustrierte und latent hochaggressive Spieler heldenhaft von Ablehnung und Herabsetzung befreien und es den anderen heimzahlen kann. Für den jungen Täter ist der Amoklauf der Weg des siegreichen Helden, der sich von seinen „Feinden" und seinem Leid befreit. Die Mission ist seine Ehre. Tausende Male spielt er die Tat in seiner Phantasie durch; und während er am Bildschirm weiter virtuelle Feinde tötet, denkt er an die Vernichtung seiner realen Widersacher. Die neuronalen Verbindungen dieses kognitiven und emotionalen Musters werden immer wieder aufs Neue aktiviert und dabei zunehmend stabiler und mit außerordentlich angenehmen Gefühlen verankert.

Der Amoklauf verspricht das Gefühl der Erhabenheit eines siegreichen Märtyrers; seine Tötungsmission wird am Joystick mit Fanfaren untermalt und als euphorisierende Erfahrung im Kopf festgesetzt. Der Spieler wird am Bildschirm auf das Töten von Feinden positiv konditioniert, sein Gehirn biochemisch programmiert. Je stärker die Kopplung der Spielabläufe mit angenehmen Gefühlen und je höher das subjektiv empfundene Leid des Spielers, desto stärker wirkt der *Mindprogramming-Effekt* am Bildschirm.

Die Vorstellung, ein reales Massaker zu begehen, kann derart befreiend sein, dass die Phantasie immer stärker auf Verwirklichung drängt, bis die Umsetzung schließlich für den potentiellen Täter unausweichlich erscheint. Die euphorisierende Rachephantasie entwickelt eine Eigendynamik – sie löst den Wirklichkeitsbezug auf und lässt alle moralischen Hemmschwellen fallen. Die Vorstellung, Widersacher einfach zu erschießen, wirkt schmerzlindernd und löst Glücksgefühle aus.

Der Täter sieht sich im Recht. Er erfährt sich als Opfer, das in die Täterrolle wechseln muss, um der Ungerechtigkeit ein Ende zu setzen. Ohnmacht wird durch die Macht überwunden, über das Leben der anderen zu entscheiden.

Frustration und Aggression sind nicht ursächlich für Amokläufe, es sind die brutalen Szenen aus Computerspielen, die den zutiefst verletzten jungen Männern Vorbilder und Erfolgserlebnisse bieten, mit deren Hilfe sie sich aus der frustrierenden Rolle des Außenseiters oder Versagers befreien. Die Phantasie, sich mit dem Amoklauf heldenhaft aus der belastenden Lebenssituation verabschieden zu können, lässt in der Biochemie des Gehirns eine emotionale und kognitive Realität entstehen. Das Gehirn lernt am Joystick und in der Vorstellung die Handlungsmuster für den Amoklauf und erschafft Strukturen und Vernetzungen, die neuronal verfügbar halten, was täglich am Computer und in der Imagination trainiert wird. Diese Strukturen stehen auf Abruf für das Denken, Fühlen und Handeln des Betroffenen bereit, so dass sich die Tat nahezu automatisiert ausführen lässt.

Je öfter ein Handlungsablauf in der Vorstellung durchgespielt wird, desto besser gelingt er in der Realität. Gewaltspiele haben diesen Trainingseffekt für potentielle Amokläufer. Der Täter kann den Amoklauf kaltblütig und unbeteiligt durchführen, weil er das Szenario immer wieder am Joystick trainiert und im Geiste durchspielt hat. Die Lernerfahrung am Monitor und die Kopplung von angenehmen Gefühlen und Belohnung an das Erschießen von Feinden erschaffen die psychische Grundlage, dass der junge Täter trotz des Schreckens, Leidens und Flehens seiner Opfer eiskalt und ohne Mitgefühl bleibt und die Kontrolle über sich und die Situation behält – was hinsichtlich einer solch grausamen Ausnahmesituation beachtlich ist.

Die Wirkung von Gewaltspielen wird heute völlig missachtet und unterschätzt. Ein hochgradig frustrierter und unterschwellig aggressiver Heranwachsender erhält durch Gewaltspielerfahrungen nicht nur geistige Nahrung, Tötungsphantasien zu entwickeln – bei jedem Treffer seines Avatars werden die negativen Emotionen in äußerst angenehme Gefühle der Macht und Stärke umgewandelt.

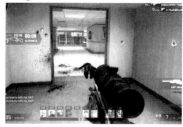

Bild 14: Training am Bildschirm

Gefühle sind für unser Gehirn immer real – ganz egal, ob wir sie in der Phantasie oder in der Realität erleben. Angenehme Gefühle, die der Spieler beim virtuellen Töten von Feinden erlebt, übertragen sich auf den phantasierten Amoklauf, sie sind assoziativ und neuronal im Gehirn miteinander verbunden. Der Amokläufer beginnt, von der euphorisierenden Phantasie angetrieben, die Tat minutiös zu planen. Er legt genau fest, welche Kleidung und Schuhe er trägt und orientiert sich dabei an den militanten Helden der Gewaltspiele.

Die meisten Attentäter wählen einen Kampfanzug oder lange schwarze Mäntel wie die ihrer Vorbilder aus Filmen und Computerspielen. Die Identifikation mit dem Starken, der in geheimer Mission sein Attentat plant und zum siegreichen Helden wird, ist zum Gedankenmittelpunkt des Täters geworden. Das reichlich vorhandene Testosteron im jungen männlichen Gehirn treibt den potentiellen Täter auch biochemisch an, die Phantasie zu verwirklichen und es den Vorbildern aus den Spielen gleichzutun.

Die Umsetzung der Wahnidee wird zunehmend als innerer Druck erfahren. Immer stärker steigt die Lust in ihm auf, seine „Feinde" wie im Computerspiel zu vernichten. Die Idee wird zur lustvollen Mission. Lust ist die stärkste Kraft im Menschen, die ihn zum Handeln antreibt.

Um eine lustvoll erlebte Tötungsphantasie im Ausmaß eines Amoklaufs aber zu entwickeln und umzusetzen, bedarf es weit mehr als in der Schule unbeliebt zu sein und sich von Eltern und Gleichaltrigen unverstanden und zurückgesetzt zu fühlen. Erst die beeindruckenden, virtuellen Helden und die Glücksgefühle, die der Spieler im Avatar des Märtyrers am Monitor beim Töten seiner Widersacher erlebt, machen aus frustrierten und rachsüchtigen Mittelstands-Teenagern potentielle Amokläufer.

Der Zeitvertreib am Joystick bietet lustvolles *Mindprogramming* auf höchstem Niveau. Unbemerkt werden Psyche und Hirnstrukturen des Spielers auf das eiskalte Vernichten von „Feinden" trainiert. Der *Mindprogramming-Effekt* aus den Spielabläufen lässt beim Amokläufer die erlernten Handlungsmuster und die angenehmen Gefühle wie im Automatikbetrieb ablaufen, mit jedem Treffer. Der hochgradig frustrierte Jugendliche wird durch die Spiele befähigt, kaltherzig auf Menschen zu schießen und jubelnd ein schockierendes Blutbad anzurichten.

Um psychisch und motorisch in der Lage zu sein, einen Amoklauf zu begehen, müssen im Gehirn des Täters einerseits positive und befreiende Vorstellung von der Tat und andererseits neuronale Programme dafür existieren. Die frei verkäuflichen Gewaltspiele unserer Zeit bedienen beide Aspekte mit neuronaler Tiefenwirkung – und das vor allem im Hinblick auf die jungen Hirnstrukturen. Je intensiver und häufiger Gewaltspiele konsumiert werden, desto reaktionsschneller und sicherer ist der Spieler in seiner Motorik. Der Biocomputer verankert mit jedem Spieldurchgang die Handlungsabläufe stabiler und kann sie jederzeit wieder abrufen.

In einem Interview der BBC im Jahr 2013 erwähnt Prinz Harry, dass er ein so guter und sicherer Schütze sei, weil er gern und häufig Computerspiele spiele. Dave

Grossman beschreibt in dem Buch *On Killing*, wie es die Armeen der Welt mit virtuellen Trainingsmethoden geschafft haben, die Quote der Non-Firers zu senken. Er zeigt auf, was es für die Psyche der Soldaten bedeutet, gegen ihre Urinstinkte zu verstoßen, und er legt dar, wie gefährlich es für unsere Gesellschaft ist, dass unsere Kinder in Video-Spielen spielerisch lernen, ihre natürliche Hemmschwelle gegen das Töten von Menschen zu überwinden.[129]

Am 12. März 2009 läuft der 17-Jährige Tim in Winnenden Amok. Er erschießt an seiner ehemaligen Schule neun Schüler, drei Lehrer und tötet drei weitere Personen auf der Flucht. Im Feuergefecht mit der Polizei erschießt er sich selbst. Über den Täter berichten die Medien später, dass er unter psychischen Problemen gelitten habe und wegen Depressionen in Behandlung gewesen sei. Jeder erfahrene Therapeut jedoch weiß, dass sich hinter Depressionen in der Regel ungelebte Aggressionen verbergen.

Die Erklärung erscheint plausibel – ein Motiv ist gefunden. Nach jedem Amoklauf werden die Täter von angeblichen Fachleuten in den Medien zu einer labilen „Ausnahmeerscheinung" erklärt. Dass man auf den Computern der Amokläufer immer Gewaltspiele findet, wird in der Berichterstattung nur am Rande erwähnt oder vollständig ausgeblendet. Der 17-Jährige Amokläufer von Winnenden besitzt neben Gewaltspielen auch eine Sammlung härtester Horrorvideos; vor der Tat hatte er versucht, in einer psychiatrischen Notaufnahme Hilfe zu bekommen, um seine Tötungsphantasien in den Griff zu bekommen. Man hatte sein Anliegen nicht ernstgenommen, Hilfe wurde ihm verwehrt – während seine Phantasien immer stärker auf Verwirklichung drängten.

---

(129) Dave Grossman *On Killing. The Psychological Cost Of Learning To Kill In War and Society,* Back Bay Books, 2009

Um kaltblütig Dutzende Menschen zu erschießen, bedarf es neben einer Persönlichkeitsstörung vor allem Vorbilder und viel Übung. Vor 25 Jahren kam kein pubertierender Jugendlicher auf die Idee, aus Rachsucht Lehrer und Mitschüler zu erschießen. Es gab keine jugendlichen Amokläufe, bevor es Computergewaltspiele gab.

Auch der Norweger Anders Breivik spielt seit seiner Pubertät das brutale Onlinespiel *World of Warcraft* und bezeichnet es als das beste Training für die Ausführung seiner Tat. Sechzehn Jahre spielt er dieses Spiel, bevor er schwer bewaffnet eine Insel stürmt und kaltblütig 77 Menschen tötet.

Bild 15: Spielfigur aus *Counter-Strike*

In München erschießt ein 18-Jähriger Schüler im Juli 2016 neun Menschen in einem Einkaufszentrum, bevor er sich selbst hinrichtet. Auch er bereitet sich mehrere Jahre auf seinen Rachefeldzug vor, trainiert mit Egoshootern und setzt ein Foto von Anders Breivik auf sein Facebook Profil. Als mögliche Ursache für die Tat gilt die rechtsextremistische Haltung des jungen Mannes. Dass er ein Außenseiter ist, der sich für Demütigungen rächen will, weil er in der Schule gemobbt wird, und deshalb vor der Tat versucht, Mitschüler an den Tatort zu locken, blenden die Medienberichte aus. Das Offensichtliche wird aus dem Blickfeld der Öffentlichkeit genommen. Sind es die Interessen der Industrie, die hier geschützt werden sollen?

Wir wissen nicht, dass es seit 2018 gestattet ist, in deutschen Computerspielen Nazisymbole zu präsentieren, und wundern uns nur, wenn Schüler Nazi-Symbole benutzen. 2022 betrug der Umsatz im Gaming-Markt in Deutschland rund 9,8 Milliarden Euro.[130] Was muss geschehen, dass wir endlich erkennen: Wir ernten die Gewaltverbrechen, die eine profitorientierte Unterhaltungsindustrie ausgesät hat?[131] [132] [133]

---

(130) Gaming - Umsatz im Gesamtmarkt in Deutschland bis 2022 | Statista

(131) Germany lifts total ban on Nazi symbols in video games – BBC news (https://www.bbc.com/news/world-europe-45142651)

(132) Wolfenstein Youngblood *Full game* Gameplay playthrough no commentary – Youtube (https://www.bbc.com/news/world-europe-45142651)

(133) Germany lifts total ban on Nazi symbols in video games (10.08.2018) –Youtube (https://www.youtube.com/watch?v=a5e1GBZGN0Y)

Resümee

Die Medienindustrie speist in der ganzen Welt täglich Milliarden Zuschauergehirne mit Sex, Gewalt und Verbrechen. Der Wahnsinn unserer Zeit wird durch Ausstrahlung fiktionaler Gewalt und frei verfügbarer Internetpornographie auf verhängnisvolle Weise genährt. Jugendgewalt, Sexualstraftaten, die neuerdings zunehmend von Minderjährigen verübt werden, Amokläufe und immer mehr Kinder, die Verhaltensauffälligkeiten zeigen – all das sind Früchte, die wir durch diese absurde Form der Unterhaltung und Freizeitgestaltung ernten. Gewalt ist in den Köpfen der Kinder des Medienzeitalters „normal" geworden – sie wird sogar zum Vergnügen eingesetzt.

Im August 2013 schießen drei gelangweilte US-Teenager einem australischen Studenten in den Rücken. Ihr Zufallsopfer stirbt. Die 15- bis 17-Jährigen Täter sagen aus, dass sie nichts Besseres zu tun gehabt und deshalb den Entschluss gefasst hätten, jemanden zu töten.

Im Mai 2010 wird in Hamburg der 19-Jährige Mel D. getötet.[134] Fünf Jugendliche suchen an einem Bahnhof wahllos Streit mit Passanten. Mel D. sitzt mit einem Freund auf einer Bank, als die jungen Männer sich vor ihm aufstellen und pöbeln: „Was guckst du so?" Einer der Provokateure zieht ohne Vorwarnung ein Messer und sticht auf den 19-Jährigen ein; die Tat geschieht vor laufenden Kameras. Das Opfer stirbt. „Ich hatte einfach 'ne Wut in mir", wird der jugendliche Täter später sagen.

Die sozialen Normen des Miteinanders und der Konfliktlösung haben sich in unserer Gesellschaft spürbar verschoben. Seit die Medienindustrie das Freizeitver-

---

(134) http://www.zeit.de/2011/05/Gewalt-Toetungsdelikt-Jugendkriminalitaet. (21.05.2017)

halten des Bürgers fest im Griff hat, werden Elternberatungsstellen überrannt – freie Kinder- und Jugendtherapieplätze sind nur nach langen Wartezeiten zu bekommen. Das Programm, das rund um die Uhr ausgestrahlt wird, zeigt Wirkung. Was Heranwachsende täglich am Bildschirm konsumieren und emotional miterleben, fesselt und unterhält sie – Nebenwirkung: ihre Hemmschwellen werden aufgelöst, sie werden rascher selbst gewalttätig.

Mit jeder Gewaltdarstellung, die ein Kind sieht, verändert sich sein Gehirn. Die Gewaltszenen, die Fernsehen und Internet präsentieren, werden immer brutaler und gleichsam emotionaler.

Gewalthandlungen normalisieren sich durch den täglichen Konsum am Bildschirm in den heranreifenden Hirnstrukturen in einem Maße, dass Heranwachsende in einer Konfliktsituation auch der Tod ihres Kontrahenten in Kauf nehmen. Jugendliche berichten nach ihren Gewaltattacken fast immer, dass alles „wie im Film" abgelaufen sei und sie nicht wüssten, wie das habe geschehen können. Im Affekt werden die jungen Täter zum Zuschauer ihres eigenen Handelns, während der *Mindprogramming-Effekt* der Bildschirmgewalt ihr Handeln steuert.

Im Rausch übersteigerter Emotionen ist ein Pubertierender außerstande, sein Verhalten zu kontrollieren. Das Gehirn ruft ab, was zur erlebten Emotion passt, und stellt ohne die Kontrolle durch den Verstand jene Reaktionsmuster bereit, die der Jugendliche als effiziente und erfolgreiche Antwort auf Kränkung, Provokation, Missachtung oder Kritik in seinen Hirnstrukturen verankert hat.

Ein junger Gewalttäter führt im Affekt wie ferngesteuert aus, was automatisch und völlig unbewusst auf der neuronalen Ebene seines Gehirns als Reaktions- und Handlungsmuster zur Verfügung gestellt wird. Junge Männer, die sich provoziert fühlen, reagieren heute mit Strategien, die sie beim Medienkonsum entwickelt haben. Das hat nicht nur blutige, sondern oft auch tödliche Folgen.

Die globale, jugendliche Gewaltenthemmung wird vor unseren Augen durch den Medieneinfluss ausgelöst und beständig genährt. Ein unnötiges und übles Problem, das unsere gesellschaftliche Freiheit einzuschränken droht. Wir glauben, uns am Bildschirm mit Gewalt und Pornographie anregend zu unterhalten, doch wir betreiben währenddessen freiwillig ein unfreiwilliges *Mindprogramming*. Die Jugendgewalt unserer Zeit ist die Folge dieses *Mindprogramming-Effekts* am Bildschirm. Der menschliche Biocomputer erschafft aus allen bedeutsamen Erfahrungen – egal ob fiktional oder real erlebt – seine individuelle Software, mit der wir denken, fühlen und handeln. In Notfall- oder Stresssituationen ruft er blitzartig alle Daten ab, die als passende Lösungsstrategie verankert sind, und die Person agiert (automatisch) in dem vorgegebenen, neuronalen Rahmen.

Am Stärksten betroffen von diesem *Mindprogramming-Effekt* sind unsere Kinder. Ihr Gehirn befindet sich noch in der Entwicklung und ist ein offener und äußerst formbarer Empfänger. Gewaltdarstellungen und Pornographie prägen die neuronalen Strukturen und Schaltkreise junger Gehirne – nachhaltig und langfristig. Ohne uns dessen bewusst zu sein, erlauben wir der Unterhaltungsindustrie, Millionen junge Menschen biochemisch auf destruktive Handlungsvorbilder zu programmieren und unsere gesellschaftliche Realität brutaler denn je zu gestalten.

Wie können wir uns weiter mit Gewalt und Grausamkeiten „unterhalten", wenn wir das erkennen? Die Politik hält hinsichtlich des Medien-Effekts zurück und treibt die Verstärkung der „inneren Sicherheit" durch „Messer-Verbotszonen" und Überwachungstechnologie voran. Messerattacken, Überfälle, Amokläufe und Vergewaltigungen ereignen sich dennoch in steigender Zahl und werden vermutlich nicht durch „Verbotszonen" verhindert. Der serbische Bildungsminister Branko Ruzic hatte nach dem schrecklichen Amoklauf eines Schülers, das Internet und Videospiele für die Tat verantwortlich gemacht. Nachdem die politische Opposition daraufhin seinen Rücktritt forderte, legte er sein Amt nieder.[135]

Solange Kinder mit brutalen Vorbildern am Bildschirm unterhalten werden, wird Jugendgewalt ein Problem in unserer Gesellschaft sein – und es wird rasant wachsen. In den Industrienationen geht es politisch weniger um das Wohl der Bevölkerung. Gesetze dienen eher der Förderung der Industrie und der staatlichen Kontrolle, die vor unseren Augen errichtet wird. Es geht um Geld und Macht. Der Schutz unserer Kinder und die Wahrung unserer persönlichen Freiheit stehen nicht im Zentrum politischer Debatten. Unterhaltungsindustrie und Pornobranche, digitale Spielindustrie und Medien-Moguln – mit der derzeitigen Gesetzeslage unterstützt man allein ihre Umsätze! Derweil lassen wir uns mit roher Gewalt und brutalen Pornopraktiken unterhalten – benebelt und im Rausch der scheinbaren Freiheit, jede sexuelle Spielart in Großaufnahme anonym auf dem heimischen Computer konsumieren zu können – während wir uns doch zunehmend bedroht und desorientiert fühlen in unserer Alltagsrealität.

Die Videoüberwachung verspricht, eine Lösung zu sein, es ist aber lediglich eine Scheinlösung, die der Strafverfolgung der Täter dient. Wirksame Gewaltprävention erzielen wir durch eine Reduzierung fiktionaler Gewalt zur Unterhaltung und dem Schutz unserer Kinder vor frei verfügbarer Internetpornographie.

Bislang wurde der Schutz von Kindern vor Pornographie oder fiktionaler Gewalt nicht umgesetzt. Das Jugendschutzgesetz wird im Internet einfach umgangen – von der Politik

(135) https://www.diepresse.com/6285003/nach-amoklauf-an-schule-serbiens-bildungsminister-tritt-zurueck

abgesegnet. Das Geld, das sich mit Gewalt und Pornographie verdienen lässt, ist dem Staat wichtiger als die Verfolgung von Zielen, die dazu dienen, eine friedvolle Welt mit ausgeglichenen, lebendigen, freien und heilen Bürgern aufzubauen.

Die Bevölkerung wird indessen durch die Medienindustrie zunehmend mehr verwirrt, sexuell verroht und dumm gehalten, und das in dem irrigen Glauben, es ginge um Informationsfreiheit. Diese Pseudo-Informationsfreiheit schadet uns – und ganz besonders unseren Kindern. Täglich verfügbare Gewalt- und Pornoangebote deformieren die jungen Hirnstrukturen, reduzieren die Fähigkeit zum Mitgefühl und erhöhen die Gewaltbereitschaft bei den empfänglichen und jungen Konsumenten. Brutale Medienunterhaltung und frei zugängliche Internetpornographie zerstören schleichend den gesellschaftlichen Frieden und unsere Sicherheit. Es ist kaum nachvollziehbar, wie man vor dem Hintergrund der Erkenntnisse der Hirnforschung dieser Entwicklung tatenlos zusieht. Oder soll vor unseren Augen ein Überwachungsstaat errichtet werden? Die Frage ist heikel. Es bleibt zu hoffen, dass es lediglich Kurzsichtigkeit und Profitgier sind, die das politische Handeln bestimmen.

Was festgestellt werden kann, ist die Tatsache, dass mit fiktionaler Gewalt und frei verfügbarer Internetpornographie sehr viel Geld verdient wird und währenddessen die Gewaltrate kontinuierlich ansteigt. Der Bürger vertraut auf staatliche Präventionsmaßnahmen und ist nicht in der Lage, Nutzen und mögliche Folgen einer umfassenden Videoüberwachung zu ermessen. Hinzu kommt, dass die Medienindustrie von dieser Entwicklung profitiert. Alle schauen gebannt hin, wenn ein Mitschnitt der Überwachungskamera von einer tödlichen Attacke in den Nachrichten gesendet wird! Das verkauft sich gut und macht aus jungen Mördern Titelhelden.

Die Angst des Bürgers wird mit jeder dieser Meldungen weiter geschürt – und so schaut er dem Ausbau der öffentlichen Überwachungsmaßnahmen kritiklos zu und lässt sich dadurch beruhigen. Die Polizeistatistiken belegen, dass diese Art Gewaltprävention wirkungslos ist, Verschärfung des Jugendstrafrechts und Erweiterung der öffentlichen Überwachung gaukeln vor, dass etwas gegen Jugendgewalt getan wird. Doch es sind nur teure Brandmelder.

Bild 16: Screenshot *I spit on your grave*

Wer täglich gequälten Opfern in Großaufnahme ins Gesicht schaut und das Töten von virtuellen Feinden mit Glücksgefühlen in realitätsnahen 3D-Animationen erlebt, verändert seine Einstellung zu Gewalt.

1998 wurde die bis dahin weltweit größte Studie zur Mediennutzung von Kindern vorgestellt. 5.000 Schüler wurden im Rahmen der *UNESCO global media violence study* befragt.[136] Das Ergebnis zeigt, dass Gewalt in den Medien fast immer in einem positiven Kontext dargestellt wird – sie wird in Filmen mit Macht und Kontrolle belohnt. Kinder aller sozialen Schichten verankern diese Kausalkette – und das überall auf der Welt.

Im Januar 2014 wird in Santa Ana (USA) eine 23-Jährige vor einer Diskothek erschlagen, weil sie aus Versehen in das Partyfoto einer Gruppe junger Partygänger geraten war.[137] Ein Video zeigt, wie die zierliche Frau in der Schlange wartet. Als die jungen Leute – zwei Männer und drei Frauen im Alter von 20 bis 25 Jahren – das

(136) http://files.eric.ed.gov/fulltext/ED438893.pdf#page=176. (21.05.2017)
(137) https://www.welt.de/vermischtes/article124231672/23-Jaehrige-totgeschlagen-weil-sie-Gruppenfoto-stoerte.html (05.07.2017)

Versehen bemerken, stürzen sie sich auf sie, schlagen sie nieder und treten brutal auf das wehrlose Opfer ein. Kim Pham verstirbt im Krankenhaus an den schweren Verletzungen.

Die Medienindustrie züchtet unbemerkt vor unseren Augen gewaltbereite Sozialzombies ohne Mitgefühl heran. Wer heute auf der Straße „blöd guckt" oder an der falschen Stelle steht, kann sein Leben verlieren. Das alles müsste nicht sein, wenn wir den destruktiven *Mindprogramming-Effekt* der Medien einzudämmen wüssten.

Zukunft

Wir steuern auf eine unangenehme soziale Realität zu. Die Menschheit hat sich in den letzten Jahrzehnten mit nahezu allen Formen von Bildschirmgewalt unterhalten – und doch werden immer härtere Szenen ausgestrahlt. Die Biochemie des Gehirns giert nach stärkeren Reizen, und die Unterhaltungsindustrie bedient und stimuliert diese Lust. Unterdessen erhöht sich der Stresspegel unserer Gesellschaft. Der Druck am Arbeitsplatz, in der Schule und in der Familie steigt, immer mehr Menschen sind angespannt oder frustriert und entwickeln Aggressionen und Ängste.

Oft reicht ein kleiner Funke, um das Fass zum Überlaufen zu bringen und Reaktionen im Gehirn abzurufen, die völlig unangemessen sind. Wir erleben täglich aggressives Hupen und Pöbeln im Straßenverkehr, laute Auseinandersetzungen am Arbeitsplatz, in der Familie, an Schulen oder in Kindergärten, die in brutalen und blutigen Konflikten münden.

Am Karfreitag 2014 steht Florian R. (44) in einer Hamburger Bäckerei in der Warteschlange, um mit seiner Tochter Brötchen zu kaufen.[138] Ein Mann drängelt vor. Florian R. fordert ihn auf, sich hintenanzustellen. Die Forderung macht den Mann aggressiv, er zieht ein Messer und sticht Florian R. vor den Augen des Kindes mehrfach ins Gesicht.

In den letzten zwei Jahrzehnten hat sich nicht nur das Konfliktverhalten von Heranwachsenden verändert, auch Erwachsene reagieren immer häufiger unangemessen aggressiv. In unseren Köpfen haben sich unbemerkt aggressive Verhaltensmuster eingenistet, unser Sozial-

(138) http://www.elbe-wochenblatt.de/eimsbuettel/lokales/streit-ums-vordraengeln-endet-blutig-d33815.html. (21.05.2017)

verhalten, unsere Normen und Werte werden durch das bestimmt, was wir täglich schauen. Es ist nicht nur naiv – es ist gefährlich zu glauben, die tägliche Ausstrahlung von Gewaltszenen, Schrecken und Pornographie hätte keine Auswirkungen auf uns und unsere Gesellschaft.

Die Wirkung emotionalisierter Fiktionen auf unsere Psyche und unser Gehirn ist so weitreichend, dass es unsere Vorstellungsmöglichkeiten bei Weitem übertrifft. Die individuelle Entwicklung eines Menschen, aber auch die Entwicklung auf dem gesamten Globus weist unter dem Einfluss der Medien zunehmend destruktive Tendenzen auf. Moralische Normen verschieben sich. Fernseh- und Internetangebote transportieren keine positiven Werte – sie zersetzen sie!

Die Darstellung der willigen Sexsklavin und des heldenhaften Gewalttäters zeigen Wirkung im menschlichen Kollektiv, ganz besonders bei Kindern und Jugendlichen. Sex und Gewalt brennen sich biochemisch ein. Der gesamte Globus ist bereits vom Virus der Jugendgewalt befallen, der durch eine allein auf Umsatz fokussierte Unterhaltungsindustrie in die Welt gesetzt wird.

Gewaltenthemmung ist ein Indiz für eine gestörte Sozialisation. Fernsehen und Internet sind die Sozialisations-Agenten des 21. Jahrhunderts. Ihre stereotypen Darstellungsmuster bestimmen die Werte der neuen Generationen und damit ihr Verhalten.

Fiktionale Gewalt deformiert die Psyche von Kindern, sie macht unsere Gesellschaft krank und unser Leben unsicher. Es ist erstaunlich, dass der Staat der freien Verfügbarkeit destruktiver Medienangebote keinen Riegel vorschiebt, während das Rauchen in der Öffentlichkeit gesetzlich geregelt und unter Strafe gestellt wird.

In den Armenvierteln der Weltmetropolen werden die Straßen seit Jahren vom Recht des Stärkeren regiert; Morde gehören hier zum Alltag. In besser situierten Stadtteilen patrouillieren bei Nacht private Sicherheitskräfte, um die Anwohner zu schützen. Vor unseren Augen entsteht eine beunruhigende gesellschaftliche Realität. Jugendgewalt wächst zu einem Problem heran, das zunehmend unsere Zukunft bestimmen wird – wenn wir nicht gegensteuern. Aus den problematischen und asozialen Jugendlichen werden problematische und asoziale Erwachsene. Diese zu heilen und zu positiven Werte hin zu formen, ist ein ungeheurer Kraftakt.

Heute begegnet uns Jugendgewalt mit einem weitaus brutaleren Gesicht als noch in den Neunzigerjahren – und zwar in allen sozialen Schichten und überall auf der Welt. Die Kinder von damals erfuhren Gewalt und Misshandlungen im Elternhaus. Sie orientierten sich an starken, gewalttätigen Helden aus Filmen, um ihre Opferrolle zu verlassen oder sich zu bereichern. Heute wird Gewalt zum Spaß und als Zeitvertreib konsumiert und eingesetzt.

In Schwerin misshandeln 2012 drei Schüler (16, 17 und 18 Jahre alt) der Oberstufe mehrere jüngere Schüler.[139] Sie zerren die Sechstklässler in einen leeren Raum, schlagen und treten auf sie ein und zwingen sie, sich auszuziehen. Dann halten sie die Köpfe der Kinder unter fließendes Wasser. Die Tat filmen sie mit ihren Handys und stellen das Video über Youtube ins Internet. Vor der Tat gibt es keinen Konflikt, die Wahl der Opfer ist zufällig, es geht den Tätern lediglich um „Spaß", und sie wollen sich mit der Tat im Internet brüsten. Sie gehören keiner sozialen Randgruppe an und stammen aus geordneten Familienverhältnissen.

Es ist sinnlos, über fehlende Freizeit- und Bildungsangebote zu diskutieren und unsere Steuergelder in die neueste Überwachungstechnologie zu investieren, wenn Kindergehirne am Bildschirm auf Gewalt programmiert werden. Nach dreißig Jahren Rund-um-die-Uhr-Unter-

---

(139) http://www.stern.de/panorama/schwerin-schueler-misshandeln-sechstklaessler-3488748.html (27.05.2017)

haltung ist eine Realität entstanden, die zunehmend den Darstellungen aus brutalen Filmen und Computerspielen gleicht: am helllichten Tag erstechen Jugendliche mitten auf der Straße gleichaltrige Teenager, sie praktizieren Porno-„Sex" und vergewaltigen Kinder. Amokläufer im Kampfanzug stürmen öffentliche Räume, um skrupellos Menschen zu töten. Wir leben in einer Welt der Polarisierung und Spaltung, die Diskrepanz zwischen Arm und Reich wird größer. Ein Teil der Gesellschaft strebt nach höheren Werten, nach Frieden, Gleichberechtigung und der globalen Umsetzung von Menschenrechten – der große Teil der Weltbevölkerung aber lebt in existentieller Not, Krieg oder sozialer Ungerechtigkeit.

Je unzufriedener ein Mensch ist, desto stärker reagiert er auf starke und gewalttätige Vorbilder – grausame Helden, die bekommen, was sie wollen. Brutale Mediendarstellungen nähren Gewaltphantasien bei empfänglichen Konsumenten wie Kindern und Jugendlichen, aber auch bei gestörten Erwachsenen. Benebelt von der Unterhaltungsdroge am Bildschirm gestatten wir den Medien, eine gesellschaftliche Normalität der Destruktivität und Zerstörung zu erschaffen.

In einer Gesellschaft, in der es Benachteiligung, häusliche Gewalt und soziale und wirtschaftliche Missstände gibt, fallen destruktive und grausame Medienvorbilder auf fruchtbaren Boden. Was wir aber brauchen, sind positive Vorbilder – eine Unterhaltungsindustrie, die die Phantasie von Kindern und Erwachsenen konstruktiv anregt, die im Miteinander Werte, Moral und Liebe vermittelt und zeigt, dass sich Konflikte auch friedlich lösen lassen. Wir könnten die Medien nutzen, um Werte und Ideale zu verbreiten, die dem Menschen wirklich dienen. Doch wir befürchten, das wäre langweilig, weil es uns so eingeredet wird.

Die Medien lenken jeden Tag unsere Aufmerksamkeit auf die bedrohlichen Aspekte unseres Lebens und blenden die positiven Ereignisse aus. Wir wissen aus der Quantenphysik: die Welt um uns herum ist ein Spiegel unseres Bewusstseins und der Gedanken und Vorannahmen, die wir in uns tragen. Täglich erschaffen wir unsere Realität neu mit dem, was unser Gehirn vom Leben weiß oder zu wissen glaubt. Fiktion und Realität haben dabei den gleichen Rang und die gleiche Wirkung in unseren Hirnstrukturen. Das Gehirn glaubt unseren Gefühlen, die dafür sorgen, dass wir wichtige Erfahrungen und Informationen speichern und erinnern.

Die Realität, die wir erleben, ist der Spiegel eigener Erfahrungen und der daraus resultierenden neuronalen Programme. Wenn vermehrt Bilder von Frieden um die Welt gingen, von Mitgefühl, Anteilnahme, von Kreativität, Erneuerung und Überwindung des Schlechten, dann nimmt unser Bewusstsein diese Aspekte auch verstärkt im Alltag wahr, und wir verankern dann diese Werte stabiler in unseren Hirnstrukturen.

Es gibt Liebe, Moral und höhere Werte. Wir Menschen empfinden Mitgefühl und können friedfertig leben. Unser Gehirn, seine Strukturen und neuronalen Programme lassen sich trainieren, verfeinern und festigen, so wie wir Muskeln aufbauen und trainieren. Es ist an der Zeit, das Gute zu fördern. Wir haben es in der Hand, welchen Kurs das menschliche Leben auf der Erde nimmt. Mit den Medien haben wir auch die Möglichkeit, einander zum Guten zu inspirieren und unser Miteinander positiv zu verwirklichen. Doch stattdessen haben wir uns daran gewöhnt, uns mit dem Leid anderer Menschen zu unterhalten und uns medial fast ausschließlich mit den Missständen in der Welt zu befassen.

Für unsere Zukunft bedeutet das, dass wir in absehbarer Zeit in einer Welt mehrheitlich gefühlskalter und psychisch kranker Menschen leben werden – diese Menschen werden nicht mehr in der Lage sein, Liebe, Mitgefühl und gesunde soziale Kontakte zu erleben. Die

Entwicklung dahin hat längst begonnen, und sie gerät zunehmend außer Kontrolle, angeheizt durch eine Unterhaltungsindustrie, die immer beherrschender wird.

Brauchen wir als Ausdruck unserer persönlichen Freiheit tatsächlich Mediengewalt und frei verfügbare Internetpornographie – obwohl sie lediglich unsere aggressiven, animalischen Anlagen stimulieren und eine gesellschaftliche Realität herbeiführen, die uns letztlich in einen Kontrollstaat steuert? Die Welle der Jugendgewalt ist Ausdruck neuronal verankerter, also durch die mediale Gewaltflut biochemisch in das Gehirn Heranwachsender geschriebener Gewaltprogramme. Nun ist es an der Zeit, neue Drehbücher zu schreiben.

Die Welt befindet sich im Aufbruch, das Bewusstsein wandelt sich. Wir müssen uns ganz bewusst folgenden Fragen stellen und nach überzeugenden Antworten suchen:

> In welcher Welt wollen wir leben?
>
> Wollen wir positive oder destruktive Vorbilder verbreiten?
>
> Mit welchen Werten wollen wir das Leben unserer Kinder prägen?

Unser Gehirn speichert bereitwillig, was wir ihm anbieten, und durch das Frontalhirn haben wir die Möglichkeit, unser Leben zu planen und eine lebenswerte Welt zu erschaffen. Es ist möglich, einen positiven *Mindprogramming-Effekt* am Bildschirm zu erzeugen. Wir können siegreiche Helden zeigen, die ihre Intelligenz und ihre Kraft, ihre Intuition und ihr Mitgefühl einsetzen, um Schwierigkeiten zu überwinden, Ziele zu erreichen oder Widersacher auszuschalten, wir können Menschen zeigen, die ihre Träume verwirklichen und Neues, Gutes, Schönes schaffen, weil sie wissen, wer sie sind und was sie können.

Die Kinder des Medienzeitalters aber haben keine Ahnung, wer sie sind und was sie können – sie leben desorientiert und selbstentfremdet das nach, was ihnen die Medien eindrucksvoll anbieten.

Wir brauchen neue Sendeinhalte und Unterhaltungsprogramme, die unsere positiven Anlagen fördern und unsere Kinder stärken. Es geht um nichts Geringeres als um unsere Zukunft!

Realität oder Fiktion? Leben in der Matrix

1999 erscheint Science-Fiction-Thriller *The Matrix* in den Kinos. Die Wachowski-Brüder, die Regie führen und das Drehbuch schreiben, erschaffen damit ein unwirklich erscheinendes Zukunftsszenario. Maschinen mit künstlicher Intelligenz kontrollieren das Leben auf der Erde. Der Himmel ist verdunkelt, und die Menschheit ist versklavt. Ihre nackten Körper sind regungslos und ohne Bewusstsein in gläsernen Nährstoffkokons gefangen und hängen an riesigen Maschinenarmen – wie Embryos in Brutkästen. Die Gehirne der Bewusstlosen sind mit der Matrix, einem gigantischen Computerprogramm verbunden, das die Illusion eines realen Lebens in ihr Nervensystem speist. Die Menschen glauben, dass sie in der programmierten Scheinwelt ein lebendiges und freies Leben führten, doch ihr Bewusstsein wird manipuliert. Verkabelt und angeschlossen an das künstlich erzeugte Lebensprogramm, speisen sie mit ihrer Gedanken- und Lebensenergie ein elektrisches Netzwerk, das die Energie für die Herrschaft der Maschinen liefert.

In den letzten beiden Jahrzehnten hat sich unser Leben in Richtung einer solchen düsteren Zukunftsvision entwickelt. Der Himmel ist zwar nicht verdunkelt, und wir sind nicht von Maschinen versklavt, aber auch wir sind mit einer Matrix verbunden, die unsere Gedanken, unsere Gefühle und unser Dasein lenkt.

Wir bemerken die Programmierung und Manipulation unserer Realität nicht, weil wir uns frei bewegen können und uns freiwillig in die virtuelle Matrix einloggen. Unser Bewusstsein und unser Gehirn werden auf subtile Weise täglich manipuliert und programmiert, ganz ohne Plugin, selbstbestimmt und freiwillig, sobald wir den Fernseher einschalten oder das Internet nutzen. Wir leben in der Realität, die die Medien vor uns erschaffen.

Im Sommer 2014 unterhält man uns auf Großbildschirmen mit dem Mega-Event der Fußball-Weltmeisterschaft. Die Masse ist euphorisiert; 98% der Deutschen verfolgen das Finale. Wir fühlen das Gleiche, wir denken das Gleiche, sind kollektiv berauscht und schweben auf Wolke sieben. Wir sind Weltmeister und glücklich. Die Medien lassen Millionen Menschen zeitgleich das Gleiche denken – und vor allem fühlen.

Nur wenige Tage später erreichen uns Berichte, dass eine Boing 777 der Malaysian Airlines mit 280 Passagieren über der Ukraine abgeschossen wurde. Niemand will es gewesen sein, und wir tauchen kollektiv ein in die Verwirrung, die dieses Ereignis in unseren Köpfen erzeugt. Es macht uns betroffen und ratlos; es geschieht einfach, und man informiert uns.

Noch am selben Tag sehen wir Bomben fallen: im Gazastreifen herrscht Krieg, und es scheint keine Lösung für diesen Konflikt zu geben. Zeitgleich ereilt uns die Meldung über den Ausbruch des Ebola-Virus in Westafrika. In den Nachrichten und Zeitungen werden uns täglich Opferzahlen übermittelt, sei es vom Krieg oder von der Ebola-Seuche.

Wieder sind wir hilflos und wochenlang der negativen Informationsflut ausgesetzt. Zwei Jahre später bricht über Europa die größte Flüchtlingswelle der Neuzeit herein. Ein neues Medienspektakel! Hunderttausende Menschen fliehen aus den arabischen Krisengebieten und den Armutsländern Afrikas. Die Stimmungsmache in den Medien entspricht politischen Leitlinien: laut den euphorisierenden Presseberichten erreichen uns nun unzählige gebildete und junge Menschen, die Aufschwung und neue Impulse in unser Land bringen. Die absehbaren Schwierigkeiten aber werden nicht thematisiert.

Wir freuen uns über die fröhliche „Willkommenskultur" auf unserem Bildschirm – und fühlen uns als Retter in der Not. Die vorgefertigten Meinungen, die wir aufnehmen, schalten unser eigenständiges Denken aus. Wir glauben, was wir sehen und hören, und wir fühlen so, wie uns die Welt am Bildschirm präsentiert wird. Gebannt sitzen wir am Bildschirm, wir sind hilflos, fassungslos, amüsiert, erschreckt oder erregt. Täglich werden Bilder von leidenden Menschen, von Naturkatastrophen, von Terroranschlägen, Bombenangriffen und Unwetterkatastrophen in unsere Wohnzimmer und damit in unsere Köpfe gesendet. Das verunsichert, ängstigt, schockiert.

Was gesendet wird, steht außerhalb unserer Wirkmacht, es schwächt uns und raubt unsere Lebensenergie – aber wir bemerken es nicht. Ebenso wenig bemerken wir, wie unser Leben täglich von Informationen aus zweiter Hand gesteuert wird, die wir nicht überprüfen können. Was ist wahr? Was ist unwahr?

Was, wenn die medial erzeugte Welt nicht viel mehr wäre als eine virtuelle Matrix mit designten Informationen? Was, wenn sie von unsichtbaren Kräften programmiert würde, die unser Dasein steuern, während sie beobachten, wie die Menschheit gleich einer Horde Schafe der Flut von Reizen und den Signalen am Bildschirm und an der Großleinwand folgt?

2019 bricht das Corona-Virus über uns herein. In einem nie zuvor erlebten Ausmaß werden wir fast drei Jahre lang mit dramatischen Bildern und Schreckensmeldungen zutiefst geängstigt und verunsichert. Isoliert und maskiert folgen wir der staatlichen Order, die wir am Bildschirm empfangen. Niemand stärkt uns oder gibt uns Hoffnung. Der einzige Ausweg, dem Virus-Tod zu entkommen, so wird uns versprochen, sei die Verabreichung eines neuartigen und unerforschten mRNA-Impfstoffes. Täglich werden in den Medien Leichensäcke, überfüllte Kliniken und neue Todesstatistiken präsentiert. Wir nehmen nicht wahr, wie weitreichend die Folgen dieser Zeit für uns und unsere Kinder sind. Es lässt sich nur mutmaßen, wie sehr die Lockdown-Maßnahmen die Mediennutzung und Online-Spielzeiten vieler Kindern in die Höhe getrieben haben.

Wir wissen nicht, was hinter den Kulissen von Politik, Wirtschaft und Medien wirklich geschieht. Was wir aber mit Sicherheit wissen, ist dies: die täglich ausgestrahlten Informationen, Nachrichten und Unterhaltungsprogramme schalten uns gleich und geistig aus. Sie erzeugen Gedanken und Einstellungen, lösen Gefühle, Ängste und Sorgen aus, stimulieren Bedürfnisse und Phantasien, die wir ohne Medienbeeinflussung niemals entwickeln würden. Täglich starren wir stundenlang auf den Bildschirm und werden unmerklich Teil einer weltumspannenden Animation von Wirklichkeit. Was wir als zukünftige Bedrohung wähnten, ist bereits eingetreten. Unser Bild der Realität entsteht nicht mehr durch Erfahrungen und Erkenntnisse, es wird am Bildschirm durch wirkungsstark arrangierte, auf unsere Emotionen abzielende Bilderfolgen erzeugt.

Unser Leben im Medienzeitalter führt uns in eine Scheinrealität. Auf Knopfdruck haben wir teil an der global entfesselten Vorstellungswelt, die uns mit Sex, Gewalt, Oberflächlichkeit und Dummheit davon ablenkt, dass wir beim Medienkonsum über die Biochemie unseres Gehirns gleichgeschaltet werden.

Behauptungen und Vorurteile werden als Wahrheit verkauft, in uns werden Meinungen und Ansichten erzeugt und Angst und Schrecken verbreitet. Menschen, die sich dem entziehen, keinen Fernseher haben und auf Medienkonsum verzichten, gelten als schräger Kauz, als Störenfried in einer gleichgeschalteten Welt, in der jeder die modernen Helden kennt, doch keiner sich selbst.

Die Entfremdung zeigt sich vor allem im sexuellen Bereich. Frei verfügbare Pornographie verstärkt die Polarisierung der Geschlechter. In pornographischen Darstellungen herrschen Männer über Frauen, die sklavisch und degeneriert alles mit sich machen lassen. Männer haben die Macht und unterwerfen das physisch schwache Geschlecht ihrem sexuellen Trieb.

Frauen werden unmerklich auch im Alltagsbewusstsein des Konsumenten zu willigen und austauschbaren Sexobjekten, die penetriert, aber nicht geliebt werden. Während ihre weibliche Energie ausgezehrt und entwürdigt wird, unterwerfen sich im typisch weibliche Bestreben nach Harmonie und Anerkennung nicht nur die Pornodarstellerinnen dem Drehbuch und dem männlichen Trieb – auch junge Mädchen und Frauen, die durch Pornographie sozialisiert wurden, orientieren sich zunehmend an den Rollenvorgaben der Pornoindustrie und übertragen sie auf ihre Beziehung zum anderen Geschlecht.

Männer wie Frauen geraten massiv unter sexuellen Erwartungsdruck, der aus der Porno-Realität gespeist wird, sie fühlen sich zunehmend überfordert und innerlich entleert durch sexuelle Aktivitäten. Der Partner wird austauschbar, Intimität, Gefühle und Nähe werden bei Porno-Sexpraktiken nicht erfahren.

Im Pornozeitalter bleiben Beziehungen körperlich und oberflächlich. Wenn Porno-Vorbilder die erwachende Sexualität von Millionen minderjährigen Konsumenten prägen, bedeutet dies, dass Beziehungen zueinder zukünftig lediglich über eine triebreduzierte Sexualität hergestellt werden, was dazu führt, dass wir die Basis für tragfähige Partnerschaften und damit die Grundlage für eine mitfühlende und soziale Gesellschaft verlieren. Die Familie, der Ort des Entstehens und der Entfaltung neuen Lebens, wird weiter ausgehöhlt und entmenschlicht.

Eine Entwicklung in diese Richtung hat längst begonnen. Internet-Pornographie ist ein Sozialisationsagent – wer sich dagegenstellt, gilt als prüde und Störenfried der Spaßgesellschaft.

Es bedarf Mut und Pioniergeist, um eine neue Orientierung auf dem Planeten zu erschaffen, die unsere biologischen Anlagen zum Besten nutzt und zum Wohle aller Menschen einsetzt. Wir können gesunde Beziehungen und Partnerschaften aufbauen und fördern, die verbindend sind und stärkend, wir können die menschliche Zukunft in der Welt sichern, indem wir uns aus der Verblendung von Profitorientierung und Nutzenkalkül befreien. Wir können gemeinsam eine prosoziale Gesellschaft erschaffen, in der das Miteinander und Menschlichkeit an die Stelle industrieller Profitgier und politischen Machtstrebens treten.

Doch noch vernebelt die Auswahl und vermeintliche Vielfalt der Unterhaltungsprogramme unsere Sinne. Nach harter Arbeit und höchster Konzentration in Schule, Beruf und Familie lassen wir uns gern von bunten Bildern berieseln und ablenken. Wir schalten ein – und uns selbst aus. Die Leere, die das in uns erzeugt, nehmen wir kaum mehr wahr.

Im apathischen und unzufriedenen Zustand vor dem Bildschirm und im täglichen Lebensstress mutieren wir zu willigen Konsumenten, die den Frust von der Seele gegen erregende Mediendarstellungen eintauschen und dennoch keine Erfüllung finden. Die Industrie profitiert: beim erstarrten Bildschirm-Junky fallen Werbebotschaften auf besonders fruchtbaren Boden.

Vor dem Bildschirm werden wir innerlich eingenommen von einem Leben aus zweiter Hand – wir orientieren uns daran. Die Fiktionen und Informationen der Medien bestimmen unser reales Sein; die Trugbilder, die wir empfangen, werden zur Vorhut einer kommenden Wirklichkeit – sie kreieren in uns eine Realität, die die äußere Welt zunehmend zu einer Kopie der Bildschirmwelt werden lässt. Im reizüberfluteten Trancezustand hinterfragen wir nicht, was ausgestrahlt wird und ob es uns nützt oder schadet.

Doch es schadet uns! Wir sehen Bilder, die real sind, doch uns wird nur ein aufbereiteter Ausschnitt gezeigt. Dabei verlieren wir nicht nur den Überblick über unser eigenes Leben, auch das globale Gleichgewicht gerät ins Wanken. Unbefriedigt, ängstlich und irritiert glauben wir, was uns vermittelt wird, und kaufen, was verheißungsvoll beworben wird, um nur noch mehr im Hamsterrad der Konsumgesellschaft gefangen zu sein. Wir werden rund um die Uhr „bestens" unterhalten und informiert – doch wir bemerken nicht, wie unsere Lebenskraft ausgezehrt und der Planet geplündert wird.

In dem Film *Matrix* sterben die Menschen in ihrer Nährstofflösung, ohne jemals im wahren Leben einen bewussten Atemzug oder einen Schritt getan zu haben. Die scheinbare Realität wird ihnen über implantierte Anschlüsse am Nacken direkt ins Nervensystem gespeist. Wir hingegen schalten zur Unterhaltung und Entspannung ein und speisen die Metaprogramme freiwillig in unsere Hirnstrukturen.

Die Matrix, die im 21. Jahrhundert unsere Realität erzeugt, wird von den Massenmedien an unser Gehirn übermittelt. Auf Bahnhöfen und Flugzeugen, in Wartezimmern oder Sportstudios – überall werden wir mit einem vorgefertigten Bild der Realität benebelt. Wir leben in einer absurden Welt – von der Medienindustrie für uns erschaffen. Unsere Gedanken folgen dabei den Programmen, die wir empfangen, und erschaffen eine Schein-Wirklichkeit. Unser wahres Leben kommt uns vor dem Bildschirm abhanden, wir verlieren den Bezug zu uns und den anderen und werden in Chatfenstern und mit Pseudonymen ausgestattet zu virtuellen Freunden.

Die Mediensteuerung hat den Planeten fest im Griff – Jugendgewalt, Entwicklungsdefizite, Konsumrausch, Verschuldung, Computerspiel- und Pornosucht, sexuelle Gewalt und Verrohung sind die Früchte, die wir ernten. Unser Bewusstsein bemerkt die Fremdsteuerung nicht.

Wir glauben, uns gut zu informieren und zu unterhalten und ein selbstbestimmtes Leben zu führen, doch das tun wir nicht.

Unsere Psyche reagiert auf das erstarrte Leben aus zweiter Hand: In den von den Massenmedien beherrschten Ländern greift die Depression um sich. Unser Gehirn arbeitet mit den Fremdprogrammen und Vorbildern, die wir am Bildschirm aufnehmen. Kaum bleibt noch Speicherplatz im menschlichen Biocomputer – für Selbstwahrnehmung, für eigene Erfahrungen in der nicht-virtuellen Welt, für lebendige Kreativität und nicht von Drehbüchern vorgefertigte Sinnlichkeit.

All das zeigt nicht nur Wirkung in unserer Gesellschaft, sondern auch in unserem psychischen und körperlichen Befinden.

Wir sind der Flut von Negativinformationen ohnmächtig ausgeliefert und können nichts tun. Schrecken, Angst und Sorgen lähmen Körper und Geist. Überfordert und meinungslos nähren wir uns mit den Ersatzbefriedigungen aus den Werbeblöcken und bleiben dennoch unbefriedigt. Neben Kriegen, Katastrophen, Sex und Gewalt bieten uns die Medien auch Traumstrände, Luxus und berühmte, schöne Menschen, die für uns zu Zielen und Vorbildern werden, die aber gleichsam unerreichbar scheinen. Wir schrumpfen innerlich und werden noch unzufriedener.

In Anbetracht der Bildschirmwelt und der Fotos in Hochglanzmagazinen scheint das, was wir haben, entsetzlich wenig zu sein. Der Medienkonsum lässt uns klein und minderwertig erscheinen, und das öffnet uns wiederum für weiteren Konsum. Wir nehmen Kredite auf, reisen zu Traumstränden, kaufen die neuste Mode oder gehen zum Beauty-Doc, um es den Medienvorbildern gleich zu tun. Hin und wieder wird das kollektive Erleben durch ein unterhaltsames Mega-Event wie eine Fußball-Meisterschaft aufgelockert, während im Hintergrund fragwürdige Gesetze erlassen werden, über die uns niemand informiert.

Was wir zurzeit erleben, ist ein kollektives *Mindprogramming* auf höchstem biochemischen Niveau. Unbemerkt brennen sich die emotionalisierten Bilder in unser Gehirn ein. Je mehr der Zuschauer Medien konsumiert, desto unbefriedigter und bedrohter fühlt er sich.

Ein Mensch, der sich wohlfühlt, ist stark, er lässt sich nicht manipulieren, und er braucht auch keine Ersatzbefriedigungen. Aber wer will schon einen solchen Menschen?

Erstarrt vor dem Bildschirm, geängstigt und zutiefst unbefriedigt, lassen wir uns viel leichter in vorgegebene Bahnen lenken. Der regelmäßige Medien-Konsum stumpft ab und verliert den Kontakt zu sich selbst. Immer mehr Menschen schauen durch die Brille von Medienvorbildern auf ihr eigenes Leben und die Welt.

Nicht nur die Schönheit heimischer Strände verblasst vor dem Hintergrund der Traumstrände der Magazine, auch die eigene Schönheit verblasst. Wir nehmen uns selbst und die Welt um uns herum kaum noch wahr und vergleichen sie unbewusst mit dem, was die Medien uns zeigen. Der Alltag und das reale Leben erscheinen uns fade vor der Kulisse der Hochglanzbilder über die Reichen und Schönen dieser Welt. Wir können nicht mithalten – und das deprimiert uns. Wir verlieren uns in Äußerlichkeiten, konsumieren und werden dabei immer angespannter, oberflächlicher und gereizter. Unsere Seele verkümmert an geistigem Nährstoffmangel.

Wir beschäftigen uns immer weniger mit uns und mit dem, was wirklich ist, und sind zunehmend eingenommen und gebannt von dem, was sein soll und womit man uns täglich am Bildschirm speist. Inmitten unserer Verunsicherung sollen dann Versicherungen und Bausparverträge unser Leben schützen und uns absichern, während wir innerlich bereits abgestorben sind.

Auf der Erde geht es um Nutzenkalkül, Gewinnmaximierung und Macht. Was liegt also näher, als die Menschheit ängstlich, aggressiv, stumm und taub zu machen – und das ganz ohne Zwang und Gewalt? Es wird einfach ein aufregendes Unterhaltungsprogramm heruntergeleiert, das vom Kleinkind bis zum Greis alle erreicht und fesselt. George Orwells Vision vom „Big Brother" ist schon längst Realität – die Kontrolle unseres Lebens, unserer Gedanken und Gefühle erfolgt nur weitaus subtiler.

Der Sklave des modernen Kontrollstaates schaltet den Monitor ein und taucht freiwillig ein in die künstlich erzeugte Bewusstseinsmatrix, die sein Gehirn auf vorgesehene Verhaltens- und Gedankenmuster programmiert.

Wir sind zunehmend in der medialen Scheinwelt gefangen. Wir erleben eine Illusion von Realität und mutieren zu willenlosen Marionetten an den Strippen der Medien-Macht. Wir werden berieselt, berauscht, verblödet und unsicher und erhalten lediglich jene Informationen, die „man" uns gewährt. Unsere Vorstellung von der Realität wird auf Knopfdruck direkt in unser Gehirn gespeist, ohne Plugin am Nacken. Wir verlieren uns selbst aus den Augen, spüren uns nicht mehr und verlernen es, dem Ruf unserer Seele zu folgen – wir hören ihn gar nicht mehr.

Es ist an der Zeit, aufzuwachen und den Stecker zu ziehen!

Wir leben auf dem vielleicht schönsten Planeten des Universums, und unser Gehirn verfügt über mehr neuronale Verbindungen als es Sterne in der Milchstraße gibt. Wenn wir aufwachen, aus dem *Mindprogramming* der Medien ausbrechen und beginnen, unser wahres Potential zu nutzen, können wir eine Welt erschaffen, die lebenswert und friedlich ist und unsere Seele nährt. Wir können neue Programme schreiben und konstruktive Informationen und wahre, gute und schöne Darstellungen ausstrahlen, die unser Leben lebenswert machen und uns selbst und unseren Mitmenschen nützen.

Morpheus in dem Film *Matrix*:

> Was ist real? Wie definieren wir, was wirklich ist? Wenn du darüber sprichst, was du fühlst, schmeckst, riechst oder siehst, dann ist das nur ein elektrisches Signal, das in deinem Gehirn verarbeitet wird. [er schaltet den Fernseher ein] Das ist die Welt, die du kennst. Die Welt, wie sie am Ende des zwanzigsten Jahrhunderts aussah. Sie existiert nun nur als Teil einer neural interaktiven Simulation, die wir die Matrix nennen. Du hast in einer Traumwelt gelebt –"

Mit Gott ist alles möglich.
Matthäus 19,26

Literatur

John Anderson (1988). *Kognitive Psychologie*, Verlag Spektrum der Wissenschaft

Werner von Appeldorn (1970).*Die unsichtbare Hirnsonde*. Gustav Lübbe Verlag

Roland Arbinger (1984). *Gedächtnis*. Wissenschaftliche Buchgesellschaft Darmstadt

Alan D. Baddeley (1979). *Die Psychologie des Gedächtnisses*. Klett-Cotta

Jerome S. Bruner (1970). *Der Prozeß der Erziehung.* Pädagogischer Verlag Schwann

Birbaumer & Schmid (1990). *Biologische Psychologie*. Springer Verlag

Luc Ciompi (1988). *Außenwelt Innenwelt*. Vandenhoeck & Ruprecht

John C. Eccles, Hans Zeier (1980). *Geist und Psyche, Gehirn und Geist*. Kindler Verlag

C. G. Jung (1954). *Von den Wurzeln des Bewusstseins*. Rascher Verlag

C. G. Jung (1943). Über die Psychologie des Unbewussten. Rascher Verlag

S. Freud (1992). *Das Ich und das Es*. Fischer Taschenbuch Verlag

Liliane Frey-Rohn (1969). *Von Freud zu Jung*. Rascher Verlag

Howard Gardner (1989). Dem Denken auf der Spur. Klett-Cotta

G. Guttmann, G. Langer (1992). *Das Bewusstsein.* Springer Verlag

Gerhard Frey (1980). *Theorie des Bewusstseins.* Karl Alber Verlag

Edmund Husserl (1987). *Cartesianische Meditationen.* Felix Meier Verlag

Otto Kankeleit (1933). *Die schöpferische Macht des Unbewussten.* Walter de Gruyter

Friedhart Klix (1992). *Die Natur des Verstandes.* Hogrefe Verlag

Jaques Lacan (1980). *Das Seminar von Jaques Lacan.* Walter-Verlag

Heinz Mandl, Günther Huber (1983). *Emotion und Kognition.* Urban & Schwarzenberg

Ulric Neisser (1974) *Kognitive Psychologie.* Ernst Klett Verlag

Robert Ornstein (1974). *Die Psychologie des Bewusstseins.* Verlag Kiepbauer & Witsch

Karl Popper, John C. Eccles (1977). *The Self and its Brain.* Springer Verlag

Siegfried J. Schmid (1991). *Gedächtnis.* Suhrkamp Philip

H. K. Seymour (1979). *Human Visual Cognition.* Collier Macmillan

Martin Bartels (1976). *Selbstbewusstsein und Unbewusstes.*Walter de Gruyter

H. Eichenbaum (2002). *Cognitive Neuroscience of Memory.* Oxford University

J. M. Dabbs (2000). *Testosterone and Behaviour.* Mc-

Graw Hill, Columbus

L.Barett (2002). *Human Evolutionary Psychology.* Princeton University Press

B. Miller et al. *The Human Frontal Lobes.* Guilford Publications New York

E.T. Rolls (1999). *The Brain and Emotions.* Oxford University Press

J. B. Hellige (2001). *Hemispheric Asymmetry.* Harvard University Press

H. Fröstl (2002). *Frontalhirn.* Springer Verlag

J. Volavka (2002). *Neurobiology of Violence.* American Psychiatric Publishing

G. Roth (2003). *Fühlen, Denken, Handeln.* Suhrkamp

M. S. Gazzaniga (2000). *Cognitive Neuroscience.* W.W. Norton, New York

L. Whalley (2001). *The Aging Brain.* Weidenfeld & Nicolson

R. Cabezza (2001). *Handbook of Functional Neuroimaging of Cognitions.* Cambridge MIT-Press

M. Haan et al. *Cognitive Neuroscience of Development.* Psychology Press New York

P. Hof et al. (2001). *Functional Neurobiology of Aging.* Academic Press, London

J. Morley et al. (2000). *Endocrinology of Aging.* Humana Press

G. Edelmann, G. Tononi (2002). *Gehirn und Geist.* C.H. Beck, München

H. Walter (1999). *Neurophilosophie der Willensfreiheit.* Mentis, Paderborn

B. Siggelkow, W. Büscher (2008). *Deutschlands sexuelle Tragödie, Wenn Kinder nicht mehr lernen, was Liebe ist*. Gerth Medien

G. Dines (2014). *Pornland, Wie die Pornoindustrie uns unserer Sexualität beraubt*. Verlag André Thiele

H. G. Häusel (2007). *Brainscript*. Rudolf Haufe Verlag

Dalai Lama (2016). *Der Appell des Dalai Lama an die Welt: Ethik ist wichtiger als Religion*. Red Bull Media House

Norbert Elias (1939). *Über den Prozess der Zivilisation*. Suhrkamp

R. Shekdrake (2009). *Das schöpferische Universum*. Ullstein

Pascual-Leone A. (2001). *The Brain that Plays Music and is Changed by It*. In: Zatorre R and Peretz I (Hrsg.) *Music and the Brain*. New York Academy of Sciences

Diana E. H. Russell (1998). *The Evidence of Harm* Thousand Oaks, California: Sage Publications. (Revised, expanded edition of: *Against Pornography* (1994). Berkeley, CA: Russell Publications,

Giacomo Rizzolatti, Corrado Sinigaglia (2008). *Empathie und Spiegelneurone- Die biologische Basis des Mitgefühls*. Suhrkamp

Pascual-Leone A. (2001). *The Brain that Plays Music and is Changed by It*. In: Zatorre, R. and Peretz, I. (Hrsg.) *Music and the Brain*. New York Academy of Sciences

Susan Brownmiller (1993). *Against Our Will: Men, Women, and Rape*. Ballantine Books

Diana Russell (1993). *Against Pornography: The Evidence of Harm*.

Bildnachweise:

Bild 1: CES www.closeencountersstudios.com (26.11.2017)

Bild 2: Screenshot aus der Serie "Simpsons", https://www.waz.de/panorama/39-jaehriger-tritt-frau-in-hamburg-brutal-in-den-ruecken-id209032505.html?page=2 (05.11.2017)

Bild 3: fotolia/pix4U, https://www.pro-medienmagazin.de/medien/fernsehen/2010/09/22/fernsehen-ist-fuer-kinder-emotional-anstrengend/ (07.11.2017)

Bild 4: Filmplakat Warriors, The Warriors Movie 2017, https://starseeker.com/warriors-2011/(19.10.2017)

Bild 5: Screenshot, https://www.youtube.com/watch?v=JS9czgYK7Qw&feature=youtu.be (19.11.2017)

Bild 6: Screenshot, https://www.youtube.com/watch?v=JS9czgYK7Qw&feature=youtu.be (30.10.2017)

Bild 7: Screenshot, https://www.youtube.com/watch?v=EA3g2A9UYLI&feature=youtu.be (27.10.2017)

Bild 8: Screenshot, hhttps://www.youtube.com/watch?v=EGKTH60rvoU&feature=youtu.be (07.11.2017)

Bild 9: Aufnahmen der Überwachungskamera im Berliner U-Bahnhof Friedrichstraße, http://www.focus.de/politik/deutschland/nach-u-bahn-angriff-union-will-warnschussarrest-einfuehren_aid_621505.html (09.11.2017)

Bild 10: Screenshot aus einem Pornhub-Video. https://de.pornhub.com/view_video.php?viewkey=ph59dbd098c8d6d (05.11.2017)

Bild 11: Screenshot aus einem Pornhub-Video. https://de.pornhub.com/view_video.php?viewkey=ph598cf789da375 (07.11.2017)

Bild 12 & Bild 13: https://www.youtube.com/watch?v=MU-5WO8hxRH8&feature=youtu.be (23.11.2017)

Bild 14: Screenshot aus einem Computerspiel, https://www.youtube.com/watch?v=RkBxOpyxFNs&feature=youtu.be (16.11.2017)

Bild 15: Screenshot Computerspiel, https://www.youtube.com/watch?v=JS9czgYK7Qw&feature=youtu.be (23.11.2017)

Bild 16: Screenshot aus dem Film *I spit on your grave* (2010), https://www.youtube.com/watch?v=oo7Al9kllpI (09.11.2017)

Bild 17: Screenshot aus dem Video *Blick aus dem All – Die Spuren der Menschheit*. https://www.youtube.com/watch?v=WOqS6ey-47Lc&feature=youtu.be (02.11.2017)

BÜCHER
IM RUHLAND VERLAG

Tapio Puolimatka,
Glaube, Wissenschaft und die Bibel
680 Seiten, 978-3-88509-121-9

Transideologie
232 Seiten, 978-3-88509-174-5

Hans Graf Huyn,
Ihr werdet sein wie Gott. Der Irrtum des modernen Menschen von der Französischen Revolution bis heute
364 Seiten, 978-3-88509-178-3

Susanne Thomas,
In Zeiten des Tulpenwahns
234 Seiten, 978-3-88509-166-0

Beile Ratut
Kompendium des Übermenschen. Essay
106 Seiten, 978-3-88509-130-1

Das Fanal des Ego auf den Stufen zur Kirche. Essay
116 Seiten, 978-3-88509-170-7

Markus Hladek,
Der Ratschlag. Eine Mystifikation
450 Seiten, 978-3-88509-153-0

Mihály Ozsgyáni,
Mein Schleier rutschte ein wenig zur Seite
220 Seiten, 978-3-88509-167-7

George Gaio Mano,
Der fränkische Uhrmacher
140 Seiten, 978-3-88509-173-8

BÜCHER
IM RUHLAND VERLAG

Regina Reichart-Corbach,
Unter dem Kreidekreis. Roman
420 Seiten, 978-3-88509-168-4
Es flieht vor einem geheimen Wort. Roman
460 Seiten, 978-3-88509-184-4

Ute Becker,
Einsam! Kindheit unter Alkoholfahne
236 Seiten, 978-3-88509-6

Thorsten Oliver Rehm,
Der Bornholm-Code. Ein Nibelungen-Thriller
518 Seiten, 978-3-920793-30-6
Subliminal. Wissenschafts-Thriller
472 Seiten, 978-3-920793-46-7

Pirjo Alajoki,
Frausein in Echtzeit
272 Seiten, 978-3-88509-150-9

Beile Ratut
Das schwarze Buch der Gier. Roman
287 Seiten, 978-3-88509-102-8
Nachhall. Roman
485 Seiten, 978-3-88509-105-9
Welt unter Sechs. Erzählungen
183 Seiten, 978-3-88509120-2

Gerd Flügel,
Bis die Nacht ihr Auge öffnet. Ein Hippie-Roman
380 Seiten, 978-3-88509-163-9